Herbert Rosendorfer

Deutsche Geschichte

Herbert Rosendorfer

Deutsche Geschichte

Ein Versuch

Von der Stauferzeit bis zu
König Wenzel dem Faulen

Mit 3 Übersichtskarten
und 7 Stammtafeln

Nymphenburger

Meinem Freund
Wolfgang Müller-Thalheim
gewidmet

Stammtafeln und ein ausführliches
Register befinden sich am Ende des
Buches

Besuchen Sie uns im Internet unter http://www.herbig.net

Schutzumschlag: Wolfgang Heinzel
Schutzumschlagmotiv: Felix Weinold
Frontispiz: Friedrich I. und seine Söhne, akg-images, Berlin
Karten: Kartografie und Grafik Eckehard Radehose,
Holzkirchen
Satz: Filmsatz Schröter GmbH, München
Gesetzt aus 11/13.5 Stempel Garamond
Druck: Jos C. Huber KG, Dießen
Binden: R. Oldenbourg, Heimstetten
Printed in Germany
ISBN 3-485-00883-4

»Wie sich der kleine Moritz
die Weltgeschichte vorstellt, so ist sie.«

ANTON KUH

»... wenn die Geschichte nichts weiter
ist als ein Mosaik von Stellen aus den
respektiven Autoren, dem bleibt sie stumm,
unfruchtbar, ein totes Gerippe«

JOHANN GUSTAV DROYSEN

»Es ist kein Kleines, die Weltgeschichte
zu durchlaufen, und hierbei Liebe zum
menschlichen Geschlechte bewahren zu wollen.«

RICHARD WAGNER

Inhalt

I. Teil

II. Teil

Die Kreuzzüge
1. Kreuzzug 1096 - 99
2. Kreuzzug 1147 - 49
3. Kreuzzug 1189 - 92
4. Kreuzzug 1202 - 04
5. Kreuzzug 1228 -29
6. Kreuzzug 1248 - 54
7. Kreuzzug 1270
Religionen bei Beginn der Kreuzzüge
Römisch-Katholische Kirche
Griechisch-orthodoxe Kirche
vorübergehend christianisiert
Christl. Rückgewinnung (Reconquista)
unter dem Kalifen von Bagdad
unter dem Kalifen von Kairo
Lateinisches Kaiserreich u. Lehenstaaten um 1214
Größte Ausdehnung der Kreuzfahrerstaaten
N
0
400 km
Irland
London
Nordsee
Ostsee
Lübeck
Kolberg
Stettin
Leslau
(Wlozlawek)
Magdeburg
Elbe
Breslau
Weichsel
Krakau
Köln
Rouen
Paris
Mainz
Rhein
Atlantischer
Ozean
Loire
Tours
Regensburg
Donau
Wien
Basel
Salzburg
Bordeaux
Triest
Venedig
Po
Save
Rhône
Toulouse
Porto
Ebro
Marseille
Florenz
Belgrad
Lissabon
Tajo
Salamanca
Sofia
Korsika
Rom
Bari
Sardinien
Cádiz
Granada
Tanger
Palermo
Tunis
Malta
Mittelmeer
Gabes
Tripolis
Kronstadt
Dnjestr
Don
Krim
Schwarzes Meer
Donau
Konstantinopel
(Istanbul)
Ankara
Athen
Antalia
Aleppo
Euphrat
Zypern
Kreta
Beirut
Damaskus
Jerusalem
Alexandria
Kairo

I. Teil

Die Kreuzzüge 1096 – 1270

Erstes Kapitel

Im ersten Kapitel mischt sich ein machtgieriger Intrigant in die Regierung ein – der berufsmäßige Erbe Lothar wird König – zwei dumme Italienzüge kosten nur Geld und Kraft – das Schisma endet, als ein Papst in die Wüste geschickt wird – ansonsten rauft die Oberschicht mit ihresgleichen.

Die kurze Zeit zwischen der Herrschaft der Salierdynastie und der der Hohenstaufen füllt die Geschichte einer Persönlichkeit, die (vielleicht zu Unrecht) zu den blassesten und am wenigsten beachteten deutschen Kaisergestalten zählt: die Geschichte Lothars II. Schon zu Zeiten Kaiser Heinrichs V. hatte ein machtgieriger, rücksichtsloser Intrigant begonnen, sich in die Regierung einzumischen, was er dazu benutzte, den eigenen Machtbereich zu erweitern und zu festigen, was – wie in der Folge überall im Reich zunehmend – auf Kosten der Zentralgewalt ging. Es ist die Rede von Adalbert, dem Sohn eines Grafen von Saarbrücken, seit 1106 Kanzler des Reiches, seit 1109 Erzbischof von Mainz. Zunächst Parteigänger Heinrichs und dessen Begleiter auf dem Italienzug und der Kaiserkrönung, überwarf er sich um 1112 mit dem Kaiser aus nicht ganz ersichtlichen Gründen. Er wechselte, da sich die Herrschaft der Salierdynastie angesichts des kinderlosen, schwächlichen Heinrichs V. sichtbar dem Ende zuneigte, die Front höchst vorsorglich. Er ging in Opposition zum Kaiser, was ihm zunächst nicht gut bekam, denn der Kaiser ließ ihn sofort gefangennehmen, mußte ihn allerdings 1115 nach der (im ersten Band erwähnten) vernichtenden Niederlage des kaiserlichen Heeres in der Schlacht bei Welfesholz wieder freilassen. Beim Abschluß des Wormser Konkordats war Adalbert maßgeblich beteiligt, was ihn keineswegs hinderte, die ganzen restlichen Jahre der langsam verdämmernden Salierzeit gegen Heinrich V. zu wühlen.

Heinrich V. starb am 23. Mai 1125. Sein nächster Verwandter war der Sohn seiner Schwester Agnes aus deren erster Ehe mit dem Herzog Friedrich von Schwaben. Dieser Friedrich hatte 1079 das sich langsamer als die anderen sogenannten Stammesherzogtümer herauskristallisierte Schwaben von mütterlicher Seite geerbt. Von Haus aus war die nicht sehr bedeutende Familie im Süden des Herzogtums begütert, nannte sich »von Büren« oder »von Staufen«, und erst als sie sich endgültig, für gut hundert Jahre, zu welthistorischer Bedeutung hinaufgeschwungen hatte, beförderten sie sich selber zu »Hohenstaufen«.

Dieser Friedrich, als Herzog Friedrich I., der Schwiegersohn Kaiser Heinrichs IV., war schon 1105 gestorben und hatte zwei Söhne hinterlassen: Friedrich II. und Konrad.

Eine festgelegte Thronfolgeordnung gab es im Deutschen Reich nicht. In der Regel folgte dem verstorbenen König, wenn er einen hatte, der Sohn, wenn er mehrere hatte, der älteste. Ein gewisses Anwartschaftsrecht hatten weiter entfernte Verwandte männlicher Linie (wie Heinrich II. nach dem Tod Ottos III.), und, so gesehen, wurde nun wohl auch, da jeder auch noch so entfernte Agnat fehlte, erwuchs ein Anwartschaftsrecht des nächsten Verwandten weiblicher Linie. Daher machte sich der obengenannte Herzog von Schwaben (er war etwa fünfunddreißig Jahre alt) Hoffnungen auf Königs- und Kaiserkrone. Dem inzwischen übermächtigen Erzbischof und Kanzler Adalbert war dieser Kandidat jedoch zu stark salisch versippt, und so setzte er auf der Reichsversammlung vom 24. August 1125, die bezeichnenderweise in Mainz stattfand, wo Adalbert unumschränkt regierte, die Wahl Herzog Lothars von Sachsen durch, obwohl er den eigentlich auch nicht wollte. Wen wollte er? Es ist schwer zu sagen. Wahrscheinlich wäre ihm gar kein König am liebsten gewesen.

Lothar von Supplinburg oder Süpplingenburg war zur Zeit seiner Wahl fünfzig Jahre alt, also sehr alt für damalige Begriffe. Er war ein berufsmäßiger Erbe. Als Sohn eines Herrn über eine bescheidene Grafschaft im sächsischen Supplinburg (bei Helmstedt) beerbte er nach und nach alle großelterlichen und elterlichen und schwiegerelterlichen Verwandten, so daß ein immer bedeutenderer Territorialbesitz in seiner Hand zusammenfloß. 1106 war er (die genaueren Umstände sind unbekannt) von Kaiser Heinrich V. zum Herzog von Sachsen erhoben worden. Das hinderte ihn nicht daran, bald schon einen scharfen Kurs gegen den Kaiser einzuschlagen; die für diesen vernichtende Niederlage in der Schlacht von Welfesholz war das Werk Lothars. Von da an regierte Lothar in Sachsen praktisch mit königlicher Gewalt und verteilte Lehen und Bischofssitze, ohne den Kaiser zu fragen.

Zwar rühmt die historische Überlieferung die Regierung König Lothars als Friedenszeit, doch das erste einschneidende Ereignis nach seiner Wahl war der Krieg gegen einen Usurpator, und dieser Krieg dauerte fast die ganze Regierungszeit hindurch. Wie erwähnt, waren die nächsten Anverwandten des verstorbenen Kaisers Heinrich V. die Staufer Friedrich und Konrad. Ihnen hatte der Kaiser die reichen salischen Besitzungen vererbt, also das Privatvermögen des Salierhauses sowie die Reichsinsignien. Die Insignien schwatzte der intrigante Erzbischof Adalbert dem offenbar arglosen Herzog Friedrich ab und krönte damit, zu Friedrichs Verblüffung, den Nebenbuhler Lothar. Und Lothar verlangte sogleich, daß Friedrich und sein Bruder das Saliererbe herausgäben.

Wer da recht oder unrecht hatte, ist nicht einfach zu sagen. Die Eigentumsverhältnisse waren nie ganz eindeutig, und in der langen Zeit der Salierherrschaft mag sich wohl verunklart haben, was im einzelnen privates Hausgut der Familie und was Königsgut war. Jedenfalls weigerte sich Friedrich, das Erbe auszufolgen, wurde deswegen 1126 in die Reichsacht getan, wehrte sich, errang einige militärische Vorteile, die die Staufer-Brüder so kühn machten, daß sich der jüngere, Konrad, 1127 zum König ausrufen ließ. Warum der jüngere und nicht der ältere Bruder, der Herzog? Es ist schwer zu sagen. Herzog Friedrich II. hieß »Monoculus«, der Einäugige. Wo er das eine Auge verloren hatte und warum, ist nicht überliefert. War er, als Einäugiger, unwürdig, König zu sein? In der Tat gab es ein (nicht schriftlich fixiertes, aber unbestrittenes) Gesetz, daß nur derjenige Deutscher König werden könne, der drei Eigenschaften habe: er müsse Christ sein, ehelich geboren und körperlich unversehrt. (Von den Voraussetzungen der ehelichen Geburt hatte man allerdings bei Kaiser Arnulf schon stillschweigend abgesehen.) Galt der einäugige Friedrich also als nicht unversehrt?

»König« Konrad hatte letzten Endes wenig Glück. Nach anfänglichen Erfolgen prasselte Niederlage auf Niederlage auf ihn und seinen Bruder nieder, und 1134 mußten die beiden klein beigeben. Sie unterwarfen sich Lothar, kamen allerdings mit je einem blauen Auge davon. Gegen Verzicht auf die angemaßte Königswürde durften sie die salischen Güter behalten. Die Stauferbrüder zogen sich zurück, mehrten im Stillen ihre Macht und warteten. Sie brauchten nicht lang zu warten, wie man sehen wird.

*

Indessen beschäftigten König Lothar auch noch andere kriegerische und politische Dinge. Um das ohnedies labile Gleichgewicht im Reich zu halten, ließ er der für das Reich verhängnisvollen, schleichenden Entwicklung freien Lauf, die eine stets zunehmende Eigenständigkeit der Stammesherzogtümer mit sich brachte. Besonders verhängnisvoll war der Machtzuwachs, den Lothar 1126 seinem Schwiegersohn, Herzog Heinrich dem Stolzen von Baiern (einem Welfen), zukommen ließ, indem er ihn auch zum Herzog von Sachsen, also zu seinem eigenen Nachfolger dort, machte. Ohne Zweifel sah er in ihm den künftigen König. (Lothar hatte keinen Sohn, aus der Ehe mit Richenza von Northeim nur eine Tochter namens Gertrud.) Um sich – aus heutiger Sicht völlig unverständlich – die längst zur bloßen Dekoration herabgesunkene Kaiserkrone zu holen, mischte sich Lothar zudem überflüssigerweise in die Wirren eines Schismas, was die besten Kräfte seiner letzten Regierungsjahre kostete.

Im Februar 1130 war Papst Honorius II. gestorben. Eine kleine Gruppe von Cardinälen wählte rasch und heimlich – und ohne Zweifel kanonisch ungültig – einen Römer, nämlich Cardinal Giorgio Papareschi zum Papst, der den Namen Innozenz II. annahm. Die Mehrheit der Cardinäle protestierte und wählte den Sproß der reich gewordenen, ehemals jüdischen Familie der Pierleoni, Pietro, zum Papst, der den Namen Anaclet II. annahm. Ob diese Wahl kanonischen Regeln entsprach, mag dahingestellt bleiben, eher jedenfalls schon als die Innozenz'. Dennoch zählt Innozenz II. auch heute noch in den Papstlisten als rechtmäßig, Anaclet II. als bloßer Gegenpapst – wahrscheinlich wegen seiner jüdischen Abstammung.

Anaclet und seine Familie hatten das größere Geld und daher mehr Einfluß und Macht. Innozenz mußte aus Rom fliehen, irrte in Europa umher, wo es ihm allerdings gelang, nicht zuletzt dank der Unterstützung des (zu Unrecht, wie wir sehen werden) hoch angesehenen Abtes Bernhard von Clairvaux, nach und nach die Könige und Mächtigen auf seine Seite zu ziehen. 1131 traf Innozenz König Lothar in Lüttich und versprach ihm die Kaiserkrone, wenn er Anaclet aus Rom vertreibe. Tatsächlich unternahm also Lothar im Frühjahr 1133 einen der so kostspieligen wie sinnlosen Italienzüge, an denen die deutsche Kaisergeschichte reich ist. Es gelang zwar nicht, Anaclet ganz aus Rom zu vertreiben; der verschanzte sich in der wohlbefestigten Leostadt (also dem Vatican mit Engelsburg) und wartete. Innozenz konnte so König Lothar nicht, wie es die Tradition gebot, im Petersdom krönen; die Zeremonie mußte in der Laterasbasilika stattfinden. (Als Deutscher König war Lothar der Erste, als Römischer Kaiser – nach Lothar I., Sohn Ludwigs des Frommen – des Namens der Zweite: Lothar II. Warum er in vielen Geschichtswerken als »Lothar III.« firmiert, ist ein ungelöstes Rätsel. Wahrscheinlich zählen die betreffenden Historiker König Lothar I. plus Kaiser Lothar II. ist gleich Lothar III.)

Kaum war der frisch gekrönte Kaiser aus Rom wieder abgezogen und damit die schützende Hand über Innozenz, fegte Anaclet aus der Engelsburg hervor und verjagte seinen Gegenpapst, der sich ins sicherere Pisa zurückzog. Innozenz verstand es, mit Hilfe Bernhards von Clairvaux Anaclet zwar nicht in der Stadt Rom – die dieser weiter allein beherrschte –, aber international zu isolieren. Offenbar schien nun ein weiterer Romzug des Kaisers endgültig erfolgversprechend, und tatsächlich zog Lothar II. 1136 wieder nach Italien, konnte Rom jedoch nicht einnehmen, ein Feldzug gegen Anaclets einzig verbliebenen Schutzherrn, den König Roger von Sizilien, versickerte, wohl weil halbherzig unternommen. Innozenz war mit Lothar unzufrieden, es kam zum Zerwürfnis zwischen Kaiser und Papst, Lothar zog wieder ab und starb auf dem Heimweg am 4. Dezember 1137 in einer Hütte bei Reutte in Tirol.

Das Schisma dauerte noch bis zum Tod Anaclets II. im Jahre 1138. Zwar wählten dessen Anhänger einen neuen Gegenpapst, Victor IV., dem Innozenz nach zwei Monaten die »Würde« mit Geld abkaufte, außerdem sein Ehrenwort gab, daß dem Zurückgetretenen nichts passiere, er seine frühere Cardinalswürde behalten werde. Im Jahr darauf brach er, wie Päpste gern zu tun pflegten, sein Wort und schickte Ex-Papst Victor in die Wüste.

Das Fazit der kurzen Regierungszeit Kaiser Lothars II. waren also zwei dumme, überflüssige Italienzüge, die Geld und Kräfte kosteten und nichts als die längst nur noch eitel gewordene Kaiserkrone einbrachte. Es wird in der historischen Literatur in dem Zusammenhang – positiv wertend – von einer immer noch vorhandenen Idee des Reiches gesprochen, vom edlen, tragischen Begriff des alten Imperiums, das als ferner Stern die Politik der Kaiser geleitet habe. Es scheint mir, daß nichts davon wirklich greifbar ist (mit Ausnahmen, etwa bei Barbarossa). Spätestens seit Kaiser Lothar II. leitete nichts anderes als persönliches Machtstreben, die Sorge um die Mehrung des Haus- und Territorialbesitzes (meist auf Kosten des Reiches) und verblendete Eitelkeit die Politik der Kaiser. Und nicht selten schiere Dummheit.

Im Osten allerdings, zur Mehrung seiner Hausmacht, war Lothar einigermaßen erfolgreich gewesen, und dies nicht einmal auf Kosten des Reiches: mit Schwert und Weihwasser drang er weiter in slawisch besiedelte Gebiete vor, unterjochte und versklavte und zwangschristianisierte die slawische Bevölkerung, die er und seinesgleichen schon als Untermenschen betrachteten, eine deutsche Tradition der Anschauung, die bekanntlich bis in unsere Zeit fortwirkte und, wenn ich recht beobachte, fortwirkt.

*

Im Gegensatz zu Frankreich, in dem Literatur, Musik und bildende Künste blühen, Trouvère- und Troubadourkunst ihrem Höhepunkt entgegengingen, die Romanik zu verfeinertem Stil fand, herrschte in Deutschland weitgehend kulturelle Öde. Die Hauptvergnügung der Oberschicht bestand in der Jagd und in mehr oder minder ernsthaften Raufereien mit ihresgleichen. Die namenlose, von all den Fehden und Feldzügen geschundene Unterschicht lebte im dumpfen Aberglauben und dürfte um jeden Tag froh gewesen sein, den man überlebt hatte.
Einige Ansätze kulturellen Lebens gab es in Deutschland allerdings schon. Ein paar bedeutende romanische Kirchen (in Anlehnung an französische Vorbilder) entstanden, so St. Matthias in Trier, der Dom zu Quedlinburg und der Kaiserdom in Mainz, der im Todesjahr Lothars fertiggestellt wurde. Auch einige Ansätze deutscher Literatur sind zu verzeichnen: das »Alexanderlied« des Pfaffen Lamprecht und (eine Nachdichtung eines französischen Vorbildes) das »Rolandslied« des Pfaffen Konrad. Selbst eine Dichterin, Ara, lebte um die Zeit und starb 1127.

Zweites Kapitel

Im zweiten Kapitel heiratet sich ein Grafengeschlecht in die höchsten erreichbaren Höhen – die Kirche profitiert von einem unerschöpflichen Sündenschatz – Heinrich der Stolze macht seinem Namen alle Ehre – die Dreifaltigkeit führt zu grotesken Schlüssen – der meist umtriebige Bösewicht Heinrich der Löwe betritt die politische Bühne.

Mit dem Jahr 1138, in dem auf Betreiben eines anderen bischöflichen Großintriganten, nämlich Alberos von Trier, nun doch Konrad von Staufen zum König gewählt wurde, begann recht eigentlich die verhängnisvolle, die Kräfte des Reiches weiter auszehrende Auseinandersetzung zwischen Staufern und Welfen, die in den jahrhundertelangen Tätlichkeiten zwischen Guelfen (= Welfenanhängern, d. h. antikaiserlich-päpstlich gesinnten Parteigängern) und Ghibellinen (= »Waiblingern«, eine andere Bezeichung der Staufer und der kaiserlich-antipäpstlichen Fraktionen) die Geschichte Italiens vergiftete und in ganz fernen Ahnungen in Deutschland bis ins 20. Jahrhundert fortwirkte. Üble historisch-politische Parteigesinnungen scheinen sich länger zu halten und widerstandsfähiger zu sein als Vernunft und Einsicht.

Die Welfen waren das erste große Adelsgeschlecht in Deutschland, das sich eine eigene Geschichtsschreibung leistete. In der um 1126 entstandenen »Genealogia Welforum« und der ein halbes Jahrhundert später im Welfenkloster Weingarten bei Ravensburg geschriebenen »Historia Welforum« wurde das, was man für die Geschichte dieses hochedlen Hauses hielt oder ausgeben wollte, propagandistisch zusammengefaßt. Es versteht sich von selbst, daß das Schwergewicht dieser beiden Chroniken nicht gerade auf die Untaten der Welfenahnen gelegt wurde, vielmehr bemühte man sich, die hochrangige Bedeutung des Hauses und die makellose Herkunft herauszustreichen. Daß diese Chroniken in jener ohnehin fälschungsfrohen Zeit nicht gerade von wissenschaftlicher Akribie strotzten, scheint nicht weiter verwunderlich. Dennoch sind sie selbstredend Quellen von Wert für die frühe Geschichte des Welfengeschlechtes. Ob die Welfen bairischen, fränkischen oder alemannischen Ursprungs sind, ist unklar. Historische Tatsache ist, daß sie um die Zeit Karls des Großen schon von erheblichem Einfluß auf die Politik waren, der sich mit der Ehe Ludwigs des Frommen mit der Welfin Judith und Ludwigs des Deutschen mit deren Schwester Hemma noch verdichtete. Überhaupt heiratete sich das Grafengeschlecht zielstrebig in die höchsten erreichbaren Höhen hinauf, mehrte Besitz und Einfluß. Eine Seitenlinie erwarb das Königreich Burgund; in Deutschland häuften sie zielstrebig Lehen auf Lehen, namentlich im Südwesten, nicht immer, so scheint es, mit untadeligen Mitteln. Im 11. Jahrhundert verdichtete sich der Machtkern der Familie um die Stadt Altdorf, und in der von den Welfen erbauten Stadt Ravensburg und dem benachbarten Stift Weingarten entstand eine feste Residenz. Die Welfen galten seither als schwäbisches Geschlecht – wie ihre damals noch eher unbedeutenden Konkurrenten um die Macht, die Staufer.

Bald schon schweifte der Blick der Welfen über den alemannischen Horizont hinaus. Zielstrebiges Hinaufheiraten begleitete das. Der Welfe Rudolf, gestorben ca. 992, der erste, der in dem Hauskloster und der Familiengrablege Weingarten bestattet wurde, heiratete (wenn die »Historia Welforum« nicht lügt) eine Enkelin Kaiser Ottos I., sein Sohn Graf Welf II. heiratete die Nichte Imiza der »heiligen« Kaiserin Kunigunde, der Frau des ebenfalls sehr heiligen Heinrichs II. Von Kaiser Konrad II. erhielt Welf II. als Dank für die Hilfe im Kampf gegen den Herzog Ernst von Schwaben (siehe dessen Geschichte in Band I) das Inntal und das Eisacktal und damit die Kontrolle über den strategisch wichtigen Brennerpaß. Sein Sohn Welf III. stieg zum Herzog auf, als ihn Kaiser Heinrich III. 1047 mit Kärnten und der Mark Verona belehnte, wofür sich Welf damit bedankte, daß er 1055 an einer Verschwörung gegen den Kaiser teilnahm, was ihm jedoch keinen Nachteil brachte, weil Welf noch im gleichen Jahr starb. Beinahe wäre damit die Geschichte der Welfen in Deutschland zu Ende gegangen.

Man muß sich vergegenwärtigen, wenn möglich mit aller Lebhaftigkeit, daß die Menschen damals – und nicht nur die Kleinlinge ganz unten auf der sozialen Leiter – an all das glaubten, was Kirchenväter und Kirchenlehrer in dem Jahrtausend seit Christi Erdenwallen aus dessen schöner und guter Lehre herausgedrechselt hatten und in die Seelen und Hirne hineinzuhämmern nicht müde wurden: an einen anthropomorphen Gott, also an den bärtigen Alten oben, an den gehörnten und arschgesichtigen Teufel, an Hölle und Fegefeuer und all

den Krempel, und vor allem an das Monopol der Pfaffen (vom meist dreckstarrenden, bedauernswerten Dorfpfarrer bis zum perlenumkränzten Papst), die Sünden zu vergeben und damit den Eingang ins bläulich-güldene Himmelreich verschaffen zu können. Außerdem wirkte wacker die verhängnisvolle Krämermentalität des Alten Testaments weiter: daß Gott Gnade und Verzeihung gewährt und überhaupt wohlgesinnt ist, wenn man ihm seinerseits Opfer bringt, also bezahlt. Der unübertrefflich geniale Trick der Kirche war, daß sie sich freundlich bereit erklärte, stellvertretend für Gott die Opfergaben entgegenzunehmen. (Die Paulinische Predigt von der Rechtfertigung allein durch den Glauben hatte man wohlweislich vergessen.)
Daß der Mensch – im christlichen Sinn – sündig ist, haben die Pfaffen den Leuten mit Erfolg eingetrichtert. Daß die Hauptsünde die »Unzucht« ist, also alles, was dem natürlich empfindenden Menschen erotisch und sexuell Vergnügen macht, war (und ist) für die Kirche enorm wichtig, weil diese Sünden bekanntlich und zwangsläufig jeder begeht. Die Kirche hatte (und hat) damit einen unendlichen und unerschöpflichen Sündenschatz vor sich, den zu vergeben nur sie die Macht zu haben behauptete. Doch abgesehen davon, zeigt der Lauf der Geschichte, die, bei Lichte betrachtet, nichts anderes ist als eine grauenhafte Abfolge von Mord und Totschlag, Lüge, Heuchelei, Betrug und Meineid sowohl bei den Kleinen wie (vor allem! vor allem!) bei den Großen und Mächtigen, daß selbst abseits der »Unzucht« immer Sünden genug begangen wurden, um dem Einzelnen, wenn er sein Stündlein schlagen fühlte,

die Grausbirnen vor Hölle und Fegfeuer anzuknipsen, eifrig unterstützt vom Pfaffen, der neben dem Bett stand und augenverdrehend den Zeigefinger hob.
So ähnlich wird es bei Herzog Welf III. gewesen sein, denn Untaten genug hatte er ja auf dem Gewissen, und, da unverheiratet und kinderlos, vermachte er also schnell seine ganzen Reichtümer (freilich nicht das Herzogtum, das konnte er nicht) dem Stift Altdorf, wofür er ohne Zweifel dann am 13. November 1055 im weißen Hemde ins Paradies fuhr, wo er womöglich heute noch sitzt und Harfe spielt.
Er hatte jedoch nicht mit seiner Mutter gerechnet, jener obengenannten Kaiserinnen-Nichte Imiza, die sich offenbar nicht oder nicht so sehr oder noch nicht vor dem Fegfeuer fürchtete und aus Italien ihren Enkel herbeiholte. Ihre Tochter Kunigunde nämlich hatte einen gewissen Azzo geheiratet, Markgrafen von Este, und dessen Sohn Welf wurde nun als Welf IV. Erbe des Welfengutes. Die Mönche von Stift Altdorf waren nicht erbaut darüber. Ob die Seele Welfs III. dadurch aus dem Himmel in die Hölle hinunterpurzelte, ist nicht nachprüfbar. (Azzos jüngerer Sohn Fulco wurde der Stammvater der Herzöge von Ferrara und Modena, die sich noch etwa 600 Jahre lang durch Kunstsinn sowie Blutrünstigkeiten hervortaten. Doch das ist eine andere Geschichte.)
Mit Welf IV. begann der kometengleiche Aufstieg der Welfen in die Weltgeschichte, zumindest der Abteilung Deutschland. Welf IV. war in Italien schon verheiratet gewesen (der Name der Frau ist nicht überliefert). Er zögerte nicht, diese unauflösliche Ehe zu vernachlässi-

gen, als eine politische Konstellation eintrat (1070), die es ihm ermöglichte, die Erbtochter Ottos von Northeim, Herzogs von Bayern, jenes (im ersten Band mehrfach erwähnten) Erzfeindes Kaiser Heinrichs IV., zu heiraten und selbst alsbald Herzog von Baiern zu werden. Dieses Herzogtum blieb dann über hundert Jahre welfisch. Im Investiturstreit trat Welf entschieden auf die Seite der päpstlichen Partei, weshalb »welfisch« = italienisch »guelfo« noch lang als Synonym für papstfreundlich galt. Welf IV. starb 1101 und hinterließ das Herzogtum Baiern seinem älteren Sohn Welf V., dem sein Bruder Heinrich, genannt »der Schwarze«, folgte. (Da die salischen usw. Herzöge mitgezählt werden, figuriert dieser Heinrich als der IX. in der Liste bairischer Herzöge. Woher sein Beiname kam, weiß man nicht.) Heinrich IX. verfolgte eine charakterlose, allerdings erfolgreiche Schaukelpolitik zwischen Kaiser und Papst und zwischen Staufern und Lothar II., kam gegen Ende seines Lebens allerdings in die Bredouille, worauf er sich schnell ins Stift Weingarten zurückzog (1116), von wo aus er noch im gleichen Jahr zum Himmel fuhr. Heinrich war mit der Erbtochter Herzog Magnus' von Sachsen verheiratet gewesen, daher sein gleichnamiger Sohn: Heinrich X., der Stolze, nach Magnus' Tod die billungischen Güter in Norddeutschland erbte und 1136 mit dem Herzogtum Sachsen belehnt wurde. Es war unüblich, vielleicht sogar (gewohnheits-)rechtlich unzulässig, daß ein einzelner Herr zwei Herzogtümer besaß. Es kümmerte den »Stolzen« nicht. War er schon bei der Belehnung mit Baiern aus der alemannischen Enge im Weingarten-Ravensburger Winkel ausgebro-

chen und hatte seine Residenz nach Regensburg verlegt, so wurde er jetzt als Herzog von Sachsen der mächtigste Herr im Norden Deutschlands. Er heiratete zudem die (einzige) Tochter Kaiser Lothars II., und als dieser 1137 starb, schien es nicht anders als selbstverständlich, daß nun der »Stolze« Deutscher König werde. Doch da hatte Heinrich sich geschnitten. Die geistlichen Fürsten und Bischöfe waren gegen ihn. Vielleicht hatten sie nicht vergessen, daß die Urgroßmutter die Kirche um die reiche Welfenerbschaft geprellt hatte. Trotz der häufig papstfreundlichen Haltung – die Kirche hat ein langes Gedächtnis.
Mit dem politischen Schicksal Heinrichs des Stolzen kehren wir nach dieser welfischen Digression zur eigentlichen deutschen Geschichte zurück. Nicht Heinrich wurde 1137 von den Großen (den Bischöfen und Herren) zum König gewählt, sondern jener Herzog Konrad von Schwaben aus dem Hause (noch ohne Hohen-)Staufen, der, wie oben dargestellt, schon einmal sich die Krone angemaßt hatte, jedoch gescheitert war und, scheint's, zu warten gewußt hatte: Konrad III.
Heinrich der Stolze, der vom sterbenden Schwiegervater die Reichsinsignien, also Krone, Szepter usw., bekommen (nicht geerbt) hatte, konnte nicht umhin, diese nach der unstreitig gültigen Wahl dem neuen König auszuhändigen, so daß dieser gekrönt werden konnte; aber – ein scharfer Affront – Heinrich verweigerte die Huldigung.
Die Krone und alle Reichsinsignien hatten im Mittelalter weit mehr als nur ornamentale Bedeutung. Das Wort Krone kommt vom lateinischen *corona*, Kranz,

und Ehrenkränze (aus Lorbeer oder auch anderen Zweigen, später vergoldet oder überhaupt in Gold, die Blattform imitierend) wurden Siegern usw. verliehen und bildeten auch das Herrschaftszeichen der Könige und Kaiser. Aus der Vereinfachung oder Abstrahierung des Kranzes zur Stirnbinde und zum Reif entstand nach und nach die Krone nach heutigem Begriff, die im Lauf der Jahrhunderte zunehmend kunstvoller gestaltet und angereichert wurde, mit Edelsteinen verziert, mit Bügeln überwölbt war. Die religiös-numinose Bedeutung der Krone wurde gelegentlich durch Einarbeitung von Reliquien unterstrichen. Ursprünglich war die Krone nur ein virtueller Begriff, das konkrete, reelle Insignum wurde für jeden Herrscher (meist) eigens angefertigt und mit ihm begraben. In der Regel hatte jeder Herrscher mehrere Kronen, so wie man ja meist mehrere Hüte hat. Erst im Lauf der Jahrhunderte verfestigte sich die Krone zum Insignium schlechthin. Eine der ältesten überlieferten Kronen ist die sogenannte »Eiserne Krone«, ein mit Goldblumen und zweiundzwanzig Edelsteinen besetzter Reif (noch ohne Zacken nach oben, was bei Kronen erst viel später auftauchte), mit dem die langobardischen Könige gekrönt wurden; sie stammt wohl aus dem 8. Jahrhundert; daß sie aus einem der Kreuzesnägel Christi geschmiedet wurde, wird wohl Legende sein. Als Karl der Große das Langobardenreich okkupierte, ließ er sich mit dieser Krone krönen, und so geschah es noch öfters bei Krönungen deutscher Könige zu Königen in Italien. Noch Napoleon hatte die Frechheit, sich diese Krone aufzusetzen. Heute ist sie Teil des Domschatzes von Monza.

Die Krone war Synonym der Herrschaft und das nach außen gekehrte Dogma der »Unsterblichkeit« des Herrschers. Dieses Staatsdogma, das natürlich nie irgendwo festgeschrieben war, aber im ganzen Abendland galt, besagte, daß der einzelne König zwar sterblich ist wie jeder Mensch, daß jedoch der König »an sich«, manifestiert in der Reihe der aufeinanderfolgenden Könige, die man sich durch eben die reale Krone verbunden vorstellte, unsterblich ist. Die daraus sich entwickelnde Lehre von den »zwei Körpern des Königs«, eine Art Zweifaltigkeit, hat Ernst H. Kantorowitz in seinem gleichnamigen Buch schlüssig dargestellt. Daß dies zu so grotesken Schlüssen führte, wie zur Äußerung eines englischen Bischofs (auch Päpste und Bischöfe nahmen diese Zweifaltigkeitslehre für sich in Anspruch), daß er »als Bischof« zölibatär lebe, als »Mensch« aber eine Frau habe, sei nebenbei bemerkt.

Hinzu kam, daß, Bezug nehmend auf das (angebliche) Beispiel König Davids, die Krone als dem Herrscher von Gott verliehen betrachtet wurde, als Ausdruck des »Gottesgnadentums«, worauf die Kreuzesdarstellungen auf den Kronen hinweisen und, etwa bei der deutschen Königskrone, die Inschrift »Per me reges regnanz«. Dieser zunehmend sakrale Charakter der Krone bewirkte eine Art von Fetischfunktion: nur wer sie in Händen (und gelegentlich am Kopf) hatte, war der rechtmäßige Herrscher.

Die deutsche (eigentlich römische) Kaiserkrone ist die sogenannte »Krone Konrads II.« in der Schatzkammer in Wien, die berühmte achteckige Krone mit dem Bügel und dem Kreuz, die aus verschiedenen Teilen zusammengesetzt ist und vielleicht sogar schon von Otto I. her stammte. Noch Kaiser Franz II. wurde 1792 damit gekrönt.

Die Krönung war, wie aus dem eben geschilderten Charakter der Krone hervorgeht, ein sakral-konstituierender Akt, der, zusammen mit der sogar älteren Salbung und der Aushändigung der Reichsinsignien, die Regierungsgewalt auf den neuen König übertrug, ihn also in die »unsterbliche« Kette der Könige einreihte. Die Zeremonien wurden mit jeder Krönung komplizierter, die Zahl der Reichskleinodien wuchs. Zuletzt gehörten zu dieser Ausstattung neben der erwähnten Kaiserkrone die »deutsche« Krone (aus dem 13. Jahrhundert), das Szepter, der Reichsapfel, das Mauritius- und das Kaiserschwert, der Krönungsmantel, die Krönungs-Sandalen, Krönungsstrümpfe u.a. mehr. Ein Teil dieser Reichskleinodien liegt in der Schatzkammer in Wien, ein kleinerer Teil im Germanischen Nationalmuseum in Nürnberg. Der Ort für die Kaiserkrönung war Rom, für die Königskrönung Aachen, später Frankfurt, wobei dieser Ort nicht unbedingt verbindlich war.

Der genaue Verlauf der immer komplizierter werdenden Krönung und Inthronisation ist in »Ordines« festgehalten. Die ältesten Ordines (im sog. Mainzer ottonische Pontificale) sind aus dem 10. Jahrhundert erhalten, wurden bis ins 13. Jahrhundert ergänzt und abgeändert. Die Huldigung, die Herzog Heinrich im Fall Konrads III. verweigerte, gehörte auch zum Ordo, woraus sich die historischen Folgen dieses Vorgangs erklären: der neue König verhängte über Herzog Heinrich die Acht und erklärte ihn (1138) seiner beiden Herzogtümer für verlustig. Das Herzogtum Baiern wurde auf Markgraf Leopold IV. von Österreich übertragen, einem Schwager Heinrichs (der Mann seiner Schwester Sophie), Sachsen an Albrecht von Ballenstedt, genannt Albrecht der Bär, einem Vetter Heinrichs. (Die Mütter, Wulfhild und Eilike, waren Schwestern.) Das bis dahin recht unbedeutende »Austarichi«, die Mark Österreich, tritt damit zum ersten Mal etwas deutlicher ins Licht der großen Geschichte.

Leopold, nun Herzog Leopold von Baiern, konnte sich in seinem neuen Herzogtum erfolgreich halten, Albrecht in Sachsen dagegen nicht. Dort behauptete sich der geächtete Heinrich, allerdings nicht lang, denn schon im Jahr darauf (1139) starb er, wenig mehr als dreißig Jahre alt. Seine Ansprüche erbte sein damals grad zehnjähriger Sohn Heinrich, der unter dem vollklingenden Epitheton »der Löwe« zur wohl herausragendsten Gestalt in der Erinnerung an das Welfengeschlecht wurde und der umtriebigste Hauptdarsteller (meist in der Rolle des Bösewichts) auf der politischen Bühne der zweiten Hälfte des 12. Jahrhunderts.

Drittes Kapitel

Im dritten Kapitel predigt ein heiliger Stinker und Maulheld von fernen Landen – die Kreuzzieherei wird adelige Mode und endet in einem Fiasko – eine Groteske zeigt, wie betondumm die Mächtigen schon immer waren – Albrecht der Bär schafft eine erste Keimzelle in der Streusandbüchse des Heiligen Römischen Reichs.

Die Kreuzzüge waren zu Anfang im wesentlichen eine französische Angelegenheit. Ins Gewicht fiel dazu italienische und spanische Beteiligung, der deutsche Anteil war gering. Papst Urban II., der hauptsächliche Kreuzzugstreiber, war ein Sproß einer Adelsfamilie aus der Champagne, die ersten christlichen Potentaten Jerusalems stammten aus Lothringen, das an sich östfränkische, also deutsche Herzogtum, das längst nach Frankreich hin ausgerichtet war. Und der hauptsächliche kreuzzügliche Schreibtischtäter und Maulheld war ein Franzose: der heilige Bernhard von Clairvaux. Dieser Zisterzienser, ein unerbittlicher Zelot und Papstumschmeichler, predigte zeit seines Lebens gegen jede geistige Strömung, die er in seiner Engstirnigkeit für nicht richtig hielt. Er geiferte gegen Petrus Abaelard, den wohl größten Geist seines Jahrhunderts, und gegen Arnold von Brescia, der (vergeblich) die dringend notwendige Reform der Kirche durchzusetzen versuchte. Seine, Bernhards, christliche Leibfeindlichkeit nahm so groteske Formen an, daß er sich nicht entblödete zu verkünden, nur derjenige, der deutlich stinke, sei wahrhaft fromm, weil er zeige, daß er seinen weltlichen Leib verachte (in der Schrift zum Lob der Templer – die später selbst als Ketzer verbrannt wurden). Die katholische Kirche verehrte den heiligen Stinker als Kirchenlehrer (Pius VIII. 1830). 1146 – Bernhard, 56 Jahre alt, inzwischen Abt von Clairvaux und enger Vertrauter seines ehemaligen Mitbruders, der als Eugen III. Papst geworden war – begab sich auf päpstliches Geheiß unter anderem nach Deutschland, um einen neuen Kreuzzug zu predigen.

Nach den stürmischen, begeisternden Anfangserfolgen der ersten Kreuzzüge, die zur Eroberung Jerusalems und eines großen Teiles Palästinas führten, zur Errichtung eines nach französischem Muster ausgerichteten Königreichs und ebensolcher Fürstentümer, außerdem zu gigantischen Schlächtereien und unnennbaren Barbareien gegen die eingesessene christliche, muslimische und jüdische Bevölkerung, war die Kreuzzugsidee merklich abgeflacht, vor allem, weil bald erkennbar wurde, daß nicht religiöse Motive die Kreuzfahrer leiteten, sondern schlichte Geld- und Machtgier. Nicht zuletzt die Eifersüchteleien, Uneinigkeiten und Kleinkriege der Kreuzfahrer gegeneinander, die sich in Palästina wohnlich eingerichtet hatten und das orientalische Leben zu schätzen begannen, begünstigten die muslimischen Rückeroberungen, und als – keine fünfzig Jahre nach dem Fall von Jerusalem – das wichtige Edessa für die Christen wieder verlorenging, plante Papst Eugen III. einen ganz großen Kreuzzug, wobei nicht nur den Muslimen im Osten aufs Haupt geschlagen werden sollte, sondern auch gleich in einem Auf-

waschen denen in Spanien und zudem den immer noch bös heidnischen Wenden östlich von Sachsen.
Der Papst keilte König Ludwig VII. von Frankreich, um, wie es hieß, »das Kreuz zu nehmen«, Bernhard von Clairvaux überredete den deutschen König Konrad III., sich zu beteiligen, der ja schon 1127 einmal, allerdings mehr halbherzig, bei einem Krezzugsunternehmen dabeigewesen war. Es wurde ein fürchterliches Fiasko. Konrad III. sei, heißt es, nicht sehr begeistert von der Kreuzzugsidee gewesen. Er beteiligte sich wohl mehr, weil die Kreuzzieherei nun einmal adelige Mode geworden war. 140000 Mann brachen 1147 auf, wälzten sich, alles kahl fressend natürlich und die Bevölkerung dem Hunger überlassend, durch Ungarn, den Balkan ins byzantinische Kleinasien, wo man sich fatalerweise trennte: der französische König wählte den weniger gefährdeten Weg der Küste entlang und dann den Seeweg; der deutsche Heerführer, bezeichnenderweise ein Bischof, und zwar niemand Geringerer als Otto von Freising (auch ein ehemaliger Zisterzienser!), der über offenbar mehr Gottvertrauen als Feldherrntalent verfügte, wählte den gefährlichen Weg durch das Innere Kleinasiens, verzettelte seine Kräfte, verschätzte verheerenderweise die Versorgungsmöglichkeiten und wurde nicht einmal ehrenvoll (wenn man bei Kriegshandlungen überhaupt von Ehre reden kann) in einer Feldschlacht geschlagen, vielmehr wurde sein Heer von den Türken des Emirs von Ikonien nach und nach aufgerieben. Selbstverständlich setzte sich Otto selbst rechtzeitig ab. (Sein Ordensbruder und Kriegshetzer Bernhard übrigens vermied es überhaupt, in den

von ihm propagierten Krieg zu ziehen.) Auch König Konrad entkam mit einem geringen Rest des Heeres dem Desaster, zog weiter, vereinigte seine Truppen mit denen des französischen König, belagerte Edessa, und als die Stadt nicht und nicht zu erobern war, verloren die Majestäten die Lust am Kreuzzug und fuhren heim. Von den Heeren überlebten zehn Prozent – soviel wie im Zweiten Weltkrieg Stalingrad. Ähnlich versickerte der spanische Teil des großen Planes, nur der etwas bequemere Kreuzzug gegen die kleinen, friedlichen Wenden zeitigte schöne Erfolge. Wieder einmal wurde einigen Heiden die Überlegenheiten der christlichen Liebeslehre mit Schwertes Schärfe eingebleut.

Otto von Freising überlebte die Niederlage unbeschadet; seine Verdienste als Geschichtsschreiber seien ihm unbenommen, sein »Chronicon« ist eine erstklassige Geschichtsquelle, ob die von ihm ausgefeilte und fortgeführte »Zwei-Schwerter«-Theorie (geistliches Schwert dem Papst, weltliches dem Kaiser … das geistliche geht aber vor) segensreich oder furchtbar war, kann man schwer sagen. Die Kirche verehrt ihn jedenfalls nur als Seligen. Vielleicht wäre er ein Heiliger, wenn er beim Geschichtsschreiben geblieben wäre und nicht in Kriegsführung dilettiert hätte.

*

Die so kräfte- und geldverschleißende wie sinnlose Kreuzzugsunternehmung hinderte König Konrad, wie nicht anders zu denken, an der Entfaltung innenpolitischer Aktivitäten, so daß seine ohnedies kurze Regierungszeit, historisch gesehen, etwas blaß wirkt. Zudem hatte dieses Palästinaabenteuer noch eine groteske Nebenkomponente: Konrad war der erste deutsche König, der seine Hand nach Süditalien ausstreckte. Man möchte meinen, er hätte Besseres zu tun gehabt. Nein, er faßte den angesichts der seit hundert Jahren fest etablierten Normannenherrschaft in Sizilien und Neapel und angesichts der dem König zur Verfügung stehenden politischen und militärischen Mittel nicht anders als blödsinnig zu nennenden Plan, die Normannen aus Süditalien zu vertreiben. Nun war Süditalien immer noch *de jure* ein Teil des Byzantinischen Reiches, das allerdings damals schon so stark geschrumpft war, daß dessen Kaiser – es war Manuel I. aus dem Hause Komnenos – nicht im entferntesten daran denken konnte, die byzantinischen Rechte dort geltend zu machen. Er hatte alle Händevoll zu tun, sich der Türken und der Kreuzritter zu erwehren. König Konrad war mit Gertrud von Sulzbach verheiratet, einer Grafentochter aus sehr abseitiger Linie der ehemaligen Herzöge von Schwaben, zwar adelig, sicher, nicht jedoch von erster Adresse stammend. Konrad hatte sie geheiratet, bevor er König wurde. Gertrud hatte eine Schwester, die hieß Bertha und wollte offensichtlich auch hoch hinaus, und Konrad vermittelte, wohl seiner Frau zuliebe, eine Heirat zwischen dieser Bertha und niemand Geringerem als Kaiser Manuel von Byzanz. (Wobei man sieht, wie tief damals schon das Byzantinische Reich gesunken war. Noch hundert Jahre zuvor hätte ein byzantinischer Kaiser eine strohköpfige Grafentochter aus dem Bayrischen Wald nicht mit der Feuerzange angerührt.)

Manuel erklärte sich bereit, die Gräfin Bertha zu heiraten, sofern sie zum griechischen Glauben übertrete (was sie dann auch tat und sich von da an Irene nannte) und wenn König Konrad ihm Süditalien abtrete. Eine Groteske der Geschichte, die zeigt, wie betondumm die Mächtigen immer schon waren. Seufzend gestand Konrad also dem Manuel das Fell der Normannischen Bären zu, den gefangen zu haben er noch weit entfernt war. Und auch Manuel fing ihn nie – so endeten König Konrads süditalienische Eroberungen, bevor sie angefangen hatten.

*

Einen gewissen innenpolitischen Erfolg erzielte König Konrad aber doch noch vor seinem läppischen Kreuzzug. Wie oben dargestellt, wurden Heinrich dem Stolzen 1138 die beiden Herzogtümer Baiern und Sachsen weggenommen. Der in Baiern statt seiner eingesetzte Leopold von Österreich konnte sich halten, der welfische Rückhalt in Baiern scheint nicht groß gewesen zu sein. Anders im Norden. Dort regierte der abgesetzte Heinrich weiter, als sei nichts gewesen, der »Herzog« Albrecht der Bär kam nicht gegen ihn auf. Als Heinrich 1139 starb, regierte seine Schwiegermutter, die Kaiserwitwe Richenza von Supplinburg, für ihren Schwiegersohn weiter, ebenso unangefochten. Es war eine Pattsituation: weder hatte König Konrad die Mittel noch die Macht, Sachsen zu erobern und dem aus seiner Sicht rechtmäßigen Herzog Albrecht einzuräumen, noch hatte der stolze Heinrich und später seine Schwiegermutter ausreichend Kräfte, den König zu zwingen, die Absetzung rückgängig zu machen. Diese Pattsituation zwang die Kontrahenten zur Vernunft, und 1142 wurde halbwegs Friede geschlossen: Kaiserin Richenza bekam für ihren Enkel (der war zwölf oder dreizehn Jahre alt) das Herzogtum Sachsen zurück, Baiern, trotz des Geschreis der Witwe, nicht. Nun ja, immerhin Sachsen, allerdings um die (auch noch vergrößerte) Mark Brandenburg verkleinert, die, als nun reichsunmittelbar und mit sozusagen herzoglichem Status, Albrecht dem Bären als Entschädigung zugesprochen wurde. Der Bär gab sich damit zufrieden und begann aus »des Heiligen Römischen Reiches Streusandbüchse« eine festgefügte Territorialherrschaft zu machen, die Keimzelle des langsam und stetig aufsteigenden späteren Kurfürstentums und noch späteren Königreichs Preußen, das letzten Endes ins Bismarcksche Deutsche Reich mündete – zum Segen des deutschen Volkes? Oder nicht?

Als König Konrad 1147 zu seinem Kreuzzug aufbrach, forderte er den nunmehr volljährig gewordenen Herzog Heinrich den Löwen auf, seiner Treuepflicht, dem Heerbann, zu folgen, was Heinrich verweigerte, das heißt, er ließ den König wissen, daß er mit seinen Sachsen nur dann dem Kreuzzug folgen würde, wenn man ihm auch Baiern zurückgebe. Das wollte der König nicht. Zwar war Herzog Leopold inzwischen gestorben, 1143 hatte Konrad das Herzogtum jedoch seinem Halbbruder Heinrich Jasomirgott (gleichzeitig rechter Bruder Herzog Leopolds) übertragen, und Jasomirgott war fügsamer und zog brav in den Kreuzzug mit. (Auf dem Kreuzzug heiratete er, sozusagen im Vorüberziehen, die byzantinische Prinzessin Theodora, Nichte Kaiser Manuels und damit quasi auch der Königin Gertrud.) Heinrich der Löwe wiederum hatte, so wenig wie seinerzeit sein Vater und dann seine Großmutter, die Mittel, den König zur Rückgabe zu zwingen. Doch ganz wohl scheint es ihm bei der Verweigerung der Heerfolge nicht gewesen zu sein, denn er verpflichtete sich, statt des Kreuzzuges nach Palästina den (näheren, einfacheren und weniger riskanten) »Kreuzzug« gegen die Wenden zu führen.

Immerhin, alles in allem, sorgte König Konrad III. somit für einen einigermaßen beruhigenden inneren Frieden. Im Übrigen habe er, heißt es, die Hofkanzlei reorganisiert und verbessert und deren Urkundensprache angehoben. Für ganz hohe politische Pläne und deren Ausführungen hatte er keine Zeit, da währte seine Regierung zu kurz. Am 15. Februar 1151 starb er in Bamberg und wurde dort in der Ostkrypta des Doms begraben. Die Kaiserwürde hat er nie erlangt.

Viertes Kapitel

Im vierten Kapitel verhelfen Berufsschmeichler einer Persönlichkeit zu Ruhm und Ehre – Barbarossa profitiert zunächst von der Überschätzung des Blutes – ein Goldkränzlein in Rom beweist, daß Eitelkeit die eigentliche Triebfeder der Geschichte ist – der rotgoldene Wallebart sorgt in Italien für Scheußlichkeiten und träumt von antiken Reichen – Heinrich der Löwe verfügt sich als Flüchtling nach England – der Mainzer Hoftag wird vom Sturm weggefegt – der Tod des Kaisers stoppt den wälzenden Strom von Haudegen.

Daß die Gestalt Friedrich Barbarossas die (neben Karl dem Großen) bekannteste Kaisergestalt, überhaupt eine selbst den weniger Geschichtsinteressierten zumindest schattenhaft geläufige Figur ist, daß Sage und Literatur sich seiner Persönlichkeit bevorzugt angenommen haben, und daß die Gestalt in aller Regel positiv besetzt ist, ist kein Zufall. Friedrich betrieb schon zu Lebzeiten eine Lenkung (um nicht grad direkt zu sagen: Klitterung) der geschichtlichen Darstellung seiner Person und seines Wirkens wie selten ein anderer Potentat vor oder nach ihm. So gab er selbst Chroniken in Auftrag und stellte den Autoren Stoffsammlungen zur Verfügung. Kaiserliche Notare mußten geeignete Aktenauszüge fertigen, die dann den Historiographen übermittelt wurden. Es versteht sich, daß die Auswahl, die so vom Kaiser getroffen wurde, nicht geradezu bemüht war, ein ungünstiges Bild des Herrschers zu zeigen, und es versteht sich auch, daß die (besoldeten) Chronisten sich hüten mußten, in unerwünschtem Sinn zu schreiben. So filterten Otto von Freising (der im vorigen Kapitel erwähnte glücklose Bischof-General) und die Chronisten Rahewin und Gottfried von Viterbo aus den ihnen überlassenen Materialien eine makellos ritterliche Glanzgestalt vom Kaiser heraus, einen vollkommenen Herrscher, strahlenden Fürsten und menschlich-gütigen Christen, dessen nicht zu leugnende ungünstige Umstände als tragische Schicksalsschläge, an denen böse Feinde schuld waren, noch zusätzlich verklärt wurden.

Nun ist es natürlich nicht so, daß die Chroniken eines Otto von Freising usw. wertlos wären. Man muß nur bei ihrer Verwertung vorsichtig sein und jeder Nachricht stets mißtrauen. Als Richter habe ich in jahrzehntelanger Dienstzeit die trüben Erfahrungen gemacht, daß man prima vista davon ausgehen muß: alle Zeugen lügen und die Prozeßparteien auch. Von diesem Grundsatz ausgehend, kann der Richter, vorsichtig sondierend, zum Kern dessen vordringen, was – vielleicht – Wahrheit ist. So ähnlich ist es mit den Geschichtsquellen. »Die Quellen lügen«, wie ich (vielfach von Fachgelehrten beanstandet) im ersten Band geschrieben habe, ist in seiner Einfachheit überspitzt, selbstverständlich nur als Warnschild gedacht, das über dem Schreibtisch dessen gut sichtbar hängen sollte, der über Geschichte schreibt. Am meisten und dicksten lügen selbstverständlich historische Memoiren, wofür Bismarcks »Gedanken und Erinnerungen« ein schlagendes Beispiel sind.

Barbarossa lenkte jedoch nicht nur die künftigen Darstellungen seiner Person, er besoldete auch Berufsschmeichler, die bei geeigneten Gelegenheiten faustdicke Huldigungen auf ihn vorzutragen hatten. Der Kaiserhymnus des »Archipoeta« ist erhalten, ein ganzes (in Kirchenlatein geschriebenes) Barbarossa-Epos »Ligurinus« von einem gewissen Gunther de Pairis, und im anonymen »Ludus de Antichristo«, der wohl noch zu Lebzeiten des Kaisers in Tegernsee entstanden ist, wird Barbarossa als letzter Herrscher der Zeiten dargestellt, der seine Krone dem wiederkehrenden Christus zurückgibt.

Die Gestalt Barbarossas in der Volksüberlieferung und in der Sage vermischte sich bald mit der anderer Herrscher, so zum Beispiel mit der Karls des Großen, und es kristallisierten sich Topoi verschiedener Sagenkreise heraus. Am bekanntesten ist die Sage von dem in den Kyffhäuser (einen Berg in Thüringen) eingeschlossenen Kaiser, der von Raben bedient und versorgt wird, dessen Bart durch (oder um) den steinernen Tisch wächst und der zu gegebener Zeit wiederkommt, um das deutsche Volk zu erlösen. (Dabei hatte der historische Kaiser Friedrich mit Deutschtum usw., wenn damals überhaupt schon von so etwas gesprochen werden konnte, nichts im Sinn. Sein Hauptaugenmerk galt Italien.) Die Sage taucht erstmals 1519 im »Volksbuch von Friedrich Barbarossa« auf und zieht sich, zuletzt christlich verbrämt, bis zu einem Machwerk eines Frankenhäuser Schulrektors namens Hoffmann hin (1696). Ursprünglich bezog sich die Sage übrigens eindeutig auf Friedrichs gleichnamigen Enkel, Kaiser Friedrich II., der auch, wie alle Hohenstaufen, einen roten Bart hatte.

Seit Friedrich Raumers (wenngleich mit Vorsicht) immer noch lesenswerter, romantisierender und deutschnational angehauchter »Geschichte der Hohenstaufen« (1824–26) war dann kein Halten mehr, und das ganze 19. Jahrhundert hindurch prasselten die Hohenzollerndramen auf die Mitwelt hernieder, Romane, Gedichte, mit wenigen Ausnahmen von Autoren nicht gerade ersten Ranges. In gewisser Weise unübertroffen in dem Zusammenhang dürfte Ernst Raupachs »Die Hohenstaufen« gewesen sein, ein Zyklus aus sage und schreibe sechzehn Dramen (1837). (Vielleicht dient dies hier als Anregung für eine der in jüngster Zeit so beliebten Monsteraufführungen: sechzehn mal drei Stunden Raupach mit anschließenden Wiederbelebungsversuchen fürs Publikum.)
Die wenigen erstklassigen Autoren, die sich dem Stoff zuwandten, verwendeten ihn kritisch oder ironisch: Grabbe und Heine. Stifter allerdings baute die Geschichte in seinen »Witiko« (1865–67) in symbolhafter Überhöhung ein, was diese peinliche Stifter-Entgleisung nicht gerade lesbarer macht.

*

Der historische Friedrich wurde um 1122 geboren. Er war der ältere Sohn des obenerwähnten einäugigen Schwabenherzogs Friedrich II., des Bruders König Konrads III. Konrad hatte aus seiner Ehe mit Gertrud von Sulzbach zwei Söhne, Heinrich und Friedrich, von denen er den älteren 1147 zum Mitkönig hatte wählen lassen, der allerdings schon 1150 verstarb. Der jüngere

Sohn war, als der Vater starb, erst etwa sieben Jahre alt und kam, da auch die Mutter (die eventuell eine vormundschaftliche Regierung hätte führen können) schon tot war, für die Nachfolge im Königsamt nicht in Frage. Er wurde später (als Friedrich IV.) Herzog von Schwaben und starb ohne Nachkommen schon 1167. So wurde der – damals etwa dreißigjährige – Herzog Friedrich III. zum deutschen König gewählt, als solcher: Friedrich I.

Warum wählten die Fürsten und Bischöfe den – außer dem offenbar aus Gründen seines kindlichen Alters nicht in Frage kommenden Sohn des verstorbenen Königs – nächsten Agnaten? Die Königswürde war nicht erblich. Die Fürsten und Bischöfe wären an keine dynastischen Gegebenheiten gebunden gewesen. Wäre es nicht naheliegend gewesen, den damals ohne Zweifel mächtigsten und angesehensten Herzog, nämlich Heinrich den Löwen, zum König zu wählen? Hat sich Heinrich überhaupt nicht um das Königsamt beworben? Wenn ja, warum nicht? Haben ihm seine klerikalen Berater eingeflüstert, daß er mehr Ärger anrichten kann, wenn er nicht schwacher König wird, sondern starker Herzog bleibt? Die bis dahin eher farblose Gestalt des Schwabenherzogs, der außer seiner Beteiligung am kläglichen Zweiten Kreuzzug keine Meriten aufweisen konnte, war sicher nicht ausschlaggebend für seine Wahl. Es scheint tatsächlich so etwas wie der Sog des dynastischen Denkens gewesen zu sein, der von der Erblichkeit zwar nicht des Königsamtes, aber der Gottesbegnadung ausging und der bis in die Neuzeit mehr oder weniger vorherrschend blieb. Diese nicht anders als abwegig zu betrachtende Vorstellung ging davon aus, daß der Sohn (und der Bruder, sogar Neffe und Vetter, sofern in männlicher Linie verwandt) gleich begnadet sei wie Vater und Onkel usw. Es ist dies vermutlich die unheilvolle, ererbte germanische Überschätzung des »Blutes«, die noch im 20. Jahrhundert, wie bekannt, eine späte Giftblüte treiben sollte.

*

Friedrich war, als er zum König gewählt wurde, weniger als dreißig Jahre alt. Ob die Überlieferung stimmt, daß der sterbende Konrad III. den Fürsten die Wahl des jungen Friedrich empfohlen hat, scheint fraglich. Zugunsten des Schwabenherzogs fiel sicher ins Gewicht, daß er ein halber Welfe war: seine Mutter Judith war eine Schwester von Heinrichs des Löwen Vater. Die großen Kontrahenten des Jahrhunderts waren also Vettern ersten Grades. Allerdings wohl nicht um der Verwandtschaft willen, sondern um die Situation in Deutschland zu bereinigen, suchte Friedrich sogleich den Ausgleich mit dem Welfen. (Möglicherweise war das alles auch ein Zugeständnis, ein Wahlgeschenk an den Löwen, weil der sich nicht der Wahl Friedrichs entgegengestellt hatte.) Allerletzten Endes wollte Friedrich freie Hand in Italien haben. Schon bei Konrad III. haben wir den Drang nach Süden festgestellt, der die Staufer wie ein Fluch begleiten sollte: bis zum Tod Konradins, der in Neapel geköpft – und mit ihm die Familie ausgelöscht wurde.

Es kam, auf Betreiben Friedrichs, zu einer bemerkenswerten Übereinkunft mit den Päpsten: mit Eugen III. und (seit 1154) dessen Nachfolger Hadrian IV. Grundlage dieser Übereinkunft war der »Konstanzer Vertrag« von 1153, in dem, grob gesprochen, der König dem Papst zusicherte, daß er die Normannen und die Byzantiner aus Süditalien fernhalten und daß er dafür die Kaiserkrone erhalten werde. Das Fernhalten der schwachen, längst von allen Seiten (nicht zuletzt von den Kreuzfahrern) bedrängten byzantinischen Macht konnte Friedrich sorglos versprechen. Die längst fest in Süditalien etablierten Normannen zu vertreiben war ein lächerliches, illusorisches Versprechen. (Den Staufern sollte das in überraschender Weise dennoch gelingen, wovon später die Rede sein wird.) Indirekt mit dieser Abmachung hing zusammen, daß der Ausgleich mit dem Welfen gefunden werden mußte. Anders wäre ein Romzug des Königs – zur Kaiserkrönung notwendig – nicht denkbar gewesen; der König hätte dem unversöhnten Herzog nicht gefahrlos den Rücken kehren können.

Der Ausgleich bestand hauptsächlich darin, daß Friedrich seinem Vetter Heinrich das gab, was er dauernd schon lautstark verlangt hatte: das Herzogtum Baiern. Das stieß auf die Schwierigkeit, daß es dort schon einen Herzog gab: den österreichischen Babenberger Heinrich Jasomirgott, oben schon erwähnt. Der wich ungern, letzten Endes aber doch, allerdings unter hervorragenden Bedingungen. Von Haus aus war Jasomirgott Markgraf von Österreich. Auf Markgraf konnte man ihn also nicht gut zurückstufen. Also erhob Barbarossa (am 8. – 17.? September 1156) Österreich, das heutige

Ober- und Niederösterreich umfassend ungefähr, zu einem eigenen neuen Herzogtum mit weitgehenden Privilegien, losgelöst von Baiern, vererbbar in männlicher und weiblicher Linie, in der Heerfolge nur bei Kriegen im Südosten des Reiches verpflichtet usw. Dieses sogenannte »Privilegium minus« fälschten die Nachfolger der Babenberger, die Habsburger, im 14. Jahrhundert zum »Privilegium maius« um; davon wird noch die Rede sein.
Man erinnere sich, daß die Rückgabe des Herzogtums Sachsen an die Welfen mit der Loslösung und Verselbständigung der Mark Brandenburg erkauft werden mußte; jetzt die Rückgabe Baierns durch die Schaffung des Herzogtums Österreich. Aus dem einen ging letzten Endes das Königreich Preußen und das »Zweite« Deutsche Reich Bismarcks, aus dem anderen die Österreichisch-Ungarische Monarchie hervor. Den »Bruderkrieg« von 1866 verdankt die Weltgeschichte also den Welfen.

*

Noch vor der endgültigen Versöhnung, aber nach sicherer Weichenstellung wandte sich König Friedrich nach Rom. Im Herbst 1154 unternahm er seinen ersten Italienzug, am 18. Juni 1155 wurde er in Rom gekrönt. Wenn man bedenkt, mit welcher Schwächung der Reichsgewalt und Reichseinheit dieses welthistorisch gesehen nichtige Goldkränzlein und ein längst obsolet gewordener Kaisertitel erkauft wurden, fragt man sich schon nach dem Geisteszustand der Potentaten. Nicht

Vernunft, nicht einmal Machtgier, sondern Eitelkeit scheint die tiefste Triebfeder der Geschichte zu sein. In Rom erreichte Friedrich, nunmehr Kaiser Friedrich I., noch etwas anderes: er war seit 1147 mit Adelheid, der Tochter eines bairischen Grafen von Vohburg, verheiratet. Die Ehe war kinderlos, eine Katastrophe für einen dynastisch denkenden Fürsten. (Und alle Fürsten dachten dynastisch.) An und für sich ist die Ehe nach katholischem Dogma unauflöslich. Bei hochmögenden Persönlichkeiten, um das zu wiederholen, und wir werden noch öfters auf solche Ereignisse stoßen, sahen das die Päpste, sofern es ihnen in den Kram paßte, nicht so eng. Im Falle Friedrichs paßte es, jedenfalls zu jenem Zeitpunkt, in den Kram. Die Ehe wurde geschieden, die unglückliche Adelheid heim nach Vohburg geschickt ... wie der Abschied Friedrichs von Adelheid wohl aussah? Ob Friedrich überhaupt vor lauter Regierungsgeschäften Zeit hatte, sich zu verabschieden? Was in Adelheid vorging? Derlei ist nirgendwo dokumentiert, und die Weltgeschichte geht mit harten Füßen über so kleine Schmerzen hinweg. Über größere auch. Friedrich jedenfalls heiratete drei Jahre später Beatrix, die Erb-Tochter des Freigrafen von Burgund (eine bessere Adresse als Vohburg), die ihm im Lauf der Jahre sieben Kinder gebar. Ein paar Bastarde liefen wohl, wie bei christlichen Fürsten üblich, auch noch mit.

*

Die nächsten zwanzig Jahre beschäftigte Italien den Kaiser. Was dort – meist an kaiserlich-barbarossischen

Scheußlichkeiten – geschah, gehört nicht zur deutschen Geschichte. Der Kaiser überließ das Reich mehr oder weniger sich selbst, d.h. den Herzögen und den immer selbständiger und mächtiger werdenden Grafen und Bischöfen. Der mächtigste Potentat, Heinrich der Löwe, gab Ruhe. So konnte Friedrich ungehindert auf insgesamt fünf Italienzügen etwa Mailand zerstören und unter der unschuldigen Bevölkerung ein unbeschreibliches Blutbad anrichten (1162), sich mit dem Papstschisma, das wieder einmal ausgebrochen war, unnötigerweise herumschlagen, wobei er allerdings mit seiner Unterstützung für Victor IV. unterlag; der schlaue und unbeugsame Alexander III., ein ausgemachter Widerling unter den Päpsten, obsiegte. Friedrich konnte die kümmerlichen Reste des byzantinischen Italien in Ancona beseitigen, eroberte und plünderte gelegentlich Rom usw. Schlimme Niederlagen brachte ihm der Lombardische Städtebund bei. Um sich von den fast immer unfähigen, nur auf die Mehrung ihrer Hausmacht und ihres Vermögens bedachten Fürsten zu emanzipieren, natürlich auch um den *nervus rerum*, d.h. den Handel, ungestört betreiben zu können, hatten sich die oberitalienischen Städte in zwei Bünde zusammengeschlossen, die – mit Unterstützung des Papstes und des schon sehr mächtigen Venedigs – dem Kaiser ganz frech die Stirn boten. 1176 kam es zur Schlacht von Legnano (die noch Giuseppe Verdi in einer Oper von 1849 besang), in der die Italiener dem deutschen Heer Friedrichs eine vernichtende Niederlage zufügten. Mit knapper Not entkam der Kaiser. Schon einige Jahre zuvor, 1167, hatte ein anderer mäch-

tiger Feind, nämlich die Pest, das Rom belagernde Heer Friedrichs aufgerieben.
Nicht verschwiegen sei eine andere italienische Schandtat Barbarossas, des gütigen, väterlichen Kaisers mit dem rotgoldenen Wallebart: um dem Papst für das freundliche Geschenk der Kaiserkrone eine höfliche Aufmerksamkeit zukommen zu lassen, lieferte er Arnold von Brescia aus. Arnold war Propst in Brescia gewesen, Augustiner-Chorherr und einer der wenigen, die es wagten, die Macht- und Geldgier der Päpste und des hohen Klerus anzugreifen. Die Curie und Papst genannte Eiterbeule sah natürlich nicht gern, daß man sie aufstechen wollte, daher wurde Arnold verbannt. Er ging ins liberalere Frankreich, lehrte dort an der Universität, bis der abscheuliche heilige Bernhard von Clairvaux seine Ausweisung betrieb. Arnold kehrte nach Italien zurück, predigte weiter gegen Simonie und Korruption des Klerus, und als er, als einer der ersten, die freche päpstliche Fälschung »Konstantinische Schenkung« und damit die theoretische Stütze der weltlichen Macht der Kirche angriff, verhängte der Papst den Kirchenbann gegen ihn (1184). Er fiel dem Kaiser in die Hände, der ihn, wie erwähnt, dem Papst auslieferte, der ihn hängen und (wie menschlich milde: in dieser Reihenfolge) dann verbrennen und die Asche in den Tiber werfen ließ. Auch Arnold wartet bis heute auf die überfällige Bitte um Entschuldigung seitens des vaticanischen Pfaffenhaufens. Na ja, vielleicht legt der Brave gar keinen Wert darauf.

*

Warum Friedrich Barbarossa sein politisches Hauptaugenmerk nach Italien richtete, ist nur zu vermuten. Ausdrückliches dazu gesagt hat er nie, es ist nichts überliefert. Daß auch damals schon Italien wärmer und sonniger gewesen ist als der »neblichte Nord hinten«, dürfte nicht der Hauptgrund gewesen sein. (Wer weiß? Vielleicht doch?) Es fällt auf, daß Barbarossa als erster Kaiser seit der Karolingerzeit so etwas wie eine Reichs- und Kaiserideologie pflegte. Er ließ diese Ideologie, eine ferne Ahnung altrömischer Staatsgedanken, von den Juristen der erst wenig mehr als ein halbes Jahrhundert vorher gegründeten, aber schon hoch angesehenen Universität Bologna theoretisch untermauern. In amtlichen Schreiben befleißigte sich die kaiserliche Kanzlei, ohne Zweifel auf Anordnung des Kaisers, Terminologien des spätantiken Dominats (also diocletianisch-constantinischer Zeit) zu verwenden, Begriffe vom »Sacrum Imperium«, »Sacrum Palatium«, vom Kaiser als vom »Dominus Mundi« oder der »Lex animata in terris« usw. Es gibt ein als Kopfreliquiar gestaltetes Portrait Barbarossas, eine zwar stilisierte, aber doch wohl annähernd lebensähnliche Plastik (um 1160), die den Kaiser, deutlich an römische Vorbilder anklingend, mit dem Stirnband als »Imperator« im antiken Sinn zeigt. Es dürfte nicht abwegig sein nach all dem, daß Barbarossa eine Art Gesamtreich im alten, also römisch-caesarischen Sinn vorschwebte und daß diese Idee seine Italienpolitik leitete. Daß die Verwirklichung dieser Idee, also letzten Endes: die Wiederherstellung des Römischen Reiches der Antike, ein unerreichbares Ziel, eine bare Illusion war, dürfte dem Kaiser in wachen Momenten klar gewesen sein. Und da ja auch seine Italienpolitik völlig scheiterte, blieb seine schöne Reichsidee praktisch folgenlos.

*

Heinrich der Löwe hatte die Zeit der italienischen Feldzüge und der dadurch bedingten Abwesenheit des Kaisers benutzt, um seine Herzogsmacht in Sachsen und Baiern zu verfestigen. Er strebte eine unumschränkte, nur noch formal dem Kaiser nachgeordnete, eigentlich schon königsgleiche Herrschaft an. Das stieß nicht auf den Widerstand des Kaisers, der ja in Italien beschäftigt war und dessen Haus- und Familienrechte in Schwaben nicht tangiert waren, wohl aber auf den der Bischöfe und der immer mächtiger gewordenen Grafen und Barone, die – mit Recht – befürchteten, daß ihre Befugnisse und vor allem Geldquellen durch den Löwen und seine geplante Neuordnung und Zentralisierung der Herzogsgewalt beschnitten würden. Es kam zu Aufständen, Fehden und förmlichen Kriegen gegen Heinrich, was zeitweise zu chaotischen Zuständen namentlich in Sachsen führte (das damals noch aus dem heutigen Sachsen, den Ländern Sachsen-Anhalt etwa und Niedersachsen sowie Nordrhein-Westfalen bestand, also den größten Teil Norddeutschlands umfaßte). Den Kaiser bekümmerte das erst, als Heinrich 1176 die Heerfolge verweigerte. (Daß ihn Friedrich kniefällig um Erfüllung seiner Lehenspflicht gebeten habe, ist romantische Legende.) Die obenerwähnte Niederlage bei Legnano führte er, ob mit Recht oder nicht, auf die mangelnde Unterstützung seitens des Herzogs zurück, und so kam es zum offenen, allerdings nur juristischen Konflikt. Der Kaiser nahm die Klagen der Fürsten an. Es wurde ein Verfahren wegen Bruchs des Königsfriedens gegen Heinrich eingeleitet (1179), dem sich der Herzog nicht stellte, weswegen er sozusagen durch Versäumnisanteil in die Acht getan wurde.

Die Acht war ein wichtiges strafrechtliches Instrument des Mittelalters deutschrechtlichen Ursprungs, Art und Folgen der Acht waren kompliziert und nach Landstrichen verschieden gehandhabt. Generell war Recht- und Friedlosigkeit die Folge, der bürgerliche Tod, Eidesunwürdigkeit usw. In manchen Ländern und Zeiten galt der Geächtete (mißverständlich auch »Ächter« genannt) als vogelfrei, durfte straflos getötet werden; ihn zu verstecken, zu unterstützen, zu ernähren usw. war strafbar. Die vermögensrechtlichen Folgen waren genauso streng: das Vermögen verfiel dem Geschädigten, dem Gerichtsherrn und dem König, die Ehefrau galt als Witwe, die Kinder als Waisen. Die Acht galt in der Regel lebenslänglich und war – in der Theorie und in früher Zeit – unwiderruflich, bezog sich allerdings nur auf den jeweiligen Gerichtsbezirk, im Fall der vom König verhängten Reichsacht jedoch auf das ganze Reich. Ein Ächtungsgrund war das Fernbleiben vor Gericht – was bei Heinrich dem Löwen zunächst der Fall war –, und diese Acht galt nur »für Jahr und Tag«. Stellte sich der so Geächtete nicht binnen dieser Frist, dann wurde die endgültige Oberacht (Aberacht) verhängt. Da Heinrich der Löwe auch der Ladung zum zweiten Termin im Januar 1180 nicht folgte, wurde diese Oberacht über ihn ausgesprochen, und er wurde aller Würden für verlustig erklärt. (Die sogenannte Gelnhauser Urkunde war erhalten, bis sie im Zweiten Weltkrieg zerstört wurde.) Seltsamerweise wehrte sich Heinrich nicht. Offensichtlich stand alles, Grafen, Barone, die Bischöfe und Äbte, vom Kaiser und seinen engeren Anhängern nicht zu reden, dermaßen geschlossen und einhellig gegen ihn, daß er keine Chance mehr sah. Sein königgleicher Machtbereich scheint wie ein Kartenhaus binnen eines Augenblickes zusammengebrochen zu sein. Er unterwarf sich im September 1181, wurde, was seine Person anging, unter der Bedingung begnadigt, daß er in die Verbannung ging. So verfügte er sich als Flüchtling im Sommer 1182 nach England, der Heimat seiner Frau, Mathilde, Tochter König Heinrichs II.

Hauptsächliche Nutznießer der Verbannung und Absetzung Heinrichs waren Bernhard von Anhalt, Otto von Wittelsbach und der Erzbischof von Köln. Unter diesen dreien wurden Heinrichs Reichslehen aufgeteilt. Nur die sozusagen privaten Besitzungen und Ländereien in und um Braunschweig und Lüneburg (genau auf der Landkarte betrachtet: trotz allem recht bedeutende Gebiete) verblieben der welfischen Familie. Das Herzogtum Baiern erhielt ein treuer Vasall Barbarossas: Otto von Wittelsbach, ein kleiner Graf aus Scheyern, der unter anderem mit persönlichem Mut den Rückzug des Kaisers nach dem Italienzug von 1155 in der Veroneser Klause gedeckt hatte. Die Nachkommen Ottos behielten Baiern (und Bayern) bis 1918, nach verbreiteter Meinung sogar noch heute.

Das Herzogtum Sachsen wurde (endgültig) geteilt:

Westfalen wurde zum eigenen Herzogtum erhoben und ging als weltliche Territorialherrschaft an das Erzbistum Köln, der nordöstlich/östliche Teil als Herzogtum »Engern« (so im Wortlaut der Gelnhauser Urkunde, die Abscheu sogar das Wort »Sachsen« vermied) an den Grafen Bernhard von Anhalt aus askanischem Geschlecht, dem Sohn jenes Albrechts des Bären, für den beim ersten Schlag gegen die Welfen die Mark Brandenburg als reichsunmittelbares Fürstentum abgefallen war, auch er ein kaisertreuer Gefolgsmann. Otto von Wittelsbach bekam allerdings nicht das ganze nach der Abtrennung Österreich verbliebene Herzogtum. Wieder ein Teil wurde abgetrennt: die Mark Steyr im Südosten in dieser Herzogsinflation zu einem eigenen Herzogtum erhoben, so daß der bisherige (bairische) Markgraf von Steyr, Ottokar IV., nun reichsunmittelbarer Herzog der Steiermark wurde. Ottokar war ein Sohn einer mit Ottokar III. verheirateten Kunigunde, Schwester der ersten, so schmählich verstoßenen vohburgischen Gemahlin Barbarossas. Mag sein, die Erhebung war ein spätes Trostpflaster für diese Familie. Es währte nicht lange. Ottokar IV. starb schon 1192, hinterließ keine Kinder und vererbte das Herzogtum an die Babenberger, womit die österreichischen Herrscher ihre bis weit in die Neuzeit reichende Ländersammlung begannen.

Der Hauptgewinner war ein machtgieriger, äußerst weltlich eingestellter Pfaffe, Philipp von Heinsberg, aus einem kleinen Adelsgeschlecht, der sich schon als junger Mensch in der kaiserlichen Kanzlei unentbehrlich gemacht hatte, dann zäh und erfolgreich zum Kanzler und endlich zum Erzbischof von Köln aufgestiegen war. Er diente dem Kaier in vielen Fällen in heiklen diplomatischen Missionen und war dann auch der Haupttreiber gegen Heinrich den Löwen. Bezeichnend für den Charakter dieses Philipp war, daß er, als der Kaiser in ohndies zaghafter Weise den vom Erzbischof gehaltenen Landbrocken durch Stärkung einiger benachbarter Herrschaften paralysieren wollte, sofort das Lager wechselte und in Opposition zum Kaiser ging.

Die Hausmacht der Welfen war zerschlagen. Sie erholten sich nie mehr davon, auch wenn Heinrich der Löwe 1185 aus der Verbannung zurückkehren durfte. 1189 wurde er, nachdem er vergeblich versucht hatte, Teile seiner alten Stellung zurückzugewinnen, nochmals für kurze Zeit verbannt. 1194 versöhnte er sich, quasi nur noch Privatmann, mit Barbarossas Sohn Heinrich VI., was keinerlei politische Folgen für ihn hatte, denn er starb schon im Jahr darauf. Im Dom zu Magdeburg steht sein künstlerisch bemerkenswertes Grabmal. Die liegende Figur Heinrichs trägt zwar ein Gerichtsschwert (die Schneide mit Seide umwickelt), sonst aber fehlen der Figur jedwede Herrschaftsinsignien.

Wurde durch die Zerschlagung der Welfenmacht die Königsherrschaft, die Reichseinheit gestärkt? Wohl nicht. Der Grundsatz vom *divide et impera* gilt nicht immer. Die Aufteilung und Aufsplitterung der alten Stammesherzogtümer hatten einen Zerfall des deutschen Machtgefüges insgesamt zur Folge, bildeten den Ausgangspunkt zu immer kleineren, immer engeren Territorialinteressen immer mächtiger werdender Familien, gegeneinander und oft genug untereinander so verwandt und verschwägert wie zerstritten. Langsam sank das Reich in das Chaos. Es wundert einen, daß dennoch das Kulturdefizit gegenüber dem Westen langsam aufgeholt werden konnte. Davon später.

*

Der so überraschend unblutige und gänzliche Sieg über den Welfen und die Friedensschlüsse mit dem Papst und dem Lombardischen Bund (1177 in Venedig, 1184 endgültig in Konstanz) verschafften dem Kaiser den Freiraum und die finanziellen Mittel für einen neuen, noch aberwitzigeren Plan. Die genannten Friedensschlüsse waren im Grunde nichts anderes als ein Kleinbeigeben des Kaisers. Er mußte »seinen« (Gegen-) Papst Calixtus fallenlassen, was Calixtus, eine große Ausnahme für solche Fälle, überlebte, und Alexander III. anerkennen, außerdem das Lombardische Städtebündnis, was ihm allerdings dadurch erleichtert wurde, daß die Städte inzwischen, wie nicht anders zu erwarten bei konkurrierenden Kaufleuten, untereinander zerstritten waren.
Der aberwitzige Plan war nichts weniger als ein großer Kreuzzug zur Eroberung oder Rückeroberung Palästinas und Syriens, womöglich Ägyptens, also des östlichen Reichsteils des alten Römischen Reiches, als dessen rechtmäßiger Herrscher der Kaiser sich fühlte. Um es vorauszuschicken: wie fast alles, was Barbarossa unternahm, endete der Plan kläglich – diesmal sogar letal. Großartig allerdings war 1184 der Mainzer Hoftag, der etwas übertrieben »Hoftag Christi« genannt wurde. Es

gibt eine Schilderung des Chronisten Giselbert von Mons, der vielleicht im Gefolge des Grafen von Henneberg Augenzeuge des Festes war. Danach waren insgesamt siebzigtausend Ritter auf Einladung des Kaisers zu Pfingsten jenes Jahres nach Mainz gekommen. Am rechten Rheinufer wurden Zelte und provisorische Bauten aufgeschlagen – die hygienischen Zustände dürften unbeschreiblich gewesen sein. Die Gäste waren aus aller Herren Länder gekommen, es wimmelte von Herzögen, Bischöfen, Grafen und Herren (und vermutlich Damen diverser Ehrbarkeit), das hochmittelalterliche Rittertum bespiegelte sich selbst, verstand das Fest auch so. Selbst der Kaiser, nach damaliger Rechnung als gut Sechzigjähriger steinalt, beteiligte sich an Turnierspielen, welche im Übrigen damals von der Kirche verpönt waren – doch auch da sah man geistlicherseits die Dinge bei Hochmögenden nicht so eng.
Der eigentliche Anlaß des Festes war die Schwertleite, also die Erklärung der Großjährigkeit der beiden Kaisersöhne Heinrich und Friedrich. Das Fest endete im Disaster, weil am Dienstag nach Pfingsten ein Sturm aufkam, der die Zelte und Notbauten zerriß und sogar die Kaiserliche Kapelle wegwehte. »Die Trümmer erschlugen einige Leute … und alle Menschen befiel Furcht«, berichtet der obengenannte Chronist.

*

1176 hatten die Türken, ein neu ins Blickfeld der Geschichte tretendes Volk, Anatolien erobert und damit nicht nur das sterbende Byzantinische Reich wieder um

ein bedeutendes Stück verkleinert, sondern auch die Kreuzfahrerstaaten vom direkten Landweg nach Europa abgeschnitten. Der arabische Sultan Saladin, ein genialer und liberaler, äußerst kultivierter Herrscher, dessen Gestalt zeigt, zu welcher Größe auch im Mittelalter ein Fürst aufsteigen konnte, wenn ihn nicht die engstirnigen, muffigen, lebensfeindlichen Einflüsterungen christlicher Pfaffen in seiner geistigen Entwicklung behinderten, hatte indessen begonnen, mit den Kreuzfahrerstaaten aufzuräumen. In der für die Christen verheerenden Schlacht bei den Hörnern von Hattin (einem grotesk geformten Doppelberg in der Nähe des Sees Genezareth) fielen, wenn der Kölner Königschronik zu glauben ist, über dreißigtausend christliche Ritter, womit, da Saladin noch im gleichen Jahr Jerusalem eroberte, das »Königreich Jerusalem« am Ende war (1187). Nur die nahezu uneinnehmbare Stadt Tyrus hielt sich noch und das Inselkönigreich Cypern.
Papst und Klerus heulten auf. Auf dem bald danach anberaumten Reichstag zu Mainz im März 1188 vergoß, so der Chronist, »selbst der Kaiser Zähren«. Friedrich nahm mit vielen Rittern das Kreuz und brach am 11. Mai 1189 in Regensburg, wo das Heer gesammelt worden war, zum (sogenannten Dritten) Kreuzzug auf. Ein Strom von Haudegen wälzte sich durch Ungarn und den Balkan, überall abgefressene Felder, leere Vorratshäuser, Hunger, Elend der Bevölkerung, Seuchen und – nach neun Monaten – Bastarde hinterlassend. In Anatolien erzielte das Heer, das diesmal mehrheitlich aus Deutschen bestand, einige Erfolge gegen die Türken. Die Erfolge dauerten jedoch nicht an, was die

Tatsache zeigt, daß die Türken heute noch dort wohnen.
Unter großen Mühen und ebensolchen Verlusten kam das Heer ins christliche Armenien, wo es selbstverständlich wie im Feindesland hauste. Beim Durchqueren des Tales Klykados (heute Gök-su) legte das Heer eine Mittagsrast ein. Der Kaiser wollte trotz Warnung in dem Saleph-Fluß ein Bad nehmen, es traf ihn in dem offenbar zu kalten Wasser der Schlag, er wurde weggespült, seine Leiche weiter unten aus dem Wasser gezogen. Die Leiche wurde ausgekocht, das Fleisch in Antiochia (Antakya), Herz und Eingeweide in Farsos, die Gebeine wahrscheinlich später in Tyros beigesetzt. Der Kreuzzug war mit dem Tod des Kaisers so gut wie beendet. Ein jüngerer Sohn des Kaisers, Herzog Friedrich, übernahm das Kommando über die Reste des Heeres, soweit nicht davongelaufen, erreichte mit Mühe das inzwischen wieder muslimische Akkon, belagerte es vergeblich und erlag 1191 einer Seuche. Damit war der Dritte Kreuzzug endgültig gescheitert, das Ergebnis für den deutschen Beitrag gleich Null.
Die Legendenbildung um den guten Kaiser Barbarossa begann jedoch ziemlich unverzüglich.

Fünftes Kapitel

Im fünften Kapitel gelingt Heinrich VI. eine Eroberung der besonderen Art – das unauslöschliche Siegel der Ehe wird bei König Philipp nicht so eng gesehen – drei deutsche Könige werfen die Frage nach der Rechtmäßigkeit ihrer Wahl auf – Papst Innozenz III. tut sich durch staatsrechtliche Frechheit hervor – die vierten kühnen Kreuzfahrer-Recken sehen Jerusalem nicht einmal von Ferne – ein Stellvertreterkrieg bleibt zunächst unentschieden.

Barbarossa hinterließ vier Söhne: Heinrich, Otto, Friedrich (der ursprünglich, scheint es, Konrad hieß und den kaiserlichen Vornamen von einem älteren, als junges Kind verstorbenen Bruder übernommen hatte) und Philipp. Es lebte auch noch ein Bruder des Kaisers, Konrad, der seit 1156 Pfalzgraf bei Rhein war, womit er ein einflußreiches Amt innehatte. (Dereinst sollte eine der sieben Kurwürden damit verbunden sein.) Der jüngste Sohn, Philipp, war – zunächst – Geistlicher, wurde bald (1191) als Fünfzehnjähriger Bischof von Würzburg. Das blieb er nicht lang, und von ihm wird noch die Rede sein müssen. Konrad-Friedrich war jener Herzog von Schwaben, der, wie oben erwähnt, nach seines Vaters Tod das Kreuzzugskommando übernahm und 1191 vor Akkon starb. Otto erbte über seine Mutter die Freigrafschaft Burgund. Mit Heinrich, dem ältesten überlebenden Sohn, hatte Barbarossa den großen Coup gelandet. Vierjährig wurde Heinrich 1169 auf Betreiben des Vaters zum (Mit-)Kö-

nig gewählt, womit er ohne weitere Wahl nach dem Tod seines Vaters als Heinrich VI. allseits als Deutscher König anerkannt war.
Was die militärischen Bemühungen seines Großonkels und seines Vaters nicht vermochten, sollte auf dynastischem Weg gelingen: die »Eroberung« Süditaliens. Wie schon erwähnt, herrschten dort seit knapp zweihundert Jahren die Normannen, und zwar die Nachkommen des wilden Seeräubers Tankred de Hauteville, dessen Sohn Robert Guiscard, ein auch legendär berühmter und besungener Gewaltmensch, Herzog von Sizilien wurde und dessen Enkel Roger II. es sogar zum König von Sizilien schaffte. Die genealogischen Feinheiten der Familie sollen hier, als nicht zur deutschen Geschichte gehörend, nicht ausgebreitet werden. Nur soviel sei gesagt, daß die normannische Familie innerhalb weniger Generationen nicht nur zivilisierter und gelegentlich sogar kultivierter wurde (der der muslimischen Kultur zugewandte »schöne« König Wilhelm II. galt als Bild von einem Herrscher), sondern auch etwas degenerierte. Übrig blieb zum Schluß – außer einem Bastard der Seitenlinie – nur die Prinzessin Konstanze, und Kaiser Barbarossa gelang es 1186, diese mit seinem ältesten Sohn und Erben Heinrich zu verheiraten. Nach einigen Querelen mit dem erwähnten Bastard Tankred von Lecce und dessen Sohn »König« Wilhelm III. gelang es König Heinrich VI., auch in Sizilien und Neapel die staufische Herrschaft zu festigen.
Im Grunde genommen verlagerte sich damit das Interesse der Staufer ganz nach Süditalien, und ihr weiteres Geschick hat mit der deutschen Geschichte wenig mehr

zu tun. Auch war die Regierungszeit König Heinrichs VI. – der im April 1191 in Rom dann auch zum Kaiser gekrönt wurde – zu kurz, um deutliche Spuren zu hinterlassen. Interessant ist sein Versuch vom Februar 1196, die deutsche Königswürde erblich zu machen. Er unterbreitete den Fürsten den Vorschlag eines (natürlich in der Stauferfamilie) erblichen Reiches, das heißt, einen Verzicht der Fürsten auf ihr Wahlrecht, wobei ihnen im Gegenzug die volle Erblichkeit (auch in weiblicher Linie) ihrer Lehen zugestanden werden sollte. Die Fürst-Bischöfe sollten finanziell entschädigt werden. Die Fürsten lehnten den Plan ab, wählten jedoch immerhin den damals gerade zweijährigen Prinzen Roger-Friedrich, das einzige Kind des Kaisers, zum Mit-König und damit präsumptiven Nachfolger.

Als Kaiser Heinrich VI. völlig überraschend im Alter von zweiunddreißig Jahren in Messina starb (und in Palermo begraben wurde), brachte die Kaiserin-Witwe Konstanze das königliche Kind nach Palermo in Sicherheit und ließ es im darauffolgenden Mai (1198) zum König von Sizilien krönen. Der Erhalt Siziliens für ihren Sohn war der Normannin naheliegenderweise wichtiger als die Lage im fernen Deutschland. Dort ging es drunter und drüber.

Im März 1198, vier Monate nach dem Tod Kaiser Heinrichs VI., wählte ein Teil der Fürsten und Bischöfe, die staufertreue Fraktion, den jüngsten Sohn Barbarossas, Philipp, zum König. Die Tatsache, daß 1196 schon Heinrichs Sohn Roger-Friedrich zum Deutschen König und Nachfolger des Vaters gewählt worden war, übergingen die Fürsten sozusagen wortlos. Der Grund für die Wahl Philipps war einmal, daß jener Friedrich ein unmündiges Kind von nicht einmal vier Jahren war, außerdem in Palermo weilte und sozusagen Normanne war und eigentlich Roger hieß und seine Mutter, die als Vormünderin in Frage gekommen wäre, keine Deutsche. Außerdem wühlte wieder einmal ein machtgeiler Pfaffe, nämlich der wetterwendische, korrupte Erzbischof Adolf von Köln, der zur welfischen Partei gehörte, gegen das Kind Friedrich. Adolf behauptete, Friedrich sei nicht gültig getauft, daher auch seine Wahl zum König ungültig.

Philipp, wie oben schon einmal erwähnt, war kurze Zeit Geistlicher und Bischof von Würzburg gewesen, kurz darauf jedoch schon wieder laisiert worden, da sein inzwischen Kaiser gewordener Bruder das gewünscht hatte. Auch das unauslöschliche Siegel der Priesterweihe, fast das heiligste der Sakramente, sah man bei Hochmögenden seitens Papst und Curie nicht so eng …

Im Übrigen war Philipp eine der sympathischsten Figuren in der Zeit jener Wirren. Er war knapp zwanzig Jahre alt, inzwischen – nach dem Tod seines älteren Bruders Friedrich-Konrad – Herzog von Schwaben und auch als Lehnsmann seines Bruders Herzog von Spoleto, als ihn Kaiser Heinrich VI. nach Italien rief, um das Kind Friedrich zu holen und nach Aachen zur Krönung zu bringen. Auf dem Weg, in Montegiascone in der Toscana, erreichte Philipp die Nachricht vom überraschenden Tod des Kaisers. Sofort brachen in Italien antistaufische (natürlich unter anderem vom Papst geschürte) Unruhen aus, und nur mit Mühe konnte sich Philipp nach Hause retten.

Widerstrebend ließ sich Philipp dann, wie erwähnt, zum Deutschen König wählen. Er betonte, daß er sich nur als Sachverwalter seines kleinen Neffen betrachte, und daß er nur aus Furcht, die Krone könne seiner Familie verlustig gehen, die Wahl annehme.

Daß Philipp, der jüngste Sohn Barbarossas, und nicht sein noch lebender älterer Bruder Otto zum König gewählt wurde, hatte wohl mehrere Ursachen. Erstens war Philipp als Herzog von Schwaben Inhaber eines der ältesten und angesehensten Stammesherzogtümer (des einzigen, das noch nicht aufgesplittert war), zweitens war er wohl in der Zeit der fast dauernden Abwesenheit des Kaisers der Vertreter nicht nur der staufischen, sondern auch der kaiserlichen Interessen in Deutschland gewesen. Demgegenüber war Otto »nur« Freigraf von Burgund, außerdem ein notorischer Raufbold und Bösnickel. In einem der chaotischen Kleinkriege hatte er eigenhändig nicht nur den Bruder des Bischofs von Straßburg, sondern nacheinander auch die Grafen von Mömpelgard und Pfirt erschlagen. Zugunsten Philipps mochte auch gesprochen haben, daß er höchst vornehm mit niemand Geringerem als einer purpurumglänzten Prinzessin von Byzanz verheiratet war, Irene Angelos Komnenos, Tochter Kaiser Isaaks II. Trotz allen Niedergangs, der matte Goldglanz Byzanz' blendete immer noch die barbarischen Abendländer.

*

Die welfische Partei und deren geistlicher Führer Adolf gaben sich jedoch nicht geschlagen. Richard Löwenherz, Schwager Herzog Heinrichs des Löwen und der welfischen Partei zugeneigt und inzwischen König von England, und das reich gewordene und mächtige Köln, dessen Kaufleute eine Einbuße ihres Englandhandels, Kern ihres Reichtums, befürchteten, stellten sich auf die Seite der Gegner der Staufer.

Wie stark kleinliche, persönliche, im Grunde hintertreppengeschichtliche Vorfälle den Gang der großen Ereignisse beeinflußten, zeigt die Geschichte König Richard Löwenherz'. Er hatte, kaum König geworden, das Kreuz genommen und sich einige Jahre in Palästina mit den »Heiden« herumgeschlagen, aber durchaus auch mit den christlichen Byzantinern. Unter anderem hatte er auf Cypern den Kaiser Isaak II. Angelos bekriegt – den Schwiegervater des späteren König Philipps (!). Bei der Belagerung von Akkon, jener Stadt, in deren Verlauf Friedrich Barbarossas jüngerer Sohn starb, kam es aus ehrpusseligem Anlaß zu einem Streit zwischen König Richard und Herzog Leopold V. von Österreich, jenem Babenberger, dem die Staufer seinerzeit Österreich als reichsunmittelbares Herzogtum zugeschanzt hatten. Leopold behauptete, daß Richard ein österreichisches Feldzeichen heruntergerissen habe. (Daß, wenn derlei nichtsnutzige Rivalitäten vorkamen, die Belagerung und überhaupt der ganze Kreuzzug keinen Erfolg haben konnten, liegt, nebenbei gesagt, auf der Hand.) Als Richard nach dem gescheiterten Kreuzzug nach England heimkehren wollte und durch Österreich kam, wurde er auf Befehl Leopolds Ende 1192 festgenommen und ohne jeden Rechtsgrund oder gar Gerichtsverfahren auf Burg (heute Ruine) Dürnstein in der Wachau festgesetzt, allerdings nur kurze Zeit, denn Leopold verkaufte quasi den Gefangenen an Kaiser Heinrich VI., der ihn 1194 gegen eine Lösegeldzahlung von hunderttausend Mark Silber (das waren gut zwanzig Tonnen) freiließ. Das Lösegeld teilten sich der Kaiser, der davon seinen folgenden Italienfeldzug bezahlte, und der österreichische Herzog. Das Geld wurde übrigens in Barren geliefert. Der österreichische Herzog mußte, um das Silber zu Geld zu machen, es also zu münzen, eine Münzstätte in Wien einrichten – Ursprung des österreichischen Geldes.

Die romantische Geschichte vom treuen Sänger Blondel, der von Burg zu Burg zog und immer ein Lied sang, dessen zweite Strophe nur sein Herr, der König, kannte, und so endlich in Dürnstein den König fand, ist leider nicht wahr. Wahr ist aber natürlich, daß König Richard das alles nicht lustig fand und einen Haß auf alles Staufische entwickelte.

Und so wählten also im Juni 1198 in Thüringen, zwei Monate nach der Wahl Philipps, die welfisch gesinnten Fürsten Otto, einen Sohn Heinrichs des Löwen, zum Deutschen König: Otto IV.

Heinrich der Löwe hatte drei Söhne hinterlassen: Heinrich, Otto und Wilhelm. Eigentlich hätten die welfischen Fürsten Heinrich wählen wollen, der erstens als Pfalzgraf bei Rhein Reichsfürst und der älteste der Söhne war. Doch Heinrich war unterwegs auf dem Vierten Kreuzzug (von dem noch die Rede sein muß), und die Sache eilte. Also wählte man Otto, obwohl der kein Reichsfürst und zudem eigentlich so gut wie ein Engländer war. 1175 (oder 76) geboren, kam er in jungen Jahren, nach dem Sturz seines Vaters, nach England, der Heimat seiner Mutter. Er freundete sich eng mit seinem Onkel an, mit König Richard Löwenherz. Der machte ihn zum Grafen von Poitou und Herzog von Aquitanien. Südwestfrankreich war damals schon weitgehend in englischem Besitz. Als er nach seiner Wahl zum Deutschen König nach Deutschland kam, war er eigentlich, und so empfanden es viele, ein Fremder.

Welche Königswahl war rechtlich gültig? Die Philipps, die Ottos? Oder waren beide ungültig, weil schon der kleine Friedrich zum König gewählt worden war? Eine rückwirkend natürlich akademische, aber wichtige Frage, denn sie – und nicht die Antwort, die auch gar nicht verbindlich gegeben werden könnte – enthüllt grade im Fall dieser Doppel- oder eigentlich Trippelwahl die Mechanismen der deutschen Königswahl, aus der sich bald die wichtigen Institutionen der Kurwürden herausbilden sollten. Eine Zwickmühle bei dieser Wahl ergab sich übrigens aus den nachfolgenden Krönungen: Otto IV. wurde mit rasch nachgebildeten (also gefälschten) Insignien vom richtigen Prälaten, nämlich dem Erzbischof von Köln, am richtigen Ort: in Aachen gekrönt (12. Juli 1198). Philipp wurde vom falschen Prälaten, nämlich nur dem wohl eher zufällig anwesenden Bischof von Tarantaise, am falschen Ort, nämlich »nur« in Mainz, dafür mit den richtigen, echten Insignien gekrönt (8. September 1198).

Aus den sicher eigennützig vorgebrachten Argumenten Erzbischof Adolfs von Köln gegen die Rechtmäßigkeit der Wahl Philipps von Schwaben lassen sich jedoch die offenbar allgemeingültigen Gewohnheiten ablesen, die bei einer Königswahl beachtet wurden. Inwieweit und warum diese Gewohnheiten sich – sehr langsam – in staatsrechtliche Grundsätze, in unabdingbares Recht, verfestigten, ist deswegen wohl überhaupt nicht festzustellen, weil der Vorgang fließend war und nur selten, und wenn, nie eindeutig schriftlich fixiert wurde.

Zur Gültigkeit einer Königswahl gehörte, daß sie auf fränkischem Boden stattfand. Man erinnere sich daran, daß das Deutsche Reich ja theoretisch immer noch als der östliche Teil des ehemals karolingischen Frankenreiches galt. Bis ins 12. Jahrhundert findet sich für den Deutschen König selbstverständlich der Titel »Rex Francorum«. (In verschiedenen östlichen Fremdsprachen gilt das jeweilige Lehnwort für »Franken« für alles Deutsche.) Was freilich »fränkisches Land« in diesem Sinn war, steht nicht eindeutig fest. Thüringen jedenfalls nicht, denn der erwähnte Erzbischof Adolf bemängelte die Rechtmäßigkeit der Wahl Philipps u. a. damit, daß sie in Thüringen stattgefunden habe. (Daß auch die Wahl seines Kandidaten Otto in Thüringen vor sich gegangen war, übersah er geflissentlich.)

Wer wählte den König? Das Volk … Das hieß: der Adel, die adeligen waffenfähigen Männer, allen voran die Fürsten. Schon früh nach der eigentlichen karolingischen Zeit hatte sich, so scheint es, herausgebildet, daß einige hervorragende Große, die Stammesherzöge nämlich und einige Bischöfe und Herren, den König wählten und daß dann die versammelten Adeligen applaudierten. Was passiert wäre, wenn die nicht applaudiert hätten, ist nicht überliefert. Offenbar applaudierten sie immer. Daher wurde mit der Zeit darauf verzichtet, und der Kreis der Wahlberechtigten verengte sich in der Weise, daß die Stimmen bestimmter Fürsten bei der Wahl nicht übergangen werden durften, so die der Erzbischöfe von Köln, Mainz und Trier (alle auf fränkischem Boden nach damaligem geographischen Verständnis), der Herzöge von Sachsen und des rheinischen Pfalzgrafen.

Daß das Deutsche Reich ein Wahlkönigtum war, war spätestens seit der Wahl König Konrads I. klar, und das wurde auch immer wieder betont. Auf den von den Fürsten abgelehnten Vorschlag Heinrichs VI., das Reich in eine Erbmonarchie umzuwandeln, wurde oben schon hingewiesen. Bei der Wahl Rudolfs von Rheinfelden 1077 wurde betont, daß die Wahl jedenfalls der Erbfolge vorgehe. Den gleichen Standpunkt vertraten Otto von Freising in den staatstheoretischen Teilen seiner »Gesta Federici« und (etwas später) Eike von Repgow in seinem »Sachsenspiegel«, dem wichtigsten (nicht nur staatsrechtlichen) Rechtsbuch des deutschen Mittelalters.

Aber nun: Welche Wahl war gültig? Letzten Endes entschied auch hier die regulierende Macht des Faktischen. Vorher jedoch ergriff der Papst, es war Innozenz III., die Gelegenheit, um sich unaufgefordert in die deutschen Angelegenheiten zu mischen. Er entschied, ohne schlüssige Begründung, daß die Wahl Ottos rechtens sei. Otto zeigte nämlich, als Welfe, deutlichere papstfreundliche Neigungen. Diese Einmischung des Papstes war schlichtweg staatsrechtliche Frechheit. (Den Päpsten nicht fremd.) Zwar mochte es hingehen, wenn dem Papst die Verfügungsmacht über die längst zur

Symbol-Bijouterie der Eitelkeit herabgesunkene Kaiserkrone zugebilligt wurde. Mit der Deutschen Königskrone hatte er nichts zu schaffen. Doch Innozenz III. argumentierte: die Königskrone werde durch Göttliche Gnade verliehen, und diese Gnade verwalte *er*.
Es half nicht viel. Otto IV. fand als halber Engländer wenig Unterstützung. In weit größerem Umfang wurde Philipp, Barbarossas, des Kaisers, Sohn, anerkannt, wohl auch infolge seiner persönlichen Integrität.

*

Zwei historische Ereignisse jener Zeit, die nicht direkt die deutsche Geschichte betreffen, spielten mit ihren Ausläufern in sie hinein und sind von so einschneidender Bedeutung, daß sie auch hier nicht unerwähnt bleiben dürfen: der Vierte Kreuzzug und der erste große Konflikt zwischen England und Frankreich.
Dieser Vierte Kreuzzug war derjenige, der mit dem Kreuz Christi wohl am wenigsten zu tun hatte. Er begann gemäß flammendem Aufruf Papst Innozenz' III. und wurde hauptsächlich von nordfranzösischen Grafen und später vom italienischen Grafen Bonifatius von Montferrat angeführt. Die deutsche Beteiligung war schwach, immerhin nahmen der Pfalzgraf bei Rhein und die Erzbischöfe von Mainz und Trier mit ihren Truppen daran teil. Deswegen, wie oben erwähnt, konnten diese Großen nicht an der Königswahl von 1198 teilnehmen. Die Stimme des Trierer Erzbischofs kaufte übrigens Erzbischof Adolf von Köln, um sein Stimmgewicht zu stärken.

Noch vor dem eigentlichen Aufbruch verschuldeten sich die Kreuzfahrer so hoch bei der Republik Venedig, die sich – Kreuz Christi, Heiliges Land, Kreuzzugsgedanke hin oder her – den Seetransport voll bezahlen ließ. Christlicher Glaube ist die eine Sache, Kommerz die andere. Durch die Verschuldung geriet die ganze Angelegenheit in venezianische Abhängigkeit, und so, durchaus im Interesse Venedigs, eroberten die kühnen Kreuzfahrer-Recken nicht das wieder heidnisch gewordene Jerusalem, sondern, was einfacher und weniger riskant war, das christliche Konstantinopel. Es wurde am 12. April 1204 erstürmt und drei Tage lang geplündert. Dem Papst war das nur recht, weil dadurch und durch die folgende Errichtung eines »Lateinischen Kaiserreichs« und eines »Lateinischen Patriarchats« in Konstantinopel der päpstliche Primat endlich wieder auch dorthin, also über »Griechenland«, ausgedehnt wurde. Und nicht zuletzt: die päpstlichen Einnahmen, so hoffte er, würden sich nunmehr verdoppeln. Doch die lateinische, d.h. römisch-katholische Herrlichkeit dort dauerte nicht lang. 1261 eroberten die griechisch-orthodoxen Byzantiner, die sich nach Kleinasien zurückgezogen hatten, Konstantinopel zurück. Jerusalem sahen die Kreuzfahrer des Vierten Kreuzzuges nicht einmal von Ferne.

*

Um die englisch-französische Auseinandersetzung zu verstehen (der Beginn einer nicht anders als mit dem bösen Begriff der »Erbfeindschaft« zu bezeichnenden,

im Grunde genommen bis ins 19. Jahrhundert andauernden Gegnerschaft) und ihre damaligen Auswirkungen auf die deutschen Verhältnisse, muß man etwas weiter zurückgreifen.
1166 hatte Herzog Wilhelm der Eroberer, ein Normanne, das englische (angel-sächsische) Heer bei Hastings besiegt und sich zum König von England aufgeschwungen. Gleichzeitig blieb er Herzog der Normandie, also des Landes gegenüber am Ärmelkanal, als solcher (mehr oder weniger dem Namen nach) Vasall des Königs von Frankreich. Die von ihm begründete Dynastie starb schon mit seinem jüngsten Sohn Heinrich (Henry) I. aus, dem, nach einer kurzen Zwischenregierung eines französischen Grafen, der Enkel Heinrichs, Sohn seiner Tochter Mathilde, ebenfalls ein Heinrich als König Heinrich II. folgte.
Diese Mathilde war übrigens in erster (kinderloser) Ehe mit Kaiser Heinrich V. verheiratet gewesen und hatte nach dem Tod des Kaisers den wegen des Helmschmuckes (einer Ginsterstaude: Planta Ginista) Plantagenet genannten Grafen Gottfried (Goffroy oder Godfroi) von Anjou geheiratet. Als nun Heinrich von Anjou König von England (1154) und Herzog der Normandie wurde und er es verstand, seinen Besitzstand auf dem Festland weiter abzurunden, unterstand ihm, wenn auch aus verschiedenen Rechtstiteln resultierend, ein Reich (das die moderne Historiographie gelegentlich als »Angiovinisches Reich« bezeichnet, von Anjou = Angiovinus), das aus England bestand und jenseits des Meeres Frankreich von der Normandie bis zu den Pyrenäen samt der Auvergne umfaßte, also nichts we-

niger als die ganze Westhälfte Frankreichs. Daß vom Vasallentum Heinrichs dem König von Frankreich gegenüber nicht mehr die Rede sein konnte, obwohl es *de jure* immer noch so war, ist klar.
1180 kam mit Philipp II., genannt »Augustus«, in Frankreich ein außerordentlich begabter, tatkräftiger und ritterlicher König auf den Thron. Er nahm die englische Übermacht auf dem Kontinent nicht hin. Es kam zum Krieg. Da die englischen Könige – erst Heinrich II., dann seit 1189 Richard Löwenherz, seit 1199 der zu Unrecht »Ohneland« genannte Johann – bei ihren welfischen Verwandten in Deutschland Unterstützung suchten, sozusagen eine zweite Front im Rücken Frankreichs errichten wollten, unterstützten sie nicht nur die Wahl König Ottos IV., sondern auch seine politischen Aktivitäten mit Geld. Damit drifteten die Staufer, das heißt König Philipp und die normannische Regentin Konstanze, dann ihr Sohn Friedrich fast automatisch ins französische Lager. Die unseligen Auseinandersetzungen in Deutschland zwischen Philipp und Otto, zwischen Staufer und Welfen, waren somit auch ein Stellvertreterkrieg zwischen England und Frankreich. Er blieb zunächst unentschieden.

SECHSTES KAPITEL

Im sechsten Kapitel treten die ersten »dudeschen« Minnesänger auf – Hildegard von Bingen geht in die Musikgeschichte ein – steinerne Zeugen der bildenden Kunst künden von einer Verfeinerung des Stils – durch Handel und Wandel entstehen Städte, in denen der langanhaltende Schwindel der Volkswirtschaft seinen Anfang nimmt.

Wie schon erwähnt, begann sich im 12. Jahrhundert das Kulturgefälle von West nach Ost, das heißt hauptsächlich von Frankreich nach Deutschland, abzuflachen. Es mag als Zeichen für die sich verfestigende Anschauung von der eigenen Identität gelten, daß in diesem Zeitraum das Wort »deutsch« gebräuchlich wurde. Im obengenannten »Sachsenspiegel« (ca. 1220/30) des Eike von Repgow wird, gerade im Zusammenhang mit der Wählbarkeit der Könige, das Wort »dudeschen« gebraucht, die »Deutschen«. Es entstand im 12. Jahrhundert mit der vollen Ausbildung dessen, was später in der Philologie das »Mittelhochdeutsche« genannt wird, der eigentliche Anfang der kontinuierlich sich weiterentwickelnden deutschen Literatur – freilich häufig auf französische und (was nicht das gleiche ist) provenzalischen Vorbilder fußend. Aber es zeugt ja auch von Qualität, wenn man sich die rechten Vorbilder sucht.

Um 1150 tritt der erste uns namentlich bekannte deutsche Minnesänger ans Licht der Literaturgeschichte: der Kürenberger, von dem die (später entstandene)

»Große Heidelberger Liederhandschrift« fünfzehn Lieder, darunter ein »Falkenlied«, enthält und bewahrt hat. Woher der Kürenberger kam und wer er eigentlich war, wissen wir nicht. Um die gleiche Zeit wie der Kürenberger (vielleicht sogar etwas früher) verfaßte der Pfaffe Konrad, ein Hausgeistlicher am Hof Herzog Heinrichs des Stolzen von Baiern und Sachsen, seine »Kaiserchronik« und ein »Rolandslied«. Die Spielmannsdichtung kam auf in Nachahmung der französisch-provenzalischen Troubadoure und Trouvères, die man ja gelegentlich auf den Kreuzzügen kennengelernt hatte. Der Minnesänger Friedrich von Hausen, der glühende Sänger der »Hohen Minne«, kam auf dem Kreuzzug um (1189), auf dem auch sein Kaiser Barbarossa starb.

Wenn die Kreuzzüge überhaupt einen wenngleich durchaus nicht beabsichtigten Sinn gehabt und in einem Punkt ein günstiges Ergebnis gezeitigt haben, so war es die wirbelwindgleiche Förderung des Kulturaustausches zwischen Orient und Okzident, wobei der Wind hauptsächlich von Ost nach West wehte, wie man schon am gotischen Spitzbogen und an der Violine bemerken kann, die auf arabische Vorbilder zurückgehen.

Spielmannsdichtung heißt, daß mehr oder weniger abgerissene Ritter oder solche, die sich dafür hielten, von Burg zu Burg, von einem Grafen- oder Herzogshof zum anderen zogen und dort so lange sangen und verpflegt wurden, bis der Herzog, Graf oder Burgherr ihrer überdrüssig wurde und sie hinauswarf, worauf sie zur nächsten Burg weiterzogen. Das heißt nicht, daß sie nicht gelegentlich auch hoch geehrt, ja berühmt waren, daß man ihre Kunst (und die Unterhaltung durch sie) nicht geschätzt hätte. Aber arme Teufel waren sie doch, und wenn sie alt und krank wurden und ihre gichtigen Finger die Saiten der Leier nicht mehr greifen konnten, endeten sie im Straßengraben. Einige der Lieder der »Manesseschen Liederhandschrift« geben davon erschütterndes Zeugnis, wie jenes Lied des wohl seltsamsten Minnesängers, Süßkind von Trinberg, seltsam, weil er ein Jude war (Friedrich Torberg hat ihm in seinem großen, ernsten Roman ein wenngleich fiktives Denkmal gesetzt):

»er ist zer welt ein muelich knabe:
ir milten, helfet mir des baese wihtes abe;
er wechtet mich an spise und ouch an waete.«

was Torberg so übersetzt:

»Demütiglich soll sein mein Gang,
Nie wieder sing ich höfischen Gesang,
Ich bin geschieden von den Herrn und ihrem Gute.«

Ob derjenige Minnesänger seinerzeit der berühmteste war, dessen Nachruhm am hellsten auch heute noch strahlt, kann man wohl schwer sagen: Walther von der Vogelweide. Daß er einer der bedeutendsten Lyriker seiner Zeit war, ist unbestritten. Er lebte von 1170 bis ca. 1230. An der südlichsten Grenze des deutschen Sprachraums, im südlichen Tirol, siedelte romantischer Historismus (der bemüht war, im Sinne des neuen, an der Sprache orientierten Nationalismus seine Eigenheit zu stärken), lediglich auf die Tatsache gestützt, daß es im Lajener Ried bei Bozen einen »Vogelweiderhof« (ein Bauerngut) gibt, Walther in Tirol an. Es gilt dort, und namentlich in Südtirol, immer noch als Häresie, dies anzuzweifeln. Erst in unseren Jahrzehnten begannen die Symbolfiguren des »Ötzi« (der Mumie vom Hauslabjoch, ca. 3000 v. Chr.) und der ähnlich wie Ötzi aussehende Luis Trenker sowie Reinhold Messner den Sänger Walther zu überflügeln. In Wirklichkeit stammte Walther wohl aus dem Fränkischen, lebte eine Zeitlang am Babenberger Hof in Wien, der um 1200 und auch noch danach ein starkes kulturelles, musisches Zentrum war (das geistliche Gegenstück war das Kloster Muri in der Schweiz), zog dann unstet von Hof zu Hof und sang seine Lieder. Er war auch der erste, der politische Lyrik verfaßte. Es war ja die Zeit der Auseinandersetzung zwischen Otto IV. und Philipp von Schwaben. Walther vertrat die staufische Seite, wie ein Hymnus auf Philipp zeigt.

Der etwa eine Generation vor Walther singende und dichtende Dietmar von Aist (ca. 1160) gilt als der Erfinder des »Tageliedes«, eines bald viel nachgeahmten Topos, der am besten mit Shakespeares Zeilen: »Es war die Nachtigall und nicht die Lerche« umrissen ist: der Geliebte klagt die Nacht an, daß sie vergeht, und den Tag, der ihm die Geliebte entreißt, und will nicht wahrhaben, daß es hell wird. Der große Alt-Germanist und Musikkenner Peter Wapnewski hat in seinem Buch »Der traurige Gott« herausgearbeitet, daß noch der tragende Mittelteil des zweiten Aktes von Richard Wagners »Tristan und Isolde« nichts anderes ist als ein weit ausgedehntes »Tagelied« dieser Tradition.

Und der Tristan-Stoff – vor der grandiosen Bearbeitung durch Gottfried von Straßburg, auf den noch zurückzukommen sein wird – hat um 1180 (alles, wohlge-

merkt, nicht mehr in Latein, sondern in mittelhochdeutscher Sprache) Eilhart von Oberg in seinem »Tristan« bearbeitet, auf der Grundlage des französischen Epos des Chrétien de Troyes. Auf einem anderen Werk des Chrétien beruhte das deutsche Epos »Erek« des Hartmann von Aue, um 1190 verfaßt. Wenig später, um 1200, schrieb Hartmann ein weiteres deutsches Epos: »Iwein«, die Geschichte vom Löwenritter, der durch Prüfungen zur Tugend geführt wird. Groteske Züge weist sein »Gregorius« auf, eine fiktive Lebensgeschichte Papst Gregors des Großen, die Thomas Mann zu seinem Roman »Der Gewählte« umformte. Auch der »Gregorius« des Hartmann geht auf eine französische Quelle zurück, während das vielleicht letzte Werk dieses Dichters, von dem man nur ganz wenig biographische Fakten kennt (er war, etwa im Gegensatz zu Walther, adeliger Herkunft), »Der arme Heinrich«, eine romantische Geschichte von Prüfung und Gnade eines aussätzigen Ritters (noch von Pfitzner in einer Oper verwendet), das erste deutsche Epos ohne fremde Vorbilder, also aus eigener Erfindung zu sein scheint.
Etwa gleichzeitig mit Hartmann und Walther, Ende des 12. Jahrhunderts, hat Heinrich von Veldeke seine »Eneide« geschrieben, eine deutsche Version von Vergils »Äneis«.
Alles in allem also eine reiche Blüte (mittelhoch-)deutscher Dichtung, die bald zum ersten Höhepunkt deutscher Literatur im 13. Jahrhundert hinüberführen sollte.

*

Dichter und Sänger waren eins. Dichtung, jedenfalls die Lyrik, war nicht anders als gesungen denkbar. Demgegenüber nahm die sozusagen außerlyrische Musik eine andere Stellung ein. Es dürfte zwar Tanzlieder und dergleichen gegeben haben, wesentlich war die Musik jedoch nur im geistlichen und namentlich im liturgischen Bereich. Der flüchtige Charakter der Musik bringt es mit sich, daß, solange nicht die Notenschrift erfunden und verbreitet war, was im 12. Jahrhundert in Deutschland noch kaum der Fall war, weniger überliefert ist. So ist kaum Eigenständiges des deutschen Musiklebens des 12. Jahrhunderts bekannt. In der ersten Hälfte des Jahrhunderts lebte als Abt von St. Ulrich und Afra in Augsburg Ulrich von Maisach, der eine musikalische Ulrichs-Historie und ein Tonar (= nach Kirchentonarten geordnetes Sammlungs-Verzeichnis von gregorianischen und anderen Gesängen) verfaßt hat.
Komponierende Frauen von Bedeutung sind in der Musikgeschichte, aus welchen Gründen auch immer, selten. Eigenartigerweise steht dennoch eine Komponistin am Anfang der namentlich bekannten deutschen Tonsetzer: Hildegard von Bingen, eine Äbtissin aus dem Rheinland, Tochter aus einem Adelsgeschlecht, hochgebildet und hoch- und vielseitig begabt. Ihre lateinischen Dichtungen (»Scivia« u. a.) gehören nicht zur deutschen, sondern zur ausgehenden mittellateinischen Literatur, ob ihre ins Esoterische hinüberschillernden Elaborate und Heilmittelrezepte wirklich von ihr sind, ist umstritten. Sicher aber ist sie die Verfasserin zahlreicher geistlicher Gesänge, nämlich Antiphonen, Responsionen, Sequenzen u. a., die »vorbildlos er-

scheinen; früher galten sie wegen ihrer Regelwidrigkeit als dilettantisch, heute wirken sie aus demselben Grund als ausdrucksvoll, tonal und formal in die Zukunft weisend« (Rudolf Stephan).

*

Besser dokumentiert als Literatur und Musik sind selbstredend die meist steinernen Zeugen der bildenden Kunst. Auch hier ist im Lauf des 12. Jahrhunderts in Deutschland eine Verfeinerung eingetreten. Das spätromanische Querhaus des Freiburger Münsters wurde ca. 1120 vollendet, ein, zwei Jahrzehnte später der Dom zu Quedlinburg und der Kaiserdom zu Mainz, beides Beispiele reifer, höchst verfeinerter Romanik. Die Gotik, die sich zu gleicher Zeit in Frankreich auszubreiten begann (ca. 1130 Beginn des Baues der gotischen Kathedrale von Sens), drang mit frühgotischen Bauformen erst im letzten Viertel des 12. Jahrhunderts nach Deutschland vor, bezeichnenderweise in den westlichen Teil: z.B. die frühgotische Weiterführung des noch romanisch begonnenen Straßburger Münsters. 1156 wurde die bedeutende, spätromanische Klosterkirche von Maria Laach eingeweiht, 1166 das herausragende Beispiel spätromanischer Bildhauerkunst aufgestellt: der Bronzelöwe in Braunschweig. Meister Eilbertus, einer der frühesten, namentlich bekannten deutschen Künstler, schuf um die Mitte des 12. Jahrhunderts den Tragealtar von Köln, gegen Ende des Jahrhunderts entstanden die Bildteppiche von Halberstadt und Quedlinburg und der Dreikönigsschrein von Köln.

Die romanische Wandmalerei blühte, im Stil an spätantike und byzantinische Mosaikstile angelehnt. Freilich ging nicht nur vieles, sondern sogar das meiste davon verloren, nicht nur wegen der Vergänglichkeit des Materials, sondern vor allem, weil die »primitive« Kunst bis weit ins 19. Jahrhundert hinein nicht geschätzt und geachtet wurde. So kommt es, daß in kulturellen Randgebieten, sozusagen im Windschatten späterer Entwicklungen, große Beispiele erhalten blieben. Es sei, stellvertretend für manches, auf die um die Mitte des 12. Jahrhunderts entstandenen Fresken in der Krypta des Klosters Marienberg bei Mals in Südtirol hingewiesen.

*

Die volkswirtschaftliche Situation im 12. Jahrhundert ergab sich zum einen aus der von ca. dreieinhalb Millionen im Jahr 1000 auf ca. sechs bis sieben Millionen gestiegenen Einwohnerzahl, was vor allem eine Zunahme der Stadtbevölkerung bedeutete. Schon vorhandene Städte wie Köln, Frankfurt, Braunschweig, Bamberg, Regensburg, Wien erfuhren dichtere, engere Bebauung innerhalb des Mauerrings, es entstanden Vorstädte, die oft durch neue Mauerringe geschützt werden mußten. Dennoch hatten selbst die bedeutendsten Städte nur um die zehntausend Einwohner. Die Neugründung oft planmäßig angelegter Städte ist meist im Osten zu verzeichnen: Lübeck, Leipzig, Breslau (diese Stadt allerdings auf polnischem Gebiet), die zu neuer Macht emporgekommenen Herzöge von Zähringen (dem heutigen Baden) taten sich durch die Gründung und Ausstattung der Stadt Freiburg im Breisgau hervor. Von Bedeutung war die in der Stauferzeit zu verzeichnende beginnende Herausbildung privilegierter Städte, für die zwar nach neuerer Forschung und Ansicht der Begriff »Reichsstadt« noch nicht ganz zutreffend ist, die jedoch nach Ort und Zeit verschiedene wichtige Finanz- und Handelsvorteile zugebilligt bekamen (Straßburg etwa) und sich sogar in gewissem Maße von der Landeshoheit der Fürsten emanzipierten.

Eine etwas verbesserte Infrastruktur ermöglichte einen Aufschwung im Warenaustausch, wobei allerdings immer noch der umherziehende (stets von edlen Rittern nebst Spießgesellen gefährdete) Kaufmann das Bild des Handels bestimmte. Er schleppte seine Waren von Ort zu Ort. Oft schloß man sich, aus naheliegenden Gründen, zu Karawanen zusammen. In Städten und Dörfern wurden dann die Waren feilgeboten, meist an festgelegten Markttagen, die häufig mit kirchlichen Festen zusammenfielen, daher auch die Bezeichnung Messen. Da die Kaufleute den jeweiligen Städten einen Obolus für den Umsatz entrichten mußten, war das Marktrecht, das vom König oder vom Landesfürsten verliehen wurde, von großer Wichtigkeit. Frankfurt, eine seit Karolingerzeit in jedem Sinn königliche Stadt, die zunächst ein Reichsvogt, später ein Schultheiß im Auftrag des Königs verwaltete, war schon im 11. Jahrhundert wichtige Zoll- und Marktstätte, um 1160 wird die Frankfurter Messe erstmals erwähnt. Bedeutende Rechte und Freiheiten für Frankfurter Kaufleute beweisen, daß bereits Fernhandel betrieben wurde. Vom Fernhandel der

Stadt Köln mit dem englischen Wirtschaftsraum wurde oben schon gesprochen.

Unmittelbar mit Handel und Wandel zusammenhängend ist das Phänomen Geld. Grundlage des Geldverkehrs auch noch im 12. Jahrhundert war das Silber, seltener Gold.

Bezahlt wurde noch lange in Barren, deren Gewicht ausschlaggebend war. War der Barren zu groß, schnitt der, der zu bezahlen hatte, ein Stück ab usw. Daraus entwickelte sich (wie schon in der ausgefeilte Geldwirtschaft aufweisenden Antike) das Münzen des Silbers (und in Ausnahmefällen des Goldes, für geringere Werte des Kupfers), das heißt, es wurde ein gewisses, einem Gewicht entsprechendes Stück Silber vom Barren abgeschnitten (»Mark«, wie oben schon erwähnt, etwa 200 g) und das Gewicht aufgeprägt. Ein solch wichtiges Verfahren war natürlich dem Fürsten (in Ausnahmefällen den Städten) vorbehalten, die mit ihrem Bild, Wappen, Inschrift usw. das Gewicht, d. h. den Wert der Münze, garantierten. Sehr bald kam man drauf, daß man, wenn man die Münze etwas weniger schwer machte, als die Wertangabe zeigte, Geld machen konnte. Dieser (wohl für das Funktionieren des Handels unabdingbare) Schwindel, ins Äußerste verfeinert, setzte sich bis heute fort und heißt Volkswirtschaft. Johann Nestroy hat das Problem erkannt und mit der Zeile umrissen: »Die Phönizier, heißt es, haben das Geld erfunden. Man fragt sich nur, warum so wenig?«

Siebentes Kapitel

Im siebenten Kapitel tötet ein unerwartet auftretender Pfalzgraf König Philipp – die andersherum geschwenkten Fürsten drehen sich wieder – Friedrich II. läßt sich zweimal krönen und beendet das welfische Großmachtsstreben.

Der englisch-französische Gegensatz spitzte sich in den Jahren kurz vor und kurz nach 1200 zu. Wie schon erwähnt, folgte auf den eher schlicht begabten, dafür frommen König Ludwig VII. sein Sohn, der »bis zum Zynismus intelligente, scharfblickende und skrupellose Philipp II.« (Blumenkranz), dessen imperialer Anspruch aus dem Epitheton ornans hervorgeht, das ihm schon die Zeitgenossen anhefteten: Augustus. Philipp ging sogleich daran, den englischen Einfluß auf dem französischen Festland zurückzudrängen, wobei ihm die Jahre der Gefangenschaft König Richard Löwenherz' zugute kamen. Nach der Thronbesteigung König Johanns »Ohneland« in England favorisierte Philipp gezielt einen bei der Thronfolge übergangenen Neffen Johanns, Arthur Plantagenet, und zog Vorteile aus dem dadurch entstandenen Thronstreit. Militärisches Glück kam hinzu: Philipp II. konnte große Teile des »englischen« Frankreich zurückgewinnen, für den Rest die englische Anerkennung als Ober-Lehensherr erzielen. Ein günstiger Waffenstillstand von 1206 erlaubte es Philipp Augustus sogar, an Pläne zu denken, den Spieß umzudrehen und nun seinerseits England zu erobern.

Die Darstellung dieser hier nur kursorisch angedeuteten, zum Teil sehr komplizierten historischen Vorgänge würde zu weit führen, sie mußten nur erwähnt werden, weil die französischen Erfolge und das Schwinden des englischen Übergewichts sich auch auf die deutschen Verhältnisse auswirkte. Sie stärkten naturgemäß die Stellung des mit Frankreich verbündeten Stauferkönigs und schwächten, namentlich durch das Ausbleiben englischer Subsidien, die des Welfen Otto. Das ging so weit, daß es jetzt einige Große als angebracht sahen, das Lager zu wechseln, so der eigene Bruder des Königs Otto, der Pfalzgraf Heinrich bei Rhein, und sogar derjenige, der am meisten für die Wahl Ottos getan hatte, der machtgeile und offensichtlich wetterwendische Erzbischof Adolf von Köln. Philipp wagte eine militärische Auseinandersetzung und schlug am 27. Juli 1206 bei Wassenberg (an der heutigen deutsch-niederländischen Grenze westlich von Mönchengladbach) Ottos Aufgebot, worauf auch Papst Innozenz III. diesen fallenließ. Wäre nicht ein unerwartetes Ereignis abwegiger Art eingetreten, hätte in kurzer Zeit König Philipp, also der Staufer, den Welfen völlig verdrängt.
Das Herzogtum Baiern war, wie erwähnt, 1180 dem Pfalzgrafen von Baiern, Otto von Wittelsbach, als erbliches Lehen übertragen worden. Das Pfalzgrafenamt übertrug Otto (als Pfalzgraf Otto V., als wittelsbachischer Herzog Otto I.) an seinen gleichnamigen Bruder Otto: Pfalzgraf Otto VI. (viel Phantasie wendeten die damaligen Wittelsbacher für die Vornamensauswahl offenbar nicht auf). Nach Ottos VI. Tod erbte das Pfalzgrafenamt dessen Sohn Otto VII. Herzog Otto I. konn-

te sich seines neuen Herzogtums nicht lang erfreuen, er starb schon 1183, ihm folgte sein Sohn Ludwig I.
Pfalzgraf Otto VII., dessen Geburtsdatum nicht bekannt ist, er dürfte aber in den achtziger Jahren des 12. Jahrhunderts geboren sein, wird als heftiger und jähzorniger Mann geschildert. Er sei, so heißt eine nicht ganz gesicherte historische Nachricht, mit einer der Töchter König Philipps verlobt gewesen, der König habe dann das Verlöbnis jedoch widerrufen (ein nach alter deutschrechtlicher Auffassung ganz grober Vertragsbruch), nachdem sich für die Prinzessin eine bessere Partie – sprich: staatsinteressant-dynastische Verwendung – fand. Das kränkte den Pfalzgrafen. Das Maß der Kränkung war voll, als der Pfalzgraf eine polnische Herzogin von Schlesien heiraten wollte und der König, statt eine Empfehlung zu schicken, der Familie der Braut von dem Brautwerber abriet.
Am 21. Juni 1208 vermählte König Philipp seine Nichte Beatrix, Tochter seines 1200 verstorbenen Bruders Otto, des Freigrafen von Burgund, an den Herzog Otto von Meranien (= Dalmatien). Die Hochzeit fand in Bamberg statt, wo Philipp ein Heer zu einem entscheidenden Feldzug gegen den Welfen sammelte. Auch der Pfalzgraf Otto VII. war unter den Hochzeitsgästen. Nach den Feierlichkeiten zog sich der König auf sein Zimmer in der »Altenburg« zurück. Nur der Bischof von Speyer und der Truchseß Heinrich von Walsberg waren bei ihm. Unangemeldet und somit schon ungehörigerweise, noch dazu mit gezogenem Schwert trat der Pfalzgraf in den Raum. Der König sagte ihm: »Stecke dein Schwert in die Scheide, hier ist nicht der

Ort, es zu gebrauchen.« Der Pfalzgraf rief wütend: »Hier ist der Ort, deinen Verrat zu bestrafen!« und stach dem König in den Hals. Der König war sofort tot. Der Truchseß, der dem Mörder entgegensprang, wurde verwundet. Der Mörder floh.

*

Der Mord an Philipp veränderte die politische Situation schlagartig, wie nicht anders zu denken. Nach anfänglicher Ratlosigkeit und offenbar ohne einen Gedanken an den wenngleich erst zwölfjährigen Friedrich zu verschwenden schwenkte nun die staufische Partei zum Welfen Otto über, auch die eben erst andersherum geschwenkten Fürsten (Heinrich von der Pfalz, Erzbischof Adolf von Köln) vollzogen, inzwischen geübt, eine weitere Wende und unterstützten wieder König Otto IV., der sich allerdings dem Andenken Philipps gegenüber anständig und loyal verhielt. Er ächtete dessen Mörder, der daraufhin 1209 vom Reichsmarschall von Pappenheim erschlagen wurde. Als Versöhnungsgeste verlobte sich König Otto mit Philipps ältester Tochter Beatrix, die vermutlich erst zehn Jahre alt gewesen war. Zur Heirat kam es erst 1212, die Braut überlebte die Hochzeit nur einen Monat. Er unterzog sich einer Nachwahl, das heißt, er verzichtete auf die Königswürde und wurde danach sofort wieder zum König gewählt, womit allseits die Rechtmäßigkeit seiner Wahl jedenfalls von diesem Zeitpunkt an als gesichert galt. Auch Papst Innozenz III. schwenkte wieder auf welfische Linie ein und krönte – widerwillig – den König am

4. Oktober 1209 zum Römischen Kaiser. Des Papstes Widerwillen wurde rasch als aus seiner Sicht richtig bestätigt, denn kaum war der Welfe gekrönt, schlug er den staufischen Weg ein: nach Süditalien. Nach strengen juristischen Gesichtspunkten nicht vertretbar, war Otto IV. (und offenbar nicht nur er) der Meinung, das sizilische Königreich sei durch Erbgang nicht den Staufern als Haus- und Familiengut zugefallen, sondern dem Reich als solchem, sei somit Teil des Imperiums. Heinrich VI. selbst hatte durch Verwischung der Verwaltungs- und Lehenslage zu dieser Meinung beigetragen. Überhaupt begann Otto, entgegen welfischer Tradition, an des Papstes Oberherrschaft zu zweifeln und setzte diese Zweifel durch Maßnahmen zur Wiederherstellung der Reichsgewalt in Italien in die Tat um. Auch setzte er dazu an, einen Heerzug nach Sizilien zu führen, und kam bis Calabrien (Herbst 1211).

Da rückte der Papst wieder von ihm ab, und auf sein und des Stauferfreundes Philipp Augustus von Frankreichs Betreiben erinnerten sich die (ehemals, muß man sagen) staufertreuen deutschen Fürsten des inzwischen sechzehnjährigen und nach damaligen Vorstellungen volljährigen Königs Roger von Sizilien (auch schon verheiratet und Vater eines Sohnes), der irgendwie auch »Friedrich« hieß und einmal, als Sohn und designierter Nachfolger Kaiser Heinrichs VI., zum Deutschen König gewählt worden war. In Deutschland brach Unruhe aus, die Otto IV. zwang, dorthin zurückzukehren. Auch Roger-Friedrich eilte dorthin, machte aber in Rom Station, um seinen (einjährigen) Sohn Heinrich zum König von Sizilien krönen zu lassen. Das sollte

dem Papst und damit der Welt zeigen, daß die Krone Siziliens und Deutschlands streng getrennt, Sizilien (und ganz Süditalien) also nicht zum Imperium gehörten.
Die Ereignisse folgten Schlag auf Schlag. Otto IV. heiratete nun die wohl nicht anders als arm und unglückselig zu bezeichnende staufische Beatrix im Juni 1212. Friedrich, der nun den »Roger« ablegte, war schon im Anmarsch. Die Heirat war der letzte, verzweifelte Versuch Ottos IV., die staufische Partei um sich zu scharen. Im Juli 1212 starb Beatrix, im September traf Friedrich in Konstanz ein, mit französischem Geld wurden Fürsten und Bischöfe, sofern sie noch schwankten (und wahrscheinlich schwankten dann doch gleich alle, wenn Geld lockte), gekauft. Im Dezember wurde Friedrich, nunmehr unstreitig König Friedrich II., in Frankfurt, das seit Mitte des 12. Jahrhunderts traditionelle Krönungsstadt geworden war (und bis zum Ende des Reiches 1806 blieb), zum König gekrönt. (Offenbar ging Friedrich II. aber ganz auf Nummer Sicher: 1215 ließ er sich nochmals in Aachen krönen.)
Kaiser Otto IV. zog sich ins (noch) welfentreue Köln zurück, mußte dann jedoch ins angestammte Sachsen ausweichen und floh endlich über Dänemark nach England. Inzwischen war nach dem Ende des Waffenstillstandes von 1206 der Krieg zwischen England und Frankreich erneut aufgeflammt. König Johann »Ohneland« war mit einem Heer in Frankreich gelandet. Sein Neffe, Kaiser Otto IV., folgte ihm mit einem Rest welfenfreundlicher deutscher Ritter. Am 27. Juli 1214 kam es bei Bouvines (bei Lille in Nordfrankreich) zur Schlacht, in der das von Friedrich in Person angeführte

Heer einen glänzenden Sieg errang. Ottos Anhänger wurden gefangen, Otto selber entkam mit knapper Not. Damit war sein Königstraum zu Ende. Offenbar war er so ungefährlich geworden, daß der nun wirklich unangefochtene König Friedrich II. seine Heimkehr ins Braunschweigische nicht verhinderte. Dort starb Otto am 19. Mai 1218 auf der Harzburg. Er hinterließ keine Kinder. Das Braunschweigische Hausgut erbte sein Neffe Otto, Sohn seines jüngsten Bruders Wilhelm. Welfisches Großmachtstreben war fürs erste erledigt, sollte erst viele Jahrhunderte später, mit der Thronfolge des welfischen »Hanoverians« in England 1714 mit mehr Glück wieder aufleben.

Achtes Kapitel

Im achten Kapitel beschäftigt sich Friedrich II. in Castel del Monte mit Dingen, die dem Papst und dessen Oberschamanen die Haare zu Berge treiben – die Schaukelpolitik der Päpste scheut eine Umklammerung – die frommen und glorreichen Vormünder Heinrichs (VII.) entpuppen sich als bessere Landesväter, während der Papst-Ärgerer Friedrich sich mit seinen Haremsfrauen vergnügt – zum Zorn des Papstes ist der Sechste Kreuzzug erfolgreich – Heinrichs Trotzreaktion endet traurig.

Im Grunde seines Herzens blieb er »Roger«. Deutschland interessierte ihn nicht. Seine Heimat war Sizilien und Süditalien. Dort baute er seine nicht nur gewaltigen, sondern auch verfeinerten ästhetischen Gesetzen genügenden Burgen, darunter das Weltjuwel Castel del Monte, dort umgab er sich mit orientalischem Prunk, mit seinem Harem, dort beschäftigte er sich mit Dingen, die dem Papst und dessen Oberschamanen die Haare zu Berge trieben. Seine, Roger-Friedrichs, Gestalt zeigt, zu welcher Lichtfigur ein Fürst erwachsen konnte, wenn er den Weihrauch-Nebel der kindischen Dogmen wegblies und den Kopf durch die schwarze Wolkendecke der christlichen Nachtalben-Dumpfität in freiere Höhen stieß. Es ist kein Zweifel, daß dieser Roger-Friedrich eine der wenigen wirklichen Leuchten unter den sonst bestenfalls braven, meist als abscheuliche Geistesmyrmidonen und Charaktermilben erscheinenden Fürstengestalten des Mittelalters

war, selbst wenn, was nicht verschwiegen werden darf, auch einige Flecken auf dem Wams dieses Stauferkönigs zu bemerken sind.
Um den Papst und die Bischöfe zu beruhigen und auf seine Seite zu bringen und um die ungehinderte Wahl zum Deutschen König und später die Kaiserkrone zu erwirken, erließ Friedrich unverzüglich ein Edikt, das in der Goldbulle von Eger niedergelegt ist (1211). Dem Papst werden darin weitgehende finanzielle und politische Zugeständnisse in Italien gemacht, außerdem verpflichtete sich Friedrich bei dem »Ausrotten des Irrtums ketzerischer Verworfenheit ... wirksame Hilfe und Mühe walten zu lassen«. (Leider erfüllte Friedrich diese Verpflichtung, obwohl er sich andernteils nicht scheute, sich mit muslimischen, griechischen und jüdischen Gelehrten, Ärzten, Künstlern und Beratern zu umgeben.) Vor allem aber verzichtete der König auf das »Regalienrecht« gegenüber den Bischöfen und Äbten. Bisher war es so gewesen, daß nach dem Tod eines solchen Prälaten, der ja der Theorie nach sittlich gefestigt, tugendsam, unverheiratet und enthaltsam gelebt hatte und daher keine Erben haben konnte, sein persönliches Vermögen an den König fiel. Auf dieses Recht verzichtete jetzt Friedrich für alle Zukunft. Den Prälaten war das verdächtigerweise höchst wichtig – weil sie jetzt das von ihnen während ihrer Amtszeit erraffte, an ihre Kebsweiber und Bastarde vererben konnten.

*

Die politische Haltung Friedrichs II., dieses ohne Zweifel faszinierendsten Fürsten des ganzen Hochmittelalters, schwankte zwischen freien und frechen machtpolitischen Entscheidungen und vorsichtigen Rücksichtnahmen auf den Papst. Trotz aller geistiger Selbständigkeit, die in seinem Charakter zu verzeichnen ist, konnte er sich nicht ganz von den Klebstoffen christlichen Aberglaubens freimachen, vielleicht auch aus Rücksicht gegen die rückständigen Ansichten im Volk und bei denen, die ihn notwendigerweise umgaben. Sowenig ihm das, inzwischen auch etwas stumpf gewordene Instrument des »Kirchenbannes«, der ihn dreimal traf, bekümmerte, so ließ er sich doch, als er in Castel Fiorentino am 13. Dezember 1250 starb, in die graue Büßerkutte der Zisterzienser hüllen ... Nun denn, vielleicht gehören ja auch und gerade diese Widersprüche in seinem Charakter zum Faszinosum, das von seiner Gestalt ausgeht.
Als Friedrich 1211, wie erwähnt, nach Deutschland aufbrach, um sich die Königskrone zu holen, ließ er, um den Papst zu beruhigen, seinen einjährigen Sohn Heinrich, das einzige Kind aus seiner Ehe mit Konstanze von Aragon, in Süditalien zurück wie erwähnt, und der Papst krönte den Kleinen zum König von Sizilien. Damit sollte klar demonstriert werden, daß das süditalienische Königtum *nicht* mit dem Imperium, dem Deutschen Reich, vereinigt ist. Nichts fürchteten die Päpste so wie die Umklammerung ihres mittelitalienischen »Patrimoniums Petri«, das ihnen angeblich von Kaiser Konstantin geschenkt worden war, jener breite Streifen Landes, der von Rom, schräg die Halbinsel

schneidend, bis Bologna reichte. Eine Umklammerung, das heißt, wenn Süditalien und das *de jure* zum Reich gehörende Oberitalien (also die Lombardei und die Toscana) in *einer* Hand vereinigt wären, hätte die sonst so wirksame päpstliche Schaukelpolitik verunmöglicht.
Friedrich hielt sich (sein längster Aufenthalt dort) von 1216 bis 1220 in Deutschland auf. In letzterem Jahr kehrte er nach Italien zurück, in seine Heimat. Gleichzeitig schickte er seinen nunmehr zehnjährigen Sohn Heinrich nach Deutschland und ließ ihn zum Deutschen König wählen. Um die Stimmen der Bischöfe und Äbte für diese Wahl zu gewinnen, erließ Friedrich die »Confoederatio« vom 26. April 1220, in der den Prälaten so weit gehende Privilegien zugebilligt wurden, daß sie praktisch unabhängige, dem König nur mehr ganz locker unterstehende Landesherren wurden. Daß Friedrich II. keine Bedenken trug, mit dieser Maßnahme nicht weniger als der Königssouveränität im Reich den (vor-)letzten Stoß zu versetzen (vom letzten wird noch die Rede sein), zeigt, wie wenig Interesse er am Geschick Deutschlands hatte. Hatte er das zerrissene Reich schon aufgegeben? Sah er in Sizilien bessere Möglichkeiten seine ohne Zweifel dezidiert vorhandenen Staatsideale zu verwirklichen?
Der kleine Heinrich, der von der Geschichtsschreibung als Heinrich VII. gezählt wird, da sein Großvater ja Heinrich VI. gewesen war, dessen römische Ziffer jedoch ein wenig verächtlich mit einer Klammer hinzugefügt wird: Heinrich (VII.), wie sonst bei nicht-kanonisch gewählten Päpsten, war eine denkbar unglückliche Figur, nicht aus eigener Schuld. Es steht nirgendwo

geschrieben, doch man kann es sich denken: schon als Säugling in der Welt herumgeschoben, ohne eigentliche Familie, ohne Heimat, vermutlich ohne Liebe aufgewachsen. Im Alter von zehn Jahren zwar gekrönt und geehrt, dann im fernen »neblichten Nord« in der Obhut Fremder zurückgelassen – der Blick in die Seele dieses Kindes, dessen Menschenwürde politischem Kalkül geopfert wurde (auch ein schmutziger Punkt auf der Weste des großen Kaisers), müßte, könnte man ihn tun, entsetzlich sein. Und er ist nur ein Beispiel für viele – vor allem für viele Frauen in den fragwürdigen Höhen des Kronenglanzes. (Wenn man es, übrigens, genauer nähme, wäre der kleine Heinrich sogar der VIII. gewesen, und zwar ohne Klammer. Aber sei's drum, wir beugen uns dem historiographischen Usus.)
Der Papst, es war Innozenz' III. Nachfolger Honorius III., ein eher milder und nachgiebiger Mann, ein Römer aus der Familie Savelli, beäugte die deutsche Königswahl des kleinen Heinrich mit Mißtrauen, weil ja damit schon wieder die erwähnte Umklammerung drohte. Dennoch krönte er am 22. November 1220 dessen nach Italien zurückgekehrten Vater Friedrich im Petersdom zum Römischen Kaiser. Inzwischen war nämlich wieder einmal ein Kreuzzug, der sogenannte Fünfte (seit 1217), im Scheitern begriffen, und der Papst glaubte, Friedrich würde nun eingreifen und die Situation im Heiligen Land retten. Friedrich versprach es nur, hielt es nicht. Die verschiedenen, bis ins Groteske gehenden versprochenen, abgebrochenen, wirklich unternommenen Kreuzzüge Friedrichs zu schildern gehört nicht in die Darstellung der deutschen Geschichte, wenn auch

einzelne deutsche Fürsten gelegentlich daran beteiligt waren. Im Großen und Ganzen berührten die restlichen Kreuzzüge das Reich wenig.

*

Heinrich (VII.), das zehnjährige Kind, das mit zwölf Jahren, zwei Jahre nach der Wahl, also 1222, auch gekrönt wurde, regierte natürlich nicht selbst. Der Erzbischof von Köln, Engelbert I., wurde von Friedrich II. zum Vormund Heinrichs und zum Provisor des Reiches eingesetzt. Engelbert, aus dem Haus der Grafen von Berg stammend, war Nachfolger und Vetter jenes intriganten Adolf; überhaupt war die Kölner Erzbischofswürde (wenn man in jenen Zeiten in dem Zusammenhang von »Würde« reden kann) in der Familie fast erblich. Erzbischof Bruno II. war der Großonkel, die Erzbischöfe Friedrich II. und Bruno III. waren Onkel Engelberts gewesen. Nach wirrer, aufhaltsamer geistlicher Karriere (unter anderem traf ihn sogar einmal für einige Zeit der Kirchenbann) und Anhäufung einträglicher Pfründen war er 1216 Erzbischof geworden. »Trotz seiner Frömmigkeit überwog in Engelbert der Territorialpolitiker die geistliche Persönlichkeit.« (So drückt Heinz Wolter es milde aus.) Seine politischen Aktivitäten als Erzbischof und (weltlicher) Fürst spiegeln die trostlose Situation des langsam zerfallenden Reiches wider. Mit den Herzögen von Limburg und von Kleve führte er Kriege, als seien das nicht gleich ihm dem König unterstellte, eidverbundene und zur Reichstreue verpflichtete Lehensträger, sondern unabhängige Potentaten. Die Haltung Kölns, also des Erbischofs dem aufstrebenden Luxemburg und dem frommen (?) Amtsbruder in Paderborn gegenüber, war bereits so etwas wie Außenpolitik. Engelbert sicherte den Besitzstand des Fürst-Erzbistums nach allen Seiten hin durch Errichtung von Trutzburgen: Velandshub bei Herzogenrate, Thuron an der Mosel, Fürstenberg bei Bacharach, die Schmidtburg bei Kirn und Vianden, Daum, Neuerburg, Manderscheid ... Kein Drandenken, daß der König und Kaiser auch nur verbal in die Kleinkriege (und manche waren gar nicht so klein) eingegriffen hätte. Folgerichtig wurde der Erzbischof denn auch am 7. November 1225 bei Schwelen vom Sohn seines Vetters, dem Grafen Friedrich von Isenburg, auf einer militärischen Strafexpedition gegen ihn erschlagen. (Seit 1618 wird er als Heiliger verehrt.)

Als Vormund und Provisor scheint er in den fünf Jahren von 1220 bis 1225 zumindest keinen Schaden angerichtet zu haben. Weiterreichende Pläne Engelberts, eine Heiratsverbindung des jungen Heinrich mit dem traditionell welfenfreundlichen englischen Königshaus scheiterten. Überhaupt scheint Engelbert vorsichtig taktiert zu haben.

Inzwischen war (1222) Heinrichs (VII.) Mutter gestorben, 1225 heiratete Kaiser Friedrich II. das zweite Mal: Yolante de Brienne, die Erbtochter des Königs von Jerusalem, der seinem Königreich, das längst in der Hand der Sarazenen war, nur aus der Ferne nachweinen konnte. Der Ehe entsproß ein einziges Kind: Konrad. Wesentlich mehr Kinder verdankte der Kaiser seinem freundlichen Harem, zu dem u. a. die ohne Zweifel schönen Damen Adelheid und Bianca gehörten; 1220 war ihm Enzio geschenkt worden, der spätere »König« von Sardinien und romantische Gefangene in Bologna; 1232 Manfredo, später sogar König von Sizilien, 1229 Federico, später Fürst von Antiochien – und zahlreiche illegitime Töchter. Im gleichen Jahr heiratete (oder besser: es wurde verheiratet) der fünfzehnjährige Heinrich (VII.), und zwar mit der ältesten, damals etwa zwanzigjährigen Tochter Margarethe des Herzogs Leopold »des Glorreichen« von Österreich. (Die Mutter dieser Margarethe war eine byzantinische Prinzessin, Theodora, Schwester der Frau König Philipps, Heinrichs Großonkel.) Leopold von Österreich (einschließlich der Zählung der österreichischen Markgrafen: »VI.«), auch Herzog der Steiermark, war einer der mächtigsten Herren im Reich. Er war, der Tradition seines Hauses entsprechend, staufisch gesinnt, unterstützte dann allerdings nach König Philipps Tod König Otto IV. bis zu dessen Entmachtung. Geschickte Politik, d.h. keine unvorsichtig eindeutige Stellungnahme, machte ihn, obwohl er nun wieder die Staufer, d.h. Friedrich II. und Heinrich (VII.), unterstützte, bei der Curie in Rom angesehen. Leopold gründete und erweiterte Städte, stattete Wien, seine Residenz, mit Wirtschaftsprivilegien aus, verbesserte die Infrastruktur u.a. durch den Bau einer Semmeringstraße, ein technisches Wunderwerk damals, durch die er seine beiden Landesteile verband. Sein Hof, an dem auch Walther von der Vogelweide sang und glänzte, war der kulturelle Mittelpunkt Deutschlands. Die Förderung der Wirtschaft und des Handels kam nicht nur der herzoglichen Kasse zugute, sondern auch, im bescheidenerem Maße freilich, dem Wohlstand (oder: nicht mehr ganz so krassem Übelstand) der niedrigen Bevölkerung. Es scheint, als habe Leopold zu den Potentaten gehört, die langsam zu erkennen begannen, daß eine zufriedenere Unterschicht mittelbar auch der Oberschicht zugute kam. So sei ihm das Epitheton »der Glorreiche« gegönnt.

Trotz seiner Verheiratung blieb Heinrich (VII.) unter Vormundschaft, die, nach der Ermordung des Erzbischofs Engelbert dem Herzog Ludwig I. – genannt der »Kelheimer« – von Baiern übertragen wurde. Dieser Ludwig, der erste unter den unzähligen bairischen (und bayrischen) Ludwigen, deren Reihe bis zum letzten, König Ludwig III. (abgedankt 1918) reicht, war auch ein bemerkenswerter Mann. Er war der Sohn jenes Ottos von Wittelsbach, der von Barbarossa das bairische Herzogsamt übertragen bekam. Auch Ludwig war, wie sein unverbrüchlich staufertreuer Vater, ein Anhänger des Kaiserhauses, gehörte zum engen Kreis um Kaiser Heinrich VI. und König Philipp, erkannte allerdings nach dessen Tod Otto IV. an, der ihm dafür die Erblichkeit der Herzogswürde bestätigte. Auch Ludwig gründete Städte (u.a. Straubing und Landshut) und versuchte den Wohlstand seines Landes zu heben, vor allem zu einem einheitlichen Staat im Staate zusammenzuschweißen. Weniger Erfolg hatte er mit seiner vormundschaftlichen Regierung über das Reich. Davon weiter unten.

Das Jahr 1226 brachte zwei Ereignisse, die auf die Entwicklung des deutschen Nordens von Einfluß waren. Der nördliche Nachbar des Reiches war Dänemark.

Die Grenzen waren fließend und umstritten. Man muß sich dabei vergegenwärtigen, daß die Ostseeküste nie zum fränkischen Reich und damit auch nicht eigentlich zu Deutschland gehörte. Die Herren von Schleswig und Holstein, die (slawischen) Herzöge von Mecklenburg und von Pommern, waren keine Reichsfürsten, aber auch nicht eigentlich selbständig. Mecklenburg galt als sächsisches (also nicht Reichs-)Lehen. Mit Waldemar II., genannt Sejr (= Sieger), kam in Dänemark (das damals auch ganz Südschweden umfaßte) ein tüchtiger Fürst auf den Thron, dessen Ziel es war, Dänemark kräftig nach Süden auszudehnen, zum Teil auf Kosten des Reiches. Friedrich II. stärkte daher die Widerstandskraft des deutschen Nordens durch Privilegien für die Städte. Das Privileg für Lübeck von 1226 ist erhalten. Es brachte der Stadt so viele Freiheiten, vor allem die innere Unabhängigkeit vom Bischof der Stadt, daß sie zum wichtigsten Handelszentrum an der Ostsee aufblühte, was zusammen mit dem Aufschwung Hamburgs, zur Entwicklung der »Hanse« führte. Ein Bund der Städte und der norddeutschen Fürsten brachte nach einigem Hin und Her dem dänischen König am 22. Juli 1227 die Niederlage von Bornhöved bei, die dem Dänenkönig und all seinen Nachfolgern die Expansion nach Süden verleidete. Die Eider (Idria finis Germaniae) wurde die deutsch-dänische Grenze.

Waldemar konzentrierte sich nun auf die Expansion nach Osten: in das Baltikum. Auch das war Friedrich II. ein Dorn im Auge. Er wollte sich jedoch nicht selbst darum kümmern, dem einen Riegel vorzuschieben. Denn es gab da nämlich eine aus den ersten Kreuzzügen stammende Rittervereinigung, einen Orden, die »Deutschen Herren« oder der »Deutsche Ritterorden«, die in Palästina ebenso wie die Johanniter, die Schwertritter und andere zuletzt Schläge bezogen hatten und nun in Italien tatenlos im Weg herumstanden. Ihr Großmeister war Herrmann von Salza, ein enger Freund und Vertrauter Kaiser Friedrichs II. In der »Goldenen Bulle von Rimini« schenkte der Kaiser dem Deutschen Orden etwas, was ihm nicht gehörte – eine beliebte politische Technik –, nämlich das masowisch-kujawische Land an der östlichen Grenze des Königreichs Polen und alles, was der Orden in Zukunft erobern werde. Das bezog sich auf das Gebiet der damals noch heidnischen Pruzzen (oder, so später, Preußen), eines slawischen Volkes, das sich bis anhin den Segnungen des Christentums erfolgreich und glücklich widersetzt hatte.

Die »Goldene Bulle von Rimini« wurde, wenngleich die erwähnten machtpolitischen Absichten dahinterstanden, religiös verbrämt: »Wie Er (= Gott) das Heilige Römische Reich zur Verkündigung des Evangeliums geschaffen hat, so haben Wir unsere Sorge und Aufmerksamkeit ebenso der Unterwerfung wie der Bekehrung (man beachte die Reihenfolge!) der Heidenvölker zuzuwenden ...« Sprach's (d. h. schrieb's) und wandte sich wieder seinen orientalischen Haremsdamen zu (es sei ihm, dem sympathischen Papst-Ärgerer, vergönnt) oder seinen Jagdfalken, für die er eigens ganze Wälder importierter norwegischer Fichten anlegen ließ, oder dem entspannenden Gespräch mit jüdischen Gelehrten,

jedenfalls gut bewacht vor päpstlichen Mordanschlägen von seiner treuen Sarazenengarde.
Die Deutschordensritter machten sich sogleich in den Nordosten auf, brannten den bösen heidnischen Pruzzen das Kreuz auf den Hintern und errichteten den Deutschordens-Staat, der die Keimzelle des späteren Preußen wurde.

*

Papst Honorius' III. Lieblingsidee war ein neuer Kreuzzug. Der Fünfte Kreuzzug hatte mit der Kapitulation des gesamten Kreuzfahrerheeres, das in eine ägyptische Falle zwischen zwei Nilarmen geraten war, ein klägliches Ende gefunden. Honorius wollte unbedingt diese Scharte auswetzen und lag ununterbrochen den Fürsten und namentlich dem Kaiser in den Ohren wegen eines neuen Kreuzzuges. Friedrich versprach ihn (wieder einmal), doch Honorius erlebte ihn nicht mehr, das heißt, was daraus wurde. Er starb 1227, sein Nachfolger wurde der Graf Hugo (»Ugolino«) von Segni, Gregor IX., ein Neffe Innozenz' III. und so herrschsüchtig wie der Onkel, nebenbei, muß man einräumen, nicht ungebildet und nicht ganz so verrottet wie andere Päpste vor und nach ihm.
In Erfüllung seines Kreuzzugs-Versprechens sammelte der Kaiser ein Heer, stach, zusammen mit seinem engen Freund und Vertrauten, dem Landgrafen Ludwig IV. (genannt »der Heilige«) von Thüringen, am 8. September 1227 von Otranto aus in See. Der Kreuzzug dauerte drei Tage. Dann brach eine Seuche aus, man mußte

umkehren, Landgraf Ludwig starb, das Unternehmen war zu Ende. Der Papst tobte. Er nannte den Kaiser wortbrüchig, nichts weniger als den »Antichrist« und verhängte den Kirchenbann über ihn. Ganz unrecht hatte der Papst nicht, denn der Verdacht, daß der Kaiser das Kreuzzugsunternehmen nur halbherzig betrieb, ist nicht von der Hand zu weisen.

Die Folgen des Kirchenbannes waren für Friedrich nicht weiters schlimm. Geistige Qualen dürfte er dem freisinnigen Monarchen nicht bereitet haben, aber sein bisheriger Anhänger, Vormund seines Sohnes und damit sein Stellvertreter in Deutschland, Herzog Ludwig von Baiern, nahm diese Gelegenheit wahr, um sich von Friedrich loszusagen und der papsthörigen, stauferfeindlichen Partei zuzuwenden. Das veranlaßte wiederum den jungen, inzwischen achtzehnjährigen König Heinrich (VII.) sich für *majorenn* und die Vormundschaft für beendet zu erklären. Es kam zum Krieg zwischen Heinrich und Ludwig, der einige Vorteile für den Staufer brachte und dadurch beendet wurde, daß Ludwig am 15. September 1231 in Kelheim (daher sein Beiname »der Kelheimer«) auf der Donaubrücke ermordet wurde. Der Mörder, ein niederer Knecht, wurde ergriffen, gefoltert und aufs Rad geflochten, doch er verriet seinen Auftraggeber nicht. Daß König Heinrich oder der Kaiser dahintersteckten, wurde nie bewiesen, aber auch nie widerlegt.

Inzwischen, 1229, hatte Kaiser Friedrich einen wirklichen Kreuzzug unternommen. Diesmal wollte der Papst (immer noch Gregor IX.) die Sache untersagen, denn ein Kirchengebannter, der Friedrich ja war, durfte keinen so heiligen Krieg führen. Zum Zorn des Papstes wurde gerade dieser Kreuzzug ein Erfolg, und sogar das völlig Unwahrscheinliche, das nie Erhoffte und so Ersehnte geschah: Friedrich gelang es, und zwar ohne Schwertstreich, durch Vertrag mit dem ägyptischen Sultan Al-Kamil, Jerusalem zu befreien. In der Grabeskirche setzte sich Friedrich, Kirchenbann hin, Kirchenbann her, die Krone von Jerusalem selbst aufs Haupt. (Die christliche Herrlichkeit in der Stadt dauerte nicht lang. 1244 wurde sie und diesmal endgültig für gute siebenhundert Jahre von den Arabern zurückerobert.)

Heinrich (VII.) regierte derweilen in Deutschland, geriet jedoch zusehends in Gegensatz zu seinem Vater. Um die immer deutlicher werdende Opposition der Fürsten und Bischöfe gegen den im Kirchenbann schmachtenden (?) Kaiser zu unterlaufen, versuchte sich Heinrich auf die mächtiger und reicher gewordenen Städte zu stützen. Inzwischen war das dem Vater gar nicht mehr so recht. Nachdem er, nach Italien zurückgekehrt, den in sein Königreich eingefallenen Truppen seines Sohnes aufs Haupt geschlagen hatte, begann er, vermittelt durch Herzog Leopold VI. von Österreich, Verhandlungen mit dem Papst, die nach langen, zähen Disputen 1230 zu dem Erfolg führten, daß der Papst den Kaiser vom Kirchenbann lossprach. Damit war die Gefahr, daß, ähnlich den Vorgängen in der Geschichte Heinrichs IV., die Fürsten Friedrich für abgesetzt erklärten und einen Gegenkönig wählten, fürs erste gebannt. (Herzog Leopold starb überraschend kurz nach diesem Friedensschluß noch in

S. Germano, dem Ort der Verhandlungen. Ihm folgte sein ältester Sohn Herzog Friedrich II., der mit Recht den Beinamen »der Streitbare« bekam. Das sollte der Keim baldiger neuer Verwicklungen sein.)

Friedrich mußte den Fürsten, auch und vor allem um in Deutschland Ruhe und in Italien freie Hand zu haben, noch weiter entgegenkommen. Er zwang daher seinen Sohn, das verhängnisvolle Statut von Worms zu erlassen (1. Mai 1231), das den Fürsten und Bischöfen wiederum weitergehende Selbständigkeiten einräumte. Insbesondere die territorial-fürstliche Münzhoheit wurde garantiert, was praktisch die Abschaffung einer einheitlichen Währung war und den Fürsten enorme finanzielle Vorteile verschaffte. König Heinrich (VII.) sah seine schönen Pläne zerrinnen. Friedrich, der 1232 in Cividale das »Statutum in favorem principum« nochmals bestätigte, zwang seinen Sohn, was dieser als Demütigung empfand, dieses Statut anzuerkennen. In einer Trotzreaktion ließ sich Heinrich danach dazu hinreißen, zum Gegenangriff überzugehen, und zwar in Oberitalien. Er versuchte, die immer noch und immer wieder aufmüpfigen lombardischen Städte auf seine Seite zu ziehen. Friedrich eilte sodann nach Deutschland, und obwohl er nur ein kleines Heer bei sich hatte, unterwarf er den Sohn, erklärte ihn im Juli 1235 für abgesetzt, nahm ihn gefangen und ließ ihn auf ein Schloß in die Nähe von Marterano in Süditalien bringen, wo der unglückliche Prinz die restlichen sieben Jahre seines Lebens als Gefangener zubringen mußte. Er starb, wahrhaft im Elend, 1242. Seine Witwe heiratete zehn Jahre später König Ottokar II. von Böhmen.

Was aus seinen beiden Söhnen Heinrich und Friedrich wurde, weiß man nicht genau. Gut ging es ihnen sicher nicht; der eine starb 1242 oder 1245, der andere 1251, ohne wieder in der Geschichte aufzutauchen.

*

Einmal (1235) in Deutschland, versuchte Friedrich auf ein neues, auch um endlich Ruhe für seine Aktivitäten in Italien und den Rücken für die sich trotz »Versöhnung« anbahnende neuerliche Auseinandersetzung mit dem Papst frei zu haben, Frieden in Deutschland zu schaffen. Für das »Kind« Otto, Enkel Heinrichs des Löwen, wurde das Herzogtum Braunschweig-Lüneburg geschaffen und aus Sachsen herausgetrennt – wieder ein fast selbständiges Herzogtum mehr. Damit hoffte Friedrich die welfische Partei versöhnt. Ein Mainzer Hoftag ordnete – angeblich – die staatsrechtlichen Dinge dahingehend, daß alle Rechte, Lehen, Privilegien usw., aus welchem Rechtsgrund auch immer erworben, als von Königs Gnaden ausgehend zu betrachten seien. Eine reine Formalität, die die Fürsten und Bischöfe wacker unterschrieben, um dann zu ihren regionalen Fleischtöpfen zurückzukehren, was um so leichter war, als der Kaiser, bald nur noch mit italienischen Angelegenheiten beschäftigt, die Dinge in Deutschland, namentlich im Norden, gehen ließ, wie sie gingen.

Neuntes Kapitel

Im neunten Kapitel sorgt die Kirche dafür, daß kein Schäfchen dem Jubel im Paradies verlustig geht – ruchlose Frömmigkeit läßt Magister Konrad zum Feuerhund werden und, nebenbei bemerkt, Papst Wojtila vergessen, was er im Priesterseminar gelernt hat.

Im Jahr 1227 wurde ein Magister Konrad, genannt von Marburg, von Papst Gregor IX. beauftragt, Häresie und Ketzerei in Deutschland aufzuspüren, zu verfolgen und zu vernichten. Schließlich wollte die Kirche notfalls mit Gewalt dafür sorgen, daß alle beim rechten Glauben blieben und, im eigenen Interesse der Schäfchen, keine Seele dem ewigen Jubel im Paradies verlorenging. Rechtsgrundlage des Verfahrens war ein nicht anders als schandbares Gesetz Kaiser Friedrichs II. von 1220, das die Ketzerei der Majestätsbeleidigung gleichsetzte und damit zum todeswürdigen Verbrechen machte. Die dem zugrunde liegende Überlegung war: die Majestät hat ihre Würde von Gottes Gnaden, wer Gott anzweifelte, also die Dogmen der katholischen Kirche, zweifelte die Gnade Gottes und damit die Majestät des Kaisers an. Die zu verhängende Todesstrafe war das Verbrennen bei lebendigem Leib. Die Kirche bevorzugte diese Hinrichtungsart, weil, so die Argumentation, damit kein Blutvergießen verbunden war. Wer sich also Gedanken über die mehr als abenteuerliche, durch nichts in den Evangelien gedeckte, nicht anders als albern und polytheistisch zu nennende Trinitäts-Konstruktion machte und so unvorsichtig war,

diese Gedanken zu äußern, war des Scheiterhaufens gewiß.
1231 erhielt der Brutal-Christ Konrad vom Papst höchstselbst richterliche Befugnisse zur Ketzerverfolgung übertragen und begann, unterstützt von einem »gewisse(n) Konrad mit Beinamen Tors und ein(em) Johannes, dem ein Auge und eine Hand fehlten« (so die »Gesta Treverorum« von 1242), zu wüten. Konrad, der den Magister-Titel führte, war schon in den Jahren 1215/16 unangenehm aufgefallen, als er wild und fürchterlich Kreuzzüge predigte. Später tauchte er am landgräflichen Hof von Thüringen auf, wo er die (vielleicht auf seine Brandpredigten zurückzuführende) Abwesenheit des Landgrafen in seinem Sinn ausnützte. Der Landgraf, es war Ludwig IV., hatte sich dem obenerwähnten Kreuzzug angeschlossen, der ganze drei Tage gedauert hatte und auf dem Ludwig einer Seuche zum Opfer gefallen war. Konrad belämmerte die Landgräfin Elisabeth, eine ungarische Prinzessin, neunzehn Jahre alt und mit ihrem dritten Kind schwanger, ein geistliches Gehorsamsgelübde abzulegen, was immer darunter zu verstehen war. (Vermutlich gelobte sie künftige Keuschheit. Ihr Mann würde, wäre er heimgekehrt, entzückt gewesen sein.) Nachdem die Nachricht vom Tod des Landgrafen eingetroffen war, geriet Konrad in religiösen Taumel. Er nahm die Angelegenheiten der nun verwitweten, ihm offenbar völlig hörigen Landgräfin in die Hand, regelte ihre finanziellen Gegebenheiten (wobei, wie zu vermuten, er persönlich nicht gerade etwas zusetzte), erwirkte beim Papst die Approbation als Vormund (!) der Witwe und nahm ihr ein

weiteres Gelübde ab, nämlich sich von der Familie, vom landgräflichen Hof (wo nun ihr Schwager Hermann, genannt Raspe, regierte) und überhaupt von der Welt zu trennen. Das klingt alles sehr verdächtig, aber man muß zugunsten Konrads einräumen, daß er, zumindest ist nichts anderes überliefert, das alles nicht aus »sündigen« Gründen in bezug auf die Landgräfin tat, sondern aus reinem, übersteigertem religiösen Fanatismus. Der Bau des Hospizes in Marburg, den die Landgräfin auf Veranlassung Konrads von ihrer Witwenabfindung errichten ließ, war sicher eine gute Tat, und auch andere Mildtätigkeiten Elisabeths sind bestimmt nicht nur Legende.
Als Elisabeth 1231 starb, kam Konrads große Stunde. Er verfaßte sofort eine blumenreiche Vita und stilisierte die Landgräfin zur Heiligen. 1232 wieselte Konrad bei allen zuständigen Stellen herum (und das alles neben seiner aufreibenden Tätigkeit als Ketzerverfolger, ein tatkräftiger Mann muß er schon gewesen sein; schade um die Verschwendung solcher Tatkraft), um die Heiligsprechung Elisabeths zu erwirken. Er rannte einerseits und posaunte andererseits von Wundern über Wundern, die er wahrscheinlich alle selbst erfand, zerrte Zeugen herbei usf. Die Verehrung der sicher wirklich sympathischen, wohltätigen und vermutlich unglücklichen Frau, die über alle Maßen ihrer Zeit hinaus ein Herz für die kleinen Leute hatte, griff dank Konrads Rastlosigkeit rasch um sich und war um 1233 schon über das halbe Reich verbreitet. Die Heiligsprechung selbst, die zu Pfingsten 1235 stattfand, erlebte Konrad allerdings nicht mehr. Er hatte nämlich 1233 ein wenig

übers Ziel bei der Ketzerverfolgung hinausgeschossen. Den Tod Unschuldiger, meinte Konrad, müsse man in Kauf nehmen, wenn man alle »Schuldigen« bestrafen, d. h. verbrennen wolle. Und dafür sorgte Konrad. Er war im neu eingerichteten Inquisitionsprozeß Richter, Ankläger, Ermittler und – auf dem Papier – Verteidiger. Doch verteidigt wurde kaum, denn es galt der Grundsatz, daß derjenige, der auch nur Milderungsgründe für einen »Ketzer« vorbrachte, sofort der Ketzerei schuldig war. Anklage war also gleichbedeutend mit Verurteilung. Eine Berufung gegen Konrads Urteile gab es nicht. Anonyme Anzeigen, anonyme Zeugenschaft waren zugelassen, sogar erwünscht. Das Leugnen von Schuld seitens der Angeklagten wurde als Beweis für teuflische Einflüsterung und Gesinnung und daher als Eingeständnis der Schuld gewertet.
Wie viele Opfer die ruchlose Frömmigkeit dieses Magisters Konrad forderte, ist nicht überliefert. Dazu kam übrigens, daß Konrad nach Verbrennung des »Ketzers« dessen Haus und Hof niederbrennen ließ, der obengenannten Chronik zufolge oft ganze Dörfer. Konrad wurde nachgerühmt, so die Chronik weiter, keine Rücksicht auf Stand und Rang bei der Ketzerverfolgung gekannt zu haben. Das scheint nicht ganz zu stimmen, und er scheint seine Opfer schon eher in den unteren Schichten der Bevölkerung gesucht zu haben, denn als der Geiferer 1233 den Grafen Heinrich von Sayn der Ketzerei beschuldigte und angriff, war dieser Brocken für sein Maul zu groß. Der Graf wandte sich an den König (es war noch Heinrich [VII.]), der genauer nachforschen ließ, wobei sich herausstellte, daß die

von Konrad aufgeführten Zeugen unter Zwang ausgesagt hatten, nämlich unter Konrads Drohung, sonst selbst als »Ketzer« verbrannt zu werden. Der Graf wurde rehabilitiert, Konrad steckte zurück ... nicht weit, denn (die Verhandlung vor dem König hatte am Jacobitag, also am 25. Juli stattgefunden) auf dem Heimweg nach Marburg wurde der Magister am 30. Juli erschlagen, vielleicht von des Grafen von Sayn Leuten, jedenfalls, es ist nicht anders zu sagen, *zu Recht.*

Man sieht an einer Figur wie diesem Konrad, daß das Adjektiv »finster« für das Mittelalter nicht ganz unberechtigt ist.

Und mit dem Erschlagen dieses Blut- (oder besser: Feuer-)Hundes war die Ketzerverfolgung natürlich nicht zu Ende. Die Feuerhunde wuchsen nach. Die letzte »Hexe« (Hexen galten ja als Ketzerinnen und Häretikerinnen, da bekanntlich vom Teufel besessen) in Deutschland wurde 1782 verbrannt. Ein insgesamt also erfolgreicher Vorgang diese Hexenverfolgung und -verbrennung, denn es gibt ja bekanntlich keine mehr, oder?

*

Eine nicht zur deutschen Geschichte gehörende, aber notwendige Anmerkung.

Im Jahre »des Heils« 1999 hat der Papst um Entschuldigung gebeten, um Entschuldigung für die Greueltaten, die die Kirche begangen hat oder die in ihrem Namen begangen wurden, für die Greuel der Inquisition also, für die Ketzerverfolgung wie die des Hundes

Konrad, für den Antisemitismus und für alle anderen Scheußlichkeiten im Lauf dessen, was Karlheinz Deschner zu Recht die »Kriminalgeschichte des Christentums« nennt. So war diese Bitte um Entschuldigung aufzufasssen, nach dem, was man darüber so las. Wen aber bat der Papst um Entschuldigung? Die gemarterten »Ketzer«? Den lebendig verbrannten Giordano Bruno etwa? Nein. Der Papst, gehüllt in einen bestechend schönen Designer-Umhang, kniete sich hin und küßte einen kreuzförmigen Holzfetisch und bat *Gott* um Entschuldigung, bat Gott um Verzeihung der Sünden, die die (unfehlbare, alleinseligmachende) Kirche begangen hat. Holla ... die Kirche ist doch nach ihrer eigenen, unanzweifelbar gefestigten Lehre der lebendige Leib Christi? Und Christus ist Gott, zumindest zu einem Drittel? Also hat der Papst Gott gebeten, sich selbst Sünden zu vergeben ...

Seltsam. Nun kann Wojtila als extrem frommer Marienverehrer von Haus aus kein Intelligenzheroe sein, aber auch er müßte im ersten Semester auf dem Priesterseminar gelernt haben, daß man sich selbst keine Sünden vergeben kann. Oder glaubt der Papst nicht, daß die Kirche und der Leib Christi *eins* sind? Dann wäre, *horribile dictu*, der Papst ein Häretiker. (So wie etwa sein Vor-Vor-Vorgänger im 3. Jahrhundert, der Papst Marcellinus, der sogar wegen Häresie abgesetzt, später dennoch heiliggesprochen wurde.)

Nein, der Papst ist kein Häretiker, geht ja gar nicht, weil unfehlbar. Doch das, was er mit seiner »Entschuldigung« gemacht hat, war eine billige Schmierenkomödie, an Lächerlichkeit nicht zu überbieten.

Wäre es dem Papst ernst, wirklich ernst mit dem Bedürfnis nach Entschuldigung, müßte er den Petersdom zusperren, die Cardinäle entlassen, das letzte Mal auf den Balkon treten und *ex cathedra* verkünden: »Schluß, aus, die katholische Kirche ist hiermit aufgelöst. Danke und noch einen schönen Tag.« Und dann bräuchte nur noch der fundamentalistische Islam verschwinden . . .

Zehntes Kapitel

Im zehnten Kapitel verschanzt sich der freche Herzog Friedrich in der Wiener Neustadt – der apokalyptische Mongolensturm erschüttert die Gemüter in Europa – Kaiser Friedrich II. läßt hundert Prälaten gefangennehmen, was den Papst ärgert – so plant Papst Innozenz IV. einen Mordanschlag gegen den »Antichristen« – Wunderzahnstocher bewirken Erstaunliches, vielleicht sogar Papsttreue – Kaiser Friedrich wird mit den Flüchen des Tiarapfaffen und den Tränen der Gerechten zu Grabe getragen.

Die deutsche Geschichte zur Stauferzeit ist längst nicht mehr einheitlich-geradlinig zu verstehen, sondern mit den Historien der einzelnen Fürstentümer und Länder, die schon begannen, ihre eigenen Wege zu gehen, verflochten. Aus der ehemals zwar nie unbedeutenden, aber nachgeordneten bairischen Ostmark war, wie oben dargestellt, das Herzogtum Österreich geworden, das bald mit dem Herzogtum Steiermark zu einem beachtlichen Machtblock im Südosten des Reiches angewachsen und durch geschickte Politik und wirtschaftliche Maßnahmen der babenbergischen Herzöge reich und in sich gefestigt geworden war. War Herzog Leopold VI., der 1230 sozusagen unter den Augen des Kaisers starb, noch strikt staufertreu gewesen, so wandelte sich das unter seinem Sohn und Nachfolger, Herzog Friedrich II., genannt Bellicosus = der Streitbare.

In der zumindest seit dem 19. Jahrhundert meist stauferfreundlichen Literatur hat dieser Friedrich, auch ein »II.« wie der Kaiser, keinen guten Ruf. Bei näherem Hinsehen erscheint das zumindest nicht ganz gerechtfertigt. Es heißt, Friedrich habe den Adel des Landes unterdrückt, die Klöster ausgeraubt und die eigene Mutter um ihr Witwengut gebracht und sogar körperlich mißhandelt. Das führte zu Klagen von Klerus und Adel vor dem Kaiser. Ich frage mich jedoch, ob man die Dinge nicht auch anders lesen kann: daß Friedrich die übermütigen Barone und Raubritter beim Ohr genommen, den fetten Mönchen ihre angemaßten Privilegien und ihre zusammengerafften Reichtümer konfisziert hat? Und was den Vorwurf betreffend der Bosheit seiner Mutter gegenüber betrifft, so ist gerade dieser Vorwurf ein gern gebrauchter Topos des Rufmordes. Es sei dem aber immer, wie ihm wolle. Herzog Friedrich versäumte (sicher absichtlich), der Vorladung zum Hoftag nach Mainz zu folgen und – trotz Zusicherung freien Geleits – der zum darauffolgenden Hoftag nach Augsburg. Formalrechtlich genügte das, um den Herzog zu verurteilen. Er wurde seiner Länder für verlustig erklärt und geächtet (1234). Herzog Friedrich kümmerte sich nicht darum, worauf ein Reichsheer in Österreich einfiel, das vom Herzog geschlagen wurde. Zwei Bischöfe waren die Heerführer des kaiserlichen Aufgebots gewesen: Konrad von Tölz-Hohenburg von Freising und Rudgar von Radeck von Passau. Die nahm der Herzog gefangen.

Das war ein scharfer Affront gegen das Reich. Nun griff, bevor er nach Italien zurückkehrte, der Kaiser persönlich ein. Er überschritt im Winter 1236/37 die

verschneiten Pässe und drang in die Steiermark vor, gleichzeitig rückte ein Heer unter der (wohl eher nur nominellen) Führung von Friedrichs von seiner zweiten Frau Yolante ihm geborenen Sohn Konrad, der erst neun Jahre alt war, der Donau entlang in Österreich ein. Herzog Friedrich scheint den Zorn und den Neid seiner deutschen Fürstenkollegen so stark erregt zu haben, daß sie in seltener Einmütigkeit sich an seiner Verfolgung beteiligten. Der geballten Angriffskraft konnte der Herzog nicht widerstehen, das Land wurde besetzt, die Lehen Österreich und Steiermark für ans Reich zurückgefallen betrachtet, Gouverneure eingesetzt.
Nur in der Wiener Neustadt, die stark befestigt war, hielt sich Herzog Friedrich und begann, kaum daß der Kaiser mit dem Reichsheer abgezogen war, Burg für Burg und Stadt für Stadt zurückzuerobern. Der Kaiser scheint weitreichendere Pläne mit den Herzogtümern gehabt zu haben. In seinem Testament verfügte der Kaiser später, daß sein Enkel Friedrich, der Sohn jenes unglücklichen Heinrich (VII.), Österreich bekommen solle. Als es soweit war, herrschte dort jedoch längst der König von Böhmen.

*

Böhmen war ein Sonderfall im Reich. Die Urgeschichte Böhmens und der Tschechen ist unklar und schlecht dokumentiert. Sicher ist, daß sich dort im 10. Jahrhundert ein Herzogtum entwickelte, das sich, obwohl weder seine Bevölkerung noch sein Herzogshaus, die Přzemysliden, deutsch waren, an das Deutsche Reich anschloß. Ob die böhmischen Herzöge als Reichsfürsten im engeren Sinn zu gelten hatten, ist umstritten. Sicher ist, daß sie Wahlrecht bei der Königswahl hatten, ja als Fürsten galten, deren Stimmabgabe unabdingbar für die Gültigkeit der Wahl war. Anderseits finden sich keine Belege für Königsumritte des Deutschen Königs in Böhmen. (Königsumritte waren jene Ritte, die der neugewählte König unternahm, um symbolisch vom Reich Besitz zu ergreifen.) Dagegen ist die Investitur des Herzogs von Böhmen durch den König oder Kaiser historisch verbürgt. Eine Sonderstellung nahm der böhmische Fürst auch deswegen ein, weil er als einziger im Reich den Königstitel führte, seit 1085 *ad personam*, seit 1198 dauernd und erblich. Sicher war der König von Böhmen damit nicht dem übergeordneten Deutschen König gleichgestellt, es war eine Art »königlicher Herzog«, ein König zweiter Klasse – aber immerhin. Der zweite der böhmischen Erbkönige, Wenzel I., war dem staufischen Haus deswegen nahe verbunden, weil er eine Cousine des Kaisers geheiratet hatte, Kunigunde, die zweitälteste Tochter König Philipps. Beider Sohn war König Ottokar II. Přzemysl, von dessen »Glück und Ende« Franz Grillparzer sang und von dem noch die Rede sein wird.

*

1241 erschütterte ein apokalyptisches Ereignis ganz Europa, auch die Gemüter im Deutschen Reich, obgleich es nur am Rande, dort allerdings heftig berührt wurde.

Aus den rätselhaften Tiefen Asiens kommend, unerwartet und kometenhaft blitzte von 1200 an die so barbarische wie wohlorganisierte Armee eines bis dahin völlig unbekannten Turkvœkes, der Mongolen (oder auch Tataren genannt), am historischen Horizont auf, überrannte, anscheinend unbesiegbar, alle Nachbarvölker, warf unter ihrem heute noch legendären Dschingis-Khan (Cinggis-Chan) sogar das hochzivilisierte China nieder, drang immer weiter nach Westen vor und schlug 1223 das Aufgebot der russischen Fürsten. 1227 starb Dschingis-Khan, aber dessen nicht viel weniger schreckliche Enkel Batu-Khan und sein genialer Feldherr Sübetai setzten die Heerzüge fort, unterwarfen fast ganz Rußland und standen 1241 in Polen und Ungarn. Erschreckende Nachrichten von den Siegen und den Greueln der Mongolen erreichten den Westen Europas schon zehn Jahre zuvor, doch das Gewitter schien zu weit weg und vor allem andere zu betreffen, außerdem war man mit den Querelen zwischen Kaiser und Papst beschäftigt. So traf der Mongolensturm Europa völlig unvorbereitet. Nur Herzog Heinrich II. »der Fromme« von Schlesien, der den beißenden Hunden am nächsten war, kratzte rasch ein Heer zusammen, das aus schlesischen Rittern, den Resten des vorher schon von den Mongolen geschlagenen polnischen Heeres und einem Aufgebot an Templer- und Deutschordensrittern bestand und wie ein welkes Blatt vom Sturm von den Mongolen hinweggefegt wurde. Der Herzog fiel in der Schlacht. Die Mongolen drangen aber nicht weiter nach Westen vor, woran sie niemand hindern hätte können, sondern schwenkten nach Süden ab, zertraten mühelos das Heer des ungarischen Königs Bela und erstarrten, als sie am 11. Dezember 1241 vom Tod des Großkhans Ögödei erfuhren – und verschwanden, wie sie gekommen waren. Europa atmete auf, hielt aber noch einige Zeit den Atem an ... Papst Gregor IX. ergriff daher eine großartige Initiative: er schickte eine Gesandtschaft an den neuen Großkhan mit der Aufforderung, die Mongolen sollten katholisch werden und sich dem Papst unterwerfen. Der Großkhan schickte, *grosso modo* gesprochen, eine Antwort, die ungefähr der des Ritters Götz von Berlichingen an den kaiserlichen Hauptmann entsprach.

Dazu ein Wort zu Schlesien. Zwar ist der Name des Landes ursprünglich deutsch, kommt vom germanischen Stamm der Silingen, die jedoch nicht lang dort gesiedelt und das Land in der Völkerwanderungszeit bald wieder verlassen hatten. Slawische Stämme wanderten nach, die – von Böhmen aus – »christianisiert« wurden, was, wie üblich, nicht ohne Schläge abging, und die endlich unter polnische Herrschaft gerieten. Entscheidend für die Entwicklung Schlesiens war, daß nach dem Tod Boleslaws III. 1138 Polen geteilt wurde. So entstand das Teilfürstentum Schlesien unter einer Nebenlinie des Königshauses der »Piasten«, und die folgenden Herzöge wandten sich immer mehr dem Westen und westlichen Einflüssen zu. Wie weit das ging, erhellt sich aus einem nebensächlichen, bezeichnenden Umstand: hießen die ersten beiden polnisch-schlesischen Herzöge noch Wladislaw bzw. Boleslaw, hieß der dritte schon Heinrich, heiratete eine Grafentochter von Andechs, Hedwig, die später als heilige Hedwig als Landespatronin von Schlesien verehrt wurde. Der zum Teil geplante und geförderte Zuzug deutscher Siedler und die Übernahme deutscher Rechtsstrukturen förderten diese nach Westen gerichtete Tendenz weiter. So driftete Schlesien (das sich bald in mehrere Teilherzogtümer aufspaltete) kulturell ständig weiter nach Westen, so wie anderseits die westlichen deutschen Länder wie Burgund, Lothringen, Brabant nach Frankreich hin drifteten, obwohl sie dem Namen nach und *de jure* weiterhin zum Deutschen Reich gehörten, wie Schlesien auf der anderen Seite nie förmlich Reichsfürstentum wurde.

*

Die Jahre nach 1237 waren die der zugespitzten Auseinandersetzung Kaiser Friedrichs II. mit dem Papst, erst mit Gregor IX., nach dessen Tod 1241 mit Innozenz IV. (Es soll hier die Gelegenheit wahrgenommen werden, von einem Papst des Mittelalters auch einmal etwas Gutes vermelden zu können. Innozenz IV., ein Fiesco aus Genua, war der seltene Fall eines katholischen Prälaten, der die Juden zumindest einigermaßen als Menschen behandelte und betrachtete, was aus seiner Juden-Schutzbulle von 1247 hervorgeht, die im Übrigen wenig wirksam blieb. »Dieser Papst ist eine historische Ausnahme: beinah ein Judenfreund«, schrieb R. Krämer-Badoni.) Die sehr verwirrenden und zum Teil schwer durchschaubaren Vorgänge in Italien sollen hier nicht aufgefächert werden, denn sie gehören in die italienische und in die Kirchen-Geschichte. Nur soviel

sei gesagt, daß Friedrich nach einem den Papst äußerst beunruhigenden Sieg über die Lombarden (27./28. November 1237 bei Cortennuova) ein geplantes Konzil dadurch sprengte, daß er über hundert Prälaten gefangensetzen ließ, was ihm den Kirchenbann eintrug, daß der Papst nach Lyon fliehen mußte, nach Verhandlungen dem Kaiser die Absolution vom Bann erteilte, aber nur, um sie sogleich zu widerrufen.
Dem anderen Friedrich II., dem von Österreich, war es inzwischen gelungen, 1241 die Stadt Wien durch Belagerung und Aushungerung zurückzuerobern, ohne daß der Kaiser oder die Reichsfürsten etwas dagegen unternommen hätten. Im gleichen Jahr floh König Bela IV. von Ungarn nach der obenerwähnten Niederlage gegen die Tataren nach Wien, und Friedrich nahm diese Gelegenheit wahr, um von ihm einige beträchtliche territoriale Abrundungen seines Herzogtums gegen Ungarn hin zu erpressen. Nicht genug damit, wählten die Stände (d. h. die lokalen Größen und Geistlichen) der Markgrafschaft Krain nach dem Aussterben der bisherigen Herren Herzog Friedrich zum neuen Landesherrn. So stand der »Bellicosus« gefestigter da als zuvor. Er dürfte dann wohl auch förmlich von der Reichsacht gelöst worden sein, denn der Kaiser bestätigte nicht nur den Erwerb des Krain, sondern erhob dieses Land sogar zum Herzogtum. Außerdem entstand der Plan, die babenbergischen Länder zusammenzufassen und zu einem einheitlichen Königreich zu erheben (nach dem rechtlichen Muster des Königreichs Böhmen), und auf den Reichstag zu Verona 1245 wurde bereits ein Urkundenkonzept erarbeitet, nur noch nicht unterschrie-

ben. Dazu kam es nicht mehr, denn 1246 brach Krieg aus zwischen Österreich und Ungarn, denn der heimgekehrte König Bela wollte die erwähnten Abrundungen wiederhaben. Am 15. Juni 1246, in der Schlacht an der Leitha, fiel der streitbare Herzog, der letzte Babenberger, bevor er noch hatte König werden können. Der Plan wurde nicht weiter verfolgt.

*

Das gleiche Jahr brachte einen energischen Schritt Papst Innozenz' IV. gegen den Kaiser, zumindest den Versuch dazu. Schon 1245 hatte der Papst die Absetzung des Kaisers verkündet. Das blieb vorerst ohne Folgen. Der Kaiser antwortete mit scharfer Polemik und Propaganda gegen den verrotteten, korrupten und verluderten Zustand des päpstlichen Hofes und der ganzen Kirche. Da das die Wahrheit war, traf es. Der Papst, der immer noch im Exil in Lyon saß, jaulte auf und verfügte – ein horrender Vorgang – den Kreuzzug gegen den Kaiser. Das war so absurd, daß es schon lächerlich wirkte und ohne Echo blieb. Da griff der Papst zu wirksameren, bewährten Mitteln. Er versuchte, einen Aufstand in Sizilien anzuzetteln, und befahl einen Mordanschlag gegen die Person des Kaisers. Beides mißlang. Friedrich erstickte mit Härte und Grausamkeit den Aufstand im Keim. Der Mordanschlag sollte Anfang 1246 gelegentlich eines Aufenthalts des Kaisers in Grosseto erfolgen. Er schien gelungen, der Papst jubelte bereits, da tauchte der Kaiser wieder auf, nahm die Mordgesellen (einige vom Papst bestochene sizilianische Barone und den Cardinal Rainer) beim Kopf, ließ sie blenden und dann aufs Rad flechten. Im Juli 1246 wurden die letzten Reste der Insurrektion in Sizilien zertreten, des Kaisers illegitimer Sohn, der (Titular-) Fürst Friedrich von Antiochia eroberte Florenz und zerstörte mit den »welfischen« Burgen in der Toscana die letzten Stützpunkte der päpstlichen Agitationen in Italien.

Da der Papst – immer noch in Lyon – einsehen mußte, daß in Italien nichts gegen den »Antichristen« Friedrich auszurichten war, begann er in Deutschland zu wühlen. Als abgesetzt galt der Kaiser ja schon. Also veranlaßte der Papst die Erzbischöfe und Bischöfe von Mainz, Trier, Köln, Bremen, Metz, Speyer und Straßburg einen neuen Deutschen König zu wählen. Die Pfaffen kamen zu Christi Himmelfahrt 1246 in Veitshöchheim bei Würzburg zusammen und wählten den Landgrafen Heinrich Raspe von Thüringen. Bezeichnenderweise war kein einziger weltlicher Reichsfürst bei der Wahl anwesend, was nach der ehemals lautstark verkündeten Meinung des Erzbischofs von Köln die Wahl von vornherein ungültig machte. Aber jetzt sah man das offenbar anders.

Heinrich Raspe war der jüngere Bruder jenes Landgrafen Ludwigs IV., des Heiligen, der Schwager also der inzwischen als heilig verehrten Landgräfin Elisabeth. Unter den Wundern, die sich inzwischen ereignet hatten, ragten die Zahnwunder hervor, d.h., Zahnschmerzen wurden gelindert, wenn man mit einem Schiefer aus dem hinterlassenen »Spanbette« der Landgräfin am Zahn stocherte. Es stellte sich dann allerdings heraus, daß ein Gastwirt aus Eisenach die Reliquien-Wunder-Zahnstocher von seinem eigenen Bett abspähnte. Halfen aber dennoch.

Heinrich Raspe lehnte zunächst aufgrund der Fragwürdigkeit und weil er seine eigene militärische und finanzielle Lage nüchtern einschätzte und auch sah, daß nur wenige Reichsfürsten ihn unterstützen mochten, die Wahl ab. Der Papst kaufte ihn jedoch durch eine große Bestechungssumme (wie hoch die war, ist nicht überliefert), und so gab Raspe nach und nahm die Wahl an.

Raspe war früher ein Anhänger Kaiser Friedrichs II. gewesen, so vertraut, daß er sogar gleichzeitig mit dem Kaiser 1239 mit dem Kirchenbann beworfen wurde. 1241 hatte der Kaiser den Raspe sogar mit dem »Reichsprotektorat« betraut, d. h. mit der Regierung des Reiches für die Zeit der Abwesenheit des Kaisers in Italien und für den noch unmündigen, erst dreizehn Jahre alten Kaisersohn, König Konrad. 1243 wandte er sich (hatten ihn die heiligen Zahnstocher bekehrt?) der päpstlichen Partei zu, war aber so honorig, daß er zu dem Zeitpunkt das »Reichsprotektorat« niederlegte.

Woher der seltsame Beiname »Raspe« (nicht »der Raspe« NB!) kommt, konnte ich nicht klären. Nach Grimmschem Wörterbuch bedeutet Raspe einesteils ein Gerät zum Schaben, Kratzen, eben »Raspeln«, ein Reibeisen also (würde vielleicht zu einem harschen Charakter, der Heinrich Raspe vielleicht war, passen, einiges deutet darauf hin), andernteils bezeichnete man mit »Raspe« auch die Schwimmschnecke (Verita Radula) oder eine Art Räude bei den Pferden. Wer weiß …

Ende Juli 1246 wollte König Raspe einen Reichstag in Frankfurt abhalten und zog mit einem Heer dorthin. Konrad, der inzwischen volljährig gewordene Kaisersohn und König, hatte aber auch ein Heer aufgestellt und fing den Gegenkönig ab. Es kam am 5. August zur Schlacht, und der Gegenkönig empfing Schläge, bis zwei vom Papst mit insgesamt sechstausend Mark Silber bestochene schwäbische Grafen mit ihren Aufgeboten aus den staufischen Stammlanden zur Gegenseite überliefen und die Schlacht für Raspe entschieden. König Konrad konnte mit knapper Not entkommen.
Nun wandten sich doch einige Reichsfürsten, so der Markgraf von Baden, dem »Pfaffenkönig«, wie Raspe auch genannt wurde, zu, namentlich die Städte blieben jedoch auf staufischer Seite und auch Herzog Otto II. von Baiern, Konrads Schwiegervater. Der junge König, achtzehn Jahre alt, hatte im November 1246 Herzog Ottos ältere Tochter (neunzehn Jahre alt) geheiratet. Anfang des Jahres suchte und fand Konrad eine neue Auseinandersetzung mit Pfaffenkönig Raspe, fand sie vor Ulm, und diesmal wurde der Gegenkönig geschlagen und in der Schlacht so schwer verwundet, daß er wenig später, am 17. Februar 1247, auf seiner Wartburg starb. Der Papst bedauerte und bejammerte nicht den Tod des von ihm protegierten Königs, wohl aber, daß damit so viel Bestechungsgeld in den Sand gesetzt worden war.

*

Nach dem Tod Heinrich Raspes fand sich zunächst kein Kandidat, der bereit gewesen wäre, sich der fragwürdigen Aufgabe zu stellen, der Nachfolger Raspes und neuer Gegen- und Pfaffenkönig zu werden. Es scheint auch, daß der Anreiz päpstlicher Bestechung ausblieb, weil doch in Lyon, wo der Papst immer noch grollend residierte, die dafür notwendigen Mittel schon für Raspes Bestechung versickert waren. Erst Ende des Jahres wählte man einen neunzehnjährigen Grafen, Wilhelm von Holland, zum neuen König.
Das ehemalige Herzogtum Lothringen, eins der fünf ursprünglichen Stammesherzogtümer (wozu Lothringen zählte, obwohl es keinen Stamm der Lothringer gegeben hat, das Herzogtum war eher ein politisches Kunstgebilde), war, wie die anderen Herzogtümer auch, nach und nach zerfallen. Schon früh hatte es sich in Ober- und Niederlothringen aufgespalten, letzteres wurde Brabant genannt, umfaßte fast die ganzen heutigen Niederlande und Belgien, spaltete sich seinerseits in mehr oder weniger untergeordnete, auch politisch unbedeutende Grafschaften und Herrschaften auf: Flandern, Hennegau, Wassenberg, Geldern, Limburg usw., die zum Teil inzwischen auch *de jure* zu Frankreich gehörten oder *de facto* nach Frankreich hin tendierten, der Anziehungskraft der benachbarten höheren Kultur- und Zivilisationsstufe folgend. Zu den genannten Grafschaften gehörte auch Holland, der nordwestlichste Teil des Reiches, hauptsächlich aus Wasser und Kühen bestehend. Vom späteren Reichtum Hollands dürfte noch wenig zu spüren gewesen sein. Und dort stand dem Herzog von Brabant, Heinrich II., sein gräf-

lich-holländischer Neffe im Wege herum, und so schlug er den Erzbischöfen von Köln, Mainz und Trier vor, den Jüngling zum Deutschen König zu wählen. Wie wenig diese Würde zählte, zeigt, daß der mächtigere, gewichtigere und ältere, ranghöhere Herzog Heinrich selbst offenbar nicht daran interessiert war.

So geschah es dann auch, und am 3. Oktober 1247 wurde in Wonnigen bei Köln von den obengenannten Erzbischöfen, dem Bischof von Bremen und vom einzigen weltlichen Fürsten, der neben den Purpurpfaffen bei der Wahl dabei war, eben dem Herzog von Brabant, der junge Graf zum Deutschen König gewählt. Auch er konnte, wie seinerzeit Otto IV., nur mit der Imitation der Reichsinsignien gekrönt und inthronisiert werden. Die Wahl hatte auch kaum Bedeutung und Auswirkungen, so wenig, daß sich König Konrad, der Stauferkönig, gar nicht darum kümmerte. Im Nordwesten gelang es König Wilhelm, einigen Einfluß zu gewinnen. Der ganze Süden blieb im Einflußbereich der Staufer.

Das änderte sich, als 1250 überraschend Kaiser Friedrich II. starb (am 13. Dezember). Der immer noch vom Papst mit dem Kirchenbann befluchte Kaiser hatte dazu angesetzt, mit einer großen Kraftanstrengung und mit mächtigem Heer, zu dem, *horribile dictu* im Auge der Kirche, ein starkes sarazenisches Aufgebot aus Africa zählte, den Papst endgültig aus dem Sattel zu heben. Auf dem Marsch nach Norden befiel den Kaiser in Castel Fiorentino bei Lucca eine ruhrartige Krankheit, die rasch zum Tode führte. Friedrich wußte, wie es um ihn stand. Er machte sein Testament, in dem – so die wesentlichen Punkte – König Konrad zum Haupterben bestimmt wurde, zum Deutschen König gewählt war Konrad ja schon. Statthalter König Konrads in Italien sollte Friedrichs unehelicher Sohn Manfred sein, der Prinz Friedrich, des unglücklichen Heinrichs (VII.) überlebender Sohn, sollte Herzog von Österreich werden.

Konrad IV., der nie zum Kaiser gekrönt wurde, war zum Zeitpunkt des Todes seines Vaters knapp dreiundzwanzig Jahre alt. Seine obenerwähnte Ehe mit Elisabeth von Baiern war bisher kinderlos geblieben. Nach dem Tod seines Vaters brachen in Sizilien sofort antistaufische Unruhen aus, in Deutschland gewann nun sein ebenfalls noch jugendlicher Konkurrent Wilhelm an Boden. Das bislang einigermaßen einheitlich gebliebene staufische Stammesherzogtum Schwaben begann zu zerfallen. Die Grafen von Württemberg, die schon in der Schlacht bei Frankfurt, wie erwähnt, eine unrühmliche Rolle gespielt hatten, regten sich mächtig. Um das an sich nach dem Tod des streitbaren Friedrichs von Österreich ans Reich zurückgefallene Erbe der Babenberger stritten sich die Könige von Böhmen und Ungarn, um die diesbezüglich testamentarische Verfügung des Kaisers kümmerte sich niemand.

König Konrad, der, wie inzwischen in der Stauferfamilie traditionell, wenig Interesse für die deutschen Angelegenheiten zeigte, richtete sein Augenmerk hauptsächlich auf Italien, was nicht ganz unverständlich ist: es war seine Heimat. Er übertrug die Statthalterschaft im Reich seinem Schwiegervater, Herzog Otto II. von Baiern, und brach nach Italien auf (Oktober 1251), um nie mehr zurückzukehren. Es gelang ihm dort zwar, die sizilianischen Aufmüpf-Barone am Ohr zu ziehen, nicht aber, was er wohlmeinend versuchte, sich mit dem Papst zu versöhnen. Innozenz IV. übertrug den Haß vom Vater auf den Sohn und exkommunizierte ihn 1254, einen Monat bevor König Konrad IV. starb (25. Mai 1254). Er hatte begonnen, ein Heer zu sammeln, vielleicht, um nach Deutschland zu ziehen – was der einzige Fall eines sozusagen umgekehrten Italienzuges eines Deutschen Königs gewesen wäre. König Konrad hinterließ einen, inzwischen endlich zur Welt gekommenen Sohn, den zweijährigen Konrad, der in der Geschichte als »Konradin« weiterlebt und als letzter Staufer in Neapel unterm Henkersbeil fallen sollte. Davon später.

Im Grunde genommen aber war, als Kaiser Friedrich II., dieser wirklich große, seine Zeit und seine Zeitgenossen weit überragende Herrscher, wenngleich von schillerndem, aber vielleicht gerade deswegen faszinierendem Charakter, in seinem prächtigen Kaiserdom von Palermo, begleitet von den Tränen der Gerechten wie von den Flüchen des Tiarapfaffen, zu Grabe getragen wurde, die Stauferzeit zu Ende, jedenfalls in Deutschland.

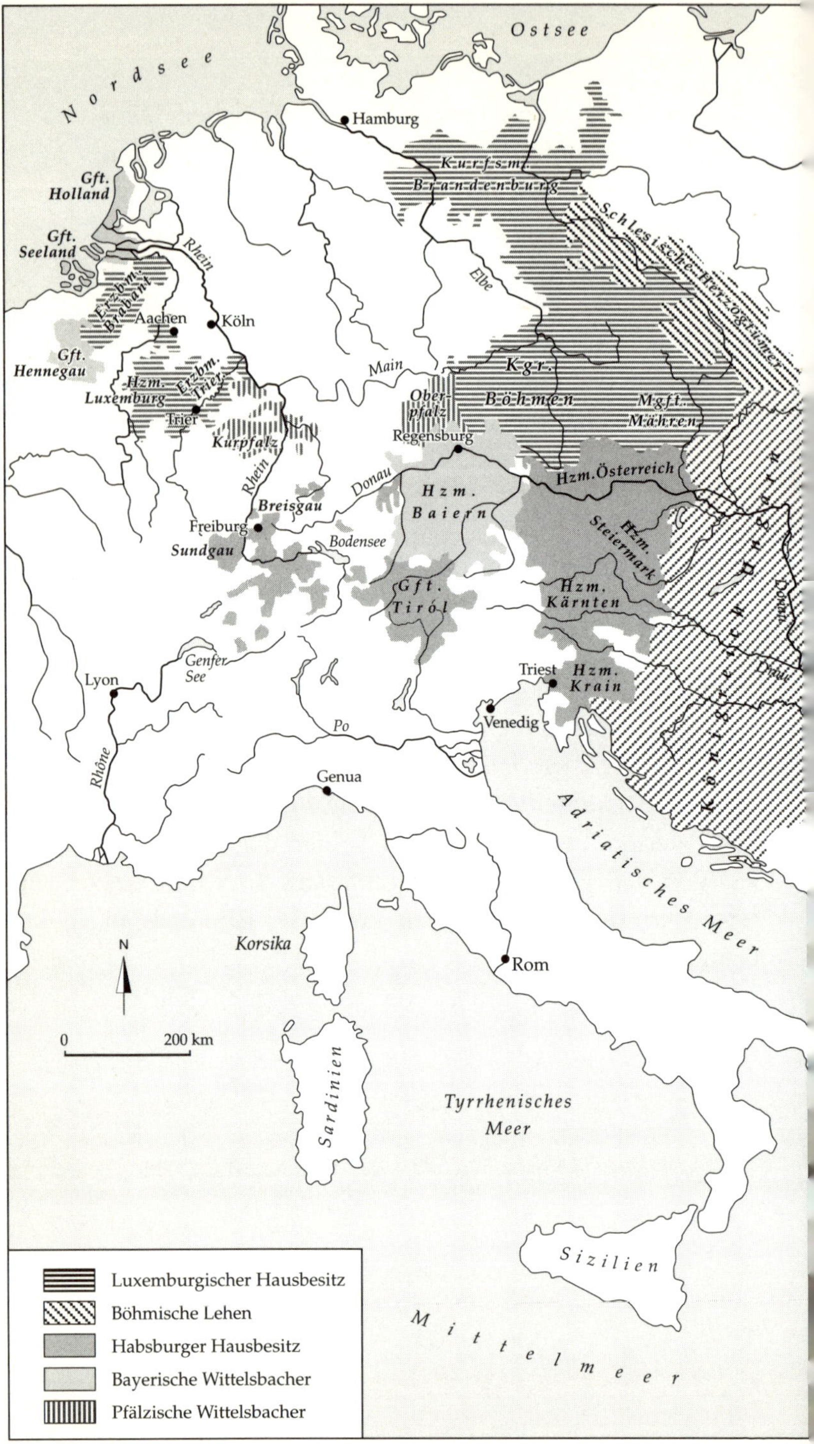

Nordsee
Ostsee
Hamburg
Kurfsm. Brandenburg
Gft. Holland
Gft. Seeland
Rhein
Schlesische Herzogtümer
Erzbm. Brabant
Elbe
Aachen
Köln
Gft. Hennegau
Hzm. Luxemburg
Erzbm. Trier
Main
Kgr. Böhmen
Mgft. Mähren
Ober-pfalz
Trier
Kurpfalz
Regensburg
Hzm. Österreich
Rhein
Donau
Hzm. Baiern
Breisgau
Freiburg
Sundgau
Bodensee
Hzm. Steiermark
Gft. Tirol
Hzm. Kärnten
Kgr. Ungarn
Donau
Genfer See
Lyon
Triest
Hzm. Krain
Drau
Venedig
Po
Rhône
Genua
Adriatisches Meer
Korsika
Rom
N
0
200 km
Sardinien
Tyrrhenisches Meer
Sizilien
Mittelmeer
Luxemburgischer Hausbesitz
Böhmische Lehen
Habsburger Hausbesitz
Bayerische Wittelsbacher
Pfälzische Wittelsbacher

II. Teil

Hausmachtpolitik im 13. und 14. Jahrhundert

Erstes Kapitel

Im ersten Kapitel werden durch Bestechung wieder zwei Könige gewählt – Alfons X., der Weise, macht seinem Namen alle Ehre – Conradino versucht, sich zu holen, was ihm gehört – die Kurfürsten werden als Bedienstete entlarvt – die Borniertheit, Eigensucht und Rauflust der Bischöfe und Äbte machen den Zusammenschluß der Städte notwendig.

Bei seinem, wie sich herausstellen sollte, endgültigen Abschied von Deutschland (Oktober 1251) hatte König Konrad IV. seinen Schwiegervater, Herzog Otto II. von Baiern, zum Statthalter ernannt. Herzog Otto starb jedoch schon 1253, nachdem er das Erbe zwischen seinen beiden Söhnen Ludwig II. (der Oberbaiern bekam) und Heinrich (in Niederbaiern) geteilt hatte. Ludwig übernahm auch die Reichsstatthalterschaft und, nach König Konrads Tod, die Vormundschaft für den kleinen Conradino, wie ihn die Italiener mehr verächtlich als zärtlich nannten. Dem Namen nach war dieser Konrad »Conradino« Herzog von Schwaben; Vormund Ludwig konnte dem Kind dort jedoch nicht einmal die tatsächliche Herrschaft verschaffen, die Grafen von Württemberg, die Markgrafen von Baden und andere Herren, darunter ein gewisser Graf von Habsburg, waren zu mächtig geworden.
Freilich wurde in stauferfreundlichen Kreisen davon geredet, man solle das Kind Konradin, den letzten legitimen Hohenstaufenproß, zum Deutschen König wählen, ernsthaft dachte daran jedoch keiner der Fürsten.

(Die folgenden Zeitläufe im sizilianischen Staufer-Erbe, das noch für einige Zeit der illegitime König Manfred in Händen hielt, gehören nicht zur deutschen Geschichte. Soviel ist aber – im Nachhinein – klar, daß jenes schöne, romantische Reich für die Staufer und ihre Nachfolger endgültig verloren war.) Inzwischen hatten sich auch König Bela IV. von Ungarn und der Reichsfürst König Ottokar II. Přzemysl von Böhmen geeinigt und das Babenberger-Erbe geteilt. Ottokar, der sich schon eher wie ein Über- statt wie ein Unter-König aufspielte, herrschte unangefochten in Österreich, der Ungarnkönig in der Steiermark.
Noch zu Lebzeiten König Konrads IV. hatten sich mehrere Städte des Rheinlandes, unzufrieden mit dem Chaos, das im Reich herrschte, und der damit verbundenen Unsicherheit, zu einem Bund zusammengeschlossen, dem »Rheinischen Bund«. Zunächst gehörten die Städte (nicht die Bischöfe!) Mainz, Worms, Bingen und Oppenheim zum Bund, später stießen Köln, Straßburg, Speyer und viele andere Städte hinzu, zuletzt sogar Bremen, Basel und Regensburg. Der Bund war gut gegliedert, hatte eine Verfassung, ein Organ in der »Bundesversammlung«. Die reich und mächtig gewordenen Städte nahmen also, ohne Rücksicht auf die meist mit Kleinkriegen untereinander beschäftigten Fürsten und Bischöfe, ihre Angelegenheiten selbst in die Hand. König Wilhelm, inzwischen offenbar erwachsen und schlauer geworden, akzeptierte diesen Staat im Staate nicht nur, sondern förderte ihn und stellte sich nicht als Herr, wohlgemerkt, sondern als oberster Schiedsrichter an die Spitze des Bundes (1255). Das

kostete den »Pfaffenkönig« zwar die Unterstützung der Bischöfe, der päpstlichen Partei und des Papstes, brachte ihm jedoch einen erheblichen Machtzuwachs auch im Süden des Reiches zu. »Diese Allianz, eine Verbindung von Königtum und kommunaler Bewegung, hätte möglicherweise dauerhaft ein Gegengewicht gegen die althergebrachten feudalen Gewalten entwickeln und die Reichsverfassung auf ein neues, breites Fundament stellen können« (Dieter Hägermann). Diese fast demokratisch zu nennende Entwicklung wurde sehr rasch durch den Tod König Wilhelms beendet, der am 28. Januar 1256 in der Schlacht von Alkmaar in einem Kleinkrieg gegen die immer noch zäh halb-heidnischen Friesen fiel.

Der »Rheinische Bund« maßte sich nun sogar – rechtspolitisch gesehen zu Recht – die Befugnis an, einen neuen König zu wählen, beschloß, daß nur ein König gewählt werden dürfe, den alle billigten. Eine solche Einigkeit wurde allerdings nicht erzielt, und der Bund fiel auseinander. Die alten Eigensüchteleien und das alte Chaos kehrten zurück.

Das Jahr 1257 brachte eine Doppelwahl. (Davon, daß Konradin oder der ebenfalls noch im kindlichen Alter stehende Sohn König Wilhelms Graf Floris zum König gewählt würden, war keine Rede. Der inzwischen mächtigste Reichsfürst Ottokar von Böhmen zeigte kein Interesse an der Krone.) Der Erzbischof von Köln, Konrad von Hochstaden, ein durchaus völlig verweltlichter, in ständigen Kleinkriegen verwickelter Prälat, seit jeher antistaufisch gesinnt, schlug den jüngeren Bruder des Königs von England, den Grafen Richard von Cornwall, zur Wahl vor. Richard war ein Vetter Herzog Ottos von Braunschweig und auch durch seine Tante Mathilde, die Frau Heinrichs des Löwen, mit den Welfen verwandt, mit denen das englische Königshaus schon das ganze vergangene Jahrhundert verbunden gewesen war. Richard hatte den Kölner Erzbischof bestochen und ihm außerdem Geld zugesandt, damit der die Wahlfürsten seinerseits bestechen konnte. So wurde der Graf, der nicht Reichsfürst war, was offenbar niemanden kümmerte, vom antistaufisch-päpstlich gesinnten Teil der Fürsten und Bischöfe am 13. Januar 1275 zum Deutschen König gewählt und am Himmelfahrtstag desselben Jahres gekrönt.

Richard war knapp fünfzig Jahre alt, immens reich und hatte ein bewegtes Leben hinter sich. Er galt als ebenso gewandter Diplomat (meist im Dienst seines Bruders, des englischen Königs Heinrich III.) sowie als begabter Kriegsherr. Was ihn letzten Endes bewog, sich um die zweifelhafte Würde eines Deutschen Königs zu bewerben, ist nicht auszumachen; unstillbarer Ehrgeiz wohl nicht, sonst hätte er einige Jahre früher die ihm vom Papst nach dem Tod Friedrichs II. offerierte, weit strahlendere Krone Siziliens nicht ausgeschlagen.

Am 1. April wählten, wiederum bestochen, die stauferfreundlichen Fürsten und Bischöfe – seltsamerweise zum Teil dieselben, die vorher Richard gewählt hatten – König Alfons X. von Kastilien und León, auch keinen Reichsfürsten, zum Deutschen König. Gekrönt wurde er nie. Alfons war bereits 1256 von den stauferfreundlichen Pisanern zum »Kaiser« ausgerufen worden, offenbar in Anlehnung an antike römische Kaiser-Akkla-

mationen, was nach jetzt geltendem Staatsrecht ohne Zweifel ungültig war, denn daß nur der Papst über die Kaiserkrone verfügen konnte, war klar. Dennoch beliebte es Alfons, sich fortan Kaiser zu nennen. Alfons war von Mutterseite her ein Enkel des Deutschen Königs Philipp, Urenkel Barbarossas, also ein halber Staufer. An der Deutschen Königswürde interessierte ihn nichts, außer daß er sich dadurch (erfolglos, wie sich herausstellen sollte) bessere Chancen für den Erwerb der sizilianischen Erbschaft der Staufer ausrechnete.
Alfons X., »Alfonso el Sabio«, der Weise genannt, war wohl der eigenartigste Herrscher des mittelalterlichen Spaniens. Er war politisch gesehen ein Träumer, hegte imperiale Pläne undurchführbarer Art, anderseits sammelte er Gelehrte aller Richtungen um sich, von Juristen bis zu Astronomen und ließ Sammlungen alles Wissens seiner Zeit anlegen und publizieren. Die nach ihm benannten »Alfonsinischen Tafeln« sind die ersten ernstzunehmenden Versuche einer wissenschaftlichen Astronomie und Kosmogonie. Alfons ließ die Gesetze seines Königreichs sammeln, reinigen und vereinheitlichen, ließ den Versuch einer Weltgeschichte schreiben, und nicht zuletzt war er der Dichter von nicht weniger als 427 Gedichten von hoher literarischer Qualität, so daß dieser Träumer auf dem Königsthron am Anfang der spanischen Lyrik steht. Wenig Erfolg war ihm als Herrscher beschieden. Er war in heftige dynastische Querelen verwickelt, und seine letzten Lebensjahre waren durch Familienzwistigkeiten vergällt, da ein Sohn und ein Enkel schon zu seinen Lebzeiten um die Nachfolge stritten.

Sein deutsches Königreich, sofern das Pronomen in Anbetracht der Fragwürdigkeit seiner Wahl zutreffend ist, hat er nie betreten; in der deutschen Geschichte hat dieser eigenartige Mann außer seinem Namen keine Spur hinterlassen.

*

Anders, trotz allem, König Richard. Er kam viermal ins Reich, ordnete einige Dinge im linksrheinischen Deutschland, nahm offenbar doch einigermaßen im Rahmen dessen, was ihm, bescheiden genug, angesichts der steigenden Macht der Reichsfürsten blieb, sein Amt ernst. Der mächtigste Reichsfürst war König Ottokar II. von Böhmen, der, um im Trüben zu fischen, bei beiden Wahlen dabei war und beide Kandidaten mitgewählt hatte. 1260 war es ihm gelungen, dem ungarischen König die Steiermark wieder zu entreißen, 1262 erlangte er die formelle Belehnung mit den Herzogtümern seitens König Richards. 1266 übertrug der König ihm sogar das Protektorat über das gesamte Reich rechts des Rheins, 1269 und 1270 dehnte Ottokar sein Herrschaftsgebiet nach dem Aussterben der Sponheimer-Dynastie auf Kärnten und den Krain aus (der unter Friedrich dem Streitbaren schon kurz zu Österreich gehört hatte) und verfügte somit über ein Gebiet, das vom Erzgebirge bis zur Adria reichte.

Kurz zuvor hatte der letzte überlebende legitime Staufer, Konrad »Conradino«, nominell Herzog von Schwaben und vom Papst sogar als König von Jerusalem anerkannt, versucht, sein väterliches Erbe, nämlich das

Königreich Sizilien, zu erobern. Der Papst hatte 1265 die Krone dieses Reiches dem französischen Prinzen Karl, Herzog von Anjou, man kann nicht anders sagen als: verkauft. Karl gelang es, sich in Sizilien zu behaupten, und als Konradin 1268 in Italien auftauchte und nach einigen Erfolgen von Rom aus nach Süden marschierte, trat Karl ihm mit einem Heer entgegen und schlug ihn am 23. August bei Tagliacozzo vernichtend. Das gehört zwar alles nicht zur deutschen Geschichte, aber es sei erwähnt, weil es der erschütternde Niedergang des bedeutendsten deutschen Herrschergeschlechts des Hochmittelalters ist. Konradin gelang es zu fliehen, er wurde jedoch bei Anzio von einem Anjou-Anhänger, dem Grafen Frangipani, gefangen und an König Karl ausgeliefert. Es wurde Konradin der Prozeß gemacht (was war ihm eigentlich vorzuwerfen? Es war natürlich ein Scheinprozeß, dessen Einzelheiten im Übrigen nicht dokumentiert sind), er wurde zum Tod verurteilt und am 21. Oktober 1268 auf dem Marktplatz von Neapel geköpft. Er war nicht ganz siebzehn Jahre alt.

*

Die seltsame, schon fast groteske Doppelwahl von 1257 ist insofern von Bedeutung, als durch sie sichtbar wird, was sich inzwischen im Hinblick auf die Wahlmodalitäten und damit überhaupt auf die (nie schriftlich fixierte) Reichsverfassung (besser also: Verfassungsrechtsgewohnheit) herausgebildet hatte: die Institution der Kurfürstentümer.

Zum ersten Mal taucht der Begriff im staatsrechtlichen Teil des Sachsenspiegels auf. Das ist eine, im ersten Drittel des 13. Jahrhunderts entstandene (wohlgemerkt: private!) Gesetzessammlung eines sächsischen Ministerialen namens Eike von Repgow, oben schon einmal kurz erwähnt, die neben dem etwas später entstandenen Schwabenspiegel zwar keine eigentliche Kodifikation des deutschen Rechts war, also kein förmlicher Erlaß, aber, da es die nie gab und im ganzen deutschen Mittelalter nie geben sollte, durch ihre bloße Existenz weitgehend Geltung erlangte.

Und eben im Sachsenspiegel tauchen die Kurfürsten als Königswähler auf, dann auch im »Kurfürstenspruch« Reinmars von Zweter. Als würdig zur Königswahl (wenngleich nicht ausschließlich) galten die drei vornehmsten Erzbischöfe des Reichs: Köln, Mainz und Trier, dazu drei weltlichen Fürsten: der Herzog von Sachsen, der Pfalzgraf bei Rhein und der Markgraf von Brandenburg. Warum gerade diese Fürsten (und nicht etwa die Herzöge von Österreich, von Lothringen, Brabant, die mächtigen Landgrafen von Thüringen) die Kurwürde erlangten, ist nicht ganz klar.

Der Herzog von Sachsen, das damals noch so ziemlich den ganzen Nordwesten des Reiches umfaßte (nicht das heutige Sachsen), war, wenn man so will, der einzig übriggebliebene Stammes- und Amtsherzog aus dem alten Reich.

Die Markgrafen von Brandenburg hatten sich seit jenem obenerwähnten Albrecht dem Bären zu einer ansehnlichen Machtposition im Nordosten emporgearbeitet, und die Pfalzgrafen bei Rhein waren, als Herren

eines reichen, fruchtbaren Landes im Westen immer schon von Einfluß gewesen, außerdem seit 1228 in Personalunion mit Baiern verbunden, d. h.: der Herzog von Baiern war als Pfalzgraf bei Rhein auch Kurfürst, jedenfalls bis zur Teilung des wittelsbachischen Erbes im 14. Jahrhundert.
Daß Österreich nicht zur Kurwürde kam, liegt wohl daran, daß es nach dem Aussterben der Babenberger ein Spielball zwischen Kaiser, Böhmen und Ungarn wurde und sein Schicksal ungewiß schien, außerdem war Österreich in der Hand des Königs von Böhmen, und der war ohnedies Kurfürst, allerdings nicht ganz. Es wurde (im Sachsenspiegel etwa) die Meinung vertreten, der Böhmerkönig sei lediglich Schiedsmann bei Stimmengleichheit. Dieser formale Streit wurde nie ausgetragen. Tatsache ist, daß der König von Böhmen (mit der Ausnahme der Wahl des Jahres 1273) bei allen Königswahlen bis zum Ende des Reiches mitwirkte. Bis zur Wahl von 1314 läßt sich im Übrigen die Beteiligung auch anderer Fürsten feststellen, allerdings wurden derer immer weniger. Die Kurfürsten übten ihr Wahlrecht kaum jemals selbst, also *in persona* aus. Sie schickten einen Hofrat oder Prälaten mit Vollmacht und Weisung.
Es gibt auch eine andere Theorie über die Entstehung der Kurfürstenwürde und der Zusammensetzung dieses Kollegiums: die Erzämtertheorie. Jeder Fürst hatte selbstredend Diener, ausgesuchte, vertrauenswürdige Leute für seine persönliche Bedienung: einen, der ihm auftrug, einen, der ihm einschenkte, einen, der für die Pferde zuständig war usw. Auch der König hatte sol-

che, wie nicht anders zu erwarten, und diese Dienste stiegen mit der Zeit zu Ehrenämtern auf, wurden nur mehr symbolisch wahrgenommen und als Auszeichnung an verwandte oder befreundete Fürsten vergeben. Daraus entstanden als reine Ehrentitel die »Erzämter« des »Erzschenken« *(archipincerna)* für den Herzog, später König von Böhmen, des »Erztruchseß« *(archidapifer)* für den Pfalzgrafen bei Rhein, des »Erzmarschalls« (Marschall – Marschalk: eigentlich Pferdeknecht; *archimarescallus*) für den Herzog von Sachsen und des »Erzkämmerers« *(archicamerarius)* für den Markgrafen von Brandenburg. Die Vorsilbe »Erz« ist übrigens nur eine ungeschickte, verballhornte Eindeutschung des griechischen Wortes »archi«, was »alt«, »ober« »haupt« bedeutet (»tektos« = der Bauarbeiter, »architektos« = der Ober-Bauarbeiter). Mit dem Metall Erz hat das Wort nichts zu tun.
Die Erzämtertheorie geht davon aus, daß die Inhaber dieser Ehrenstellen, zu denen noch die Erzkanzler der drei (theoretisch) verbundenen Königreiche kamen: Mainz für Deutschland, Köln für Italien und Trier für Burgund, bevorzugt als vornehmste Diener des Reiches für die Königswahl in Frage kamen.
Die Bedeutung der Kurwürde ging, vor allem in späterer Zeit, weit über die bloße Funktion als Königswähler hinaus. Da bei jeder Wahl die Kurfürsten bestochen werden mußten, hatten sie, zumindest zeitweilig, mehr Geld als die anderen Fürsten. Außerdem ergingen sogenannte »Wahlkapitulationen«, d. h., der Kandidat versprach für den Fall seiner Wahl die bisher gewährten Privilegien der Kurfürsten einzuhalten und, natürlich,

neue hinzuzufügen: finanzieller, wirtschaftlicher, juristischer Art, so daß mit jeder Wahl ein weiteres kleines Stück königlicher Kompetenz auf die Kurfürsten überging.

Die Kurwürde war bei den vier weltlichen Kurfürsten erblich, und zwar nach agnatischem Prinzip und nach dem der Primogenitur, d.h., nur jeweils ein Sohn, Bruder, Vetter usw. erbte die Kurwürde, und zwar der nächste und unter Söhnen und Brüdern der ältere oder älteste. Der Erbprinz eines Kurfürsten hieß Kurprinz. Bei den geistlichen Kurfürsten war diese Würde automatisch (entsprechend den Maßgaben des Wormser Konkordats) mit der Erzbischofswürde verbunden.

Die Kurfürsten trugen, natürlich nur bei feierlichen Anlässen, eine besondere Tracht, nämlich einen Kurmantel, einen hermelinbesetzten Mantel, der bis zum Boden reichte, bei den geistlichen Kurfürsten aus scharlachrotem Tuch, bei den weltlichen aus rotem Samt, dazu den Kurhut, eine schon der Königskrone angenäherte Kopfbedeckung.

Die Einzelheiten der Institution, die sich, wie gesagt, im Lauf der Jahrhunderte seit etwa 1000 herausgebildet, um 1250 verfestigt hatten, wurden erst hundert Jahre später schriftlich und genauer fixiert, wovon im folgenden Band noch die Rede sein wird. Im wesentlichen war die Entwicklung jedoch im 13. Jahrhundert bereits abgeschlossen.

*

Mit Stolz führen heute noch zwei deutsche Stadtstaaten, nämlich die Bundesländer Bremen und Hamburg, sowie die Städte Lübeck und Rostock die Bezeichnung »Hansestadt« in ihrem Namen (und sogar im Autokennzeichen); »hansa«, »hanse«, »hense« war ein germanischer Rechtsbegriff und bedeutete in etwa »Schar« – im Sinne dessen, was heute eine »juristische Person« ist. Im 12. Jahrhundert schlossen sich Kaufleute, die das gleiche Ziel hatten, zu Hansen zusammen, und mit der (langsamen) Verbesserung der Verkehrswege institutionalisierten sich diese Hansen, sowohl zum Schutz der Personen und Waren auf den immer noch unsicheren Wegen als auch gegen Willkür der Fürsten und Herren.

Im großen und ganzen kann man sich diese Fürsten und Herren nicht dumm und primitiv genug vorstellen, vom inferioren Intelligenzgrad etwa heutiger professioneller Sportler und Sportfunktionäre, dennoch gab es immer einige, die erkannten oder denen gute Ratgeber zu erkennen gaben, daß ein lebhafterer Handel nicht nur ihr eigenes Einkommen, sondern auch den Lebensstandard der Bevölkerung hob, was ihnen meist zwar kein menschenfreundliches Anliegen war, aber mehr Ruhe beim Regieren verschaffte. So räumte 1157 König Heinrich II. von England deutschen Kaufleuten (den »Kölner Englandfahrern«) bedeutende Handelsvorteile ein, Zollfreiheit, verminderte Abgaben usw. Es bildeten sich auch Fahrtgenossenschaften heraus, namentlich nach Skandinavien, dem Baltikum und Rußland. Damit im Zusammenhang stand die sogenannte Ostsiedlung. Es gab genug Kaufleute (und auch Handwerker), die in den fernen Ostseeländern blieben, deutsche Kolonien und sogar Tochterstädte der Hansestädte gründeten. Schon um 1200 errichteten die deutschen Kaufleute und Handwerker eine eigene Kirche, St. Peter, in Nowgorod, der damaligen russischen Hauptstadt, dann auch ein ständiges Kontor. Auch flämische Städte gehörten der Hanse an, denn die Hansekaufleute befaßten sich nicht nur (wenngleich vorwiegend) mit dem Seehandel. Der Geldverkehr wurde vereinheitlicht und geregelt, wenngleich es immer noch und jahrhundertelang weiter Komplikationen gab. Geschäfts-, Zunfts- und Hofordnungen entstanden, für die Kaufleute verbindlich. »Aldermänner« übten Schiedsgerichtsfunktion aus. Die Handelsgüter reichten vom Stockfisch bis zum Pelz.

Schon im Zusammenhang mit dem kurzlebigen »Rheinbund« um die Mitte des 13. Jahrhunderts wurde hervorgehoben, daß alle diese Bemühungen und Zusammenschlüsse von den Städten, d. h. den neuen, aufstrebenden bürgerlichen Schichten, getragen wurden und daß sie lebens-, ja überlebensnotwendig waren, weil die Fürsten und Herren, einschließlich der Bischöfe und Äbte in ihrer Borniertheit, Eigensucht und Rauflust nicht in der Lage (und auch nicht willens) waren, Sicherheit, Ordnung und wenigstens zeitweiligen Frieden zu garantieren – mit wenigen Ausnahmen.

Die Bedeutung der Hanse für die Wirtschaft des späten Mittelalters und der beginnenden Neuzeit kann nicht hoch genug veranschlagt werden.

Zweites Kapitel

Im zweiten Kapitel kommt es zur groteskesten Papstwahl der Geschichte – der Habsburger Rudolf I. tut sich als zielstrebiger Verwalter und Buchhalter hervor – die Raubritter erweisen sich nicht als zähneknirschend, sondern vielmehr als arbeitsscheu – die burgundischen Angelegenheiten spielen eine verhängnisvolle Rolle – eine Trutzburg wider die Habsburger bildet sich – der uralte König Rudolf stirbt enttäuscht.

Am 2. April 1272 starb König Richard, fern von seinem Reich. 1261 war er vom römischen Magistrat zum Senator ernannt worden, eine Lächerlichkeit, weil es ja gar keinen Senat gab. Richard nahm diese »Würde« an, weil er zumindest eine Zeitlang hoffte, daß ihn der Papst zum Kaiser krönen würde. Doch weder Urban IV. (1261–1264) noch Clemens IV. (1265–1268), die alle nicht in Rom residierten, dachten auch nur im Traum daran. Schon ihr Vorgänger, Alexander IV. (1254–1261), hatte nach der Doppelwahl von 1257 keinen der beiden Könige anerkannt, weder Richard noch Alfons. Dem Papst war überhaupt kein Deutscher König am liebsten.

Nun hatte sich die Situation allerdings verändert. Nach dem Tod Clemens' IV. kam es zu der wohl groteskesten Papstwahl der Geschichte. Das soll nicht nur der Kuriosität halber hier erwähnt werden, sondern weil es auch eine entscheidende Weiche für die deutschen Zeitläufe stellte. Die Cardinäle kamen in Viterbo, wo Clemens IV. zuletzt gelebt hatte, zusammen und stritten,

von Eifersüchteleien persönlicher und finanzieller Art in gelber Zanksucht aufgesplittert, sage und schreibe drei Jahre lang um die Wahl eines neuen Papstes. Hauptursache der Streitereien war die Figur Karls von Anjou, des inzwischen fest im Sattel sitzenden Königs von Sizilien. Der Papst hatte seinerzeit Karl von Anjou als Gegengewicht und williges Werkzeug zur Vernichtung der Staufer gerufen, und jetzt entwickelte sich der gerufene Geist zu einer schlimmeren Gefahr als die, gegen die er aufgeboten worden war. In eiserner Umklammerung hielt er den päpstlichen Staat fest.
Nach drei Jahren Papstwahlgezänks griffen die Bewohner Viterbos zur Gewalt, und daraus erwuchs das erste Konklave: sie sperrten die Cardinäle im Papstpalast ein, und als auch das nichts half, deckten sie das Dach ab und drohten von oben herab, die Oberpfaffen auszuhungern, wenn nicht sofort ein Papst gewählt werde. Die Zerstrittenen einigten sich dann wenigstens auf einen sechsköpfigen Wahlausschuß, der dann den aus dem adeligen Geschlecht der Visconti stammenden Prälaten Tedaldo zum neuen Papst wählte (1. September 1271). Tedaldo Visconti begleitete gerade den Kronprinzen von England auf einem der letzten, kläglichen Kreuzzüge, und die Nachricht von seiner Wahl zum Papst erreichte den vermutlich davon Überraschten in Akkon, einem der letzten christlichen Stützpunkte in Palästina. Es dauerte mehrere Monate, bis Tedaldo nach Europa zurückkehrte. Er traf zuerst in Viterbo ein und wagte es dann, als erster Papst (er hatte den Namen Gregor X. angenommen) nach vielen Jahren Rom wieder zu betreten. Gregor glühte vor Kreuzzugsbegeisterung

und sah seine Hauptaufgabe in der neuerlichen Befreiung Jerusalems und der heiligen Stätten. Dazu schwebte ihm ein Bündnis aller christlichen Fürsten vor, die aber vorher naturgemäß miteinander versöhnt werden mußten. Auch eine deutsche Beteiligung hielt der Papst für notwendig, und zu dem Zweck war ein Deutscher König vonnöten, der das nicht nur, wie der jetzt übriggebliebene Alfons von Kastilien, dem Namen nach war. Es gelang dem Papst sogar, König Alfons einzureden, daß er, um der großen Sache und seines eigenen Seelenheiles willen, förmlich auf die deutsche Königswürde verzichten solle, was Alfons auch tatsächlich (1273) nach einigem Zögern tat.
Aus dem Kreuzzug wurde nichts. Gregor X. starb schon 1276, und sein Nachfolger Innozenz V. hatte kein Interesse an derlei Unternehmen. Doch der Weg für eine diesmal, so war zu hoffen, korrekte Königswahl in Deutschland war frei.

*

Es gab zwei Kandidaten: den König von Frankreich, Philipp III., den der mächtige Karl von Anjou propagierte (er war Karls Neffe), und der stolzeste und glänzendste deutsche Fürst, niemand anderer als König Ottokar II. Přzemysl, der sich nun doch um die deutsche Königskrone bewarb. Er war ja selbst Kurfürst, und es war klar, daß er gegen jeden anderen Kandidaten stimmen würde. Trotzdem gelang es ihm nicht, die notwendige Mehrheit zu gewinnen. Er war den Fürsten zu mächtig geworden, und sein straffes Regiment in seinen

Erbländern ließ fürs Reich im Sinn der eigenwilligen Fürsten nichts Gutes erwarten. Neuerlich einen ausländischen König zu wählen widerstrebte ihnen auch. So wählten sie einen Außenseiter, den schwäbischen Grafen Rudolf von Habsburg (am 1. Oktober 1273 in Frankfurt; er wurde am 24. Oktober in Aachen gekrönt). Wie schon erwähnt, hatten einige Hyänen aus der Leiche des Herzogtums Schwaben Stücke herausgebissen und eigene Herrschaften errichtet oder die eigenen vergrößert. Zu ihnen gehörte Rudolfs Familie, die dann namentlich im Aargau, im Elsaß und im Breisgau begütert war und den Grafentitel von der Habichtsburg (= Habsburg) am Zusammenfluß von Aare und Reuß führte. Die Habsburger waren durchaus nicht unbedeutende Herren, einer von ihnen, Werner, war im 11. Jahrhundert Bischof von Straßburg gewesen, aber wirklich große fürstliche oder gar internationale Verbindungen und Verwandtschaften fehlten. Die Annahme, daß die Fürsten mit Rudolf einen kleinen Grafen wählten, in der Hoffnung, daß er der Selbständigkeit der großen Herren nicht gefährlich werden könne, ist deshalb nicht von der Hand zu weisen.
König Rudolf I. erwies sich dann zwar nicht als grandiose Herrschergestalt vom Zuschnitt eines Barbarossa, dafür hingegen als zielstrebiger Verwalter und sozusagen Buchhalter, eine Eigenschaft, die viele seiner Nachkommen bis zu Kaiser Franz Joseph von Österreich auszeichnen sollte. Vor allem aber nutzte König Rudolf sein Amt, um die Güter seiner Familie zu vermehren.
Als erstes wandte er sich demjenigen zu, der seiner

Wahl widersprochen hatte: Ottokar II. von Böhmen. Im Zuge der »Revindikation«, die Rudolf zu diesem Zweck erfand, d.h. der Ordnung der durch das Chaos des »Interregnums« durcheinandergebrachten Lehenssysteme, für die Rudolf das Jahr 1245 (das Jahr der – damals folgenlosen – Absetzung Friedrichs II.) festsetzte, kam er unschwer zu dem staatsrechtlich im Übrigen zutreffenden Ergebnis, daß der Böhmenkönig die Herzogtümer Österreich, Steiermark, Kärnten und Krain zu Unrecht in Händen hatte. (Nicht so seine Stammlande Böhmen und Mähren.) Auf den Reichstagen von 1274 und 1275 erklärte Rudolf die Einziehung der obengenannten Lehen, ließ Ottokar den Prozeß machen und verhängte über ihn die Reichsacht. Da Ottokar, wie zu erwarten, die Maßnahmen verlachte, sammelte Rudolf ein Heer und marschierte, gleichzeitig mit einem Heer des ungarischen Königs, das von der anderen Seite kam, in Österreich ein. Rudolf kam entgegen, daß schon länger unter den Baronen und Rittern Österreichs und der Steiermark über Ottokars strenges (mit Sicherheit: berechtigt strenges) Regiment Unzufriedenheit herrschte und sogar schon lokale Insurrektionen ausgebrochen waren. Die scheinbar so festgefügte Herrschaft des Přzemysliden brach (in Österreich usw., nicht in Böhmen) überraschend schnell zusammen, und Ottokar mußte ohne Schwertstreich klein beigeben. Im »Frieden von Wien« im November 1276 verzichtete er auf die strittigen Herzogtümer, behielt jedoch seine Stammlande Böhmen und Mähren.

Ottokar wollte eigentlich nur Zeit gewinnen. Er sammelte ein neues Heer und fiel 1278 neuerdings in Österreich ein. Es kam zur Schlacht bei Dürnkrut (26. August), in der Ottokars Streitmacht geschlagen und er selbst von einem persönlichen Feind getötet wurde.

*

Folgenreich für die weitere deutsche Geschichte bis in unsere Zeit und somit die durch die Wahl Rudolfs von Habsburg zum Deutschen König gestellte »Weiche«, von der ich oben gesprochen habe, war, daß Rudolf nach dem Sieg über Ottokar und dessen Tod die »heimgefallenen« Lehen nicht dem Reichsgut einverleibte, sondern – mit nachträglicher Genehmigung durch die Kurfürsten – seine Söhne Albrecht und Rudolf mit den Herzogtümern Österreich und Steiermark »zur gesamten Hand« belehnte. (Obwohl König Rudolf selbst nie Herzog von Österreich war, also nicht als »I.« in dem Sinn zählte, wird sein Sohn Rudolf als Rudolf II. bezeichnet.)

Das böhmisch-mährische Erbland beließ König Rudolf der Familie der Přzemysliden, d.h., er erkannte die Erbfolge von Ottokars Sohn Wenzel IV. (nach anderer Zählung II.) als König von Böhmen an. Überhaupt war Rudolf bemüht, eine Aussöhnung mit den Přzemysliden herbeizuführen, was durch die Doppelhochzeit (1289) Herzog Rudolfs II. mit des besiegten Ottokars Tochter Agnes und des neuen Königs Wenzel IV. mit König Rudolfs Tochter Jutta (oder Guta) besiegelt wurde.

Anders verfuhr König Rudolf mit den Herzogtümern Kärnten und Krain, die er zunächst an eine eher schillernde Figur verlieh, einen gewissen Philipp von Sponheim, der versucht hatte, obwohl Laie, Erzbischof von Salzburg, dann Patriarch von Aquileia zu werden. Beides mißlang. König Rudolf war offenbar dem Abenteurer, der übrigens ein Vetter Ottokars II. war, irgendwie verpflichtet. Herzog Philipp betrat seine Herzogtümer kaum jemals und lebte in Krems von einer Pension, die ihm der König ausgesetzt hatte. Nach seinem kinderlosen Tod 1279 verlieh der König das Herzogtum einem seiner treuesten Gefolgsleute, dem Grafen Meinhard II. von Tirol.

Tirol war, noch längst bevor das Land diesen Namen trug, als Verbindungsglied zwischen Deutschland und Italien wichtig. Die uralten Übergänge über den Alpenhauptkamm: der Reschenpaß und vor allem der Brenner, waren neben dem schweizerischen Sankt-Gotthard-Paß die einzigen einigermaßen bequemen Alpenübergänge, und fast alle Italienzüge der ottonischen, salischen und staufischen Könige und Kaiser nahmen einen dieser Wege. Die strategische Bedeutung dieser Wege führte dazu, daß die Deutschen Könige im 11. Jahrhundert zunehmend das Land den hier sitzenden Herrengeschlechtern entzogen und den – so hofften sie – treu ergebenen und zuverlässigen Bischöfen von Brixen und Trient übergaben. Auch die Bischöfe von Freising und von Regensburg hatten Lehen im »Land im Gebirge« inne. Dazu wurden zahlreiche Klöster und Stifte gegründet, von denen einige (Muri-Gries, Neustift bei Brixen u. a.) zu bedeutenden kulturellen Zentren wurden. Die Klerikalisierung des Landes ist heute noch zu spüren.

Nach und nach gewannen jedoch die Grafen von Eppan, die Grafen von Andechs und die Grafen von Tirol (die sich nach einer Burg über Meran nannten, die Etymologie des Namens ist nicht gesichert) durch Vogteirechte über die Bistümer und Klöster doch wieder weitgehend die Herrschaft über das Land. Die weltliche Herrschaft der Bischöfe von Brixen blieb nur ein territoriales Einsprengsel; anders die der Bischöfe von Trient, die fast die ganze heutige Provinz Trient (Trento) auch als weltliches Fürstentum besaßen.
In einem langwierigen und komplizierten Prozeß, der nicht ohne Gewalt und Bestechung abging, verstanden es die Grafen von Tirol, die anderen Grafengeschlechter zu verdrängen, und seit Graf Albert II. von Tirol (ca. 1200–1254) erstreckte sich der Name von dessen Stammburg über das ganze Land, das ist das heutige österreichische Bundesland Tirol mit Osttirol und die heutige italienische Provinz Bozen.
Den Grafen Albert II. beerbte der Sohn seiner Tochter, Graf Meinhard II. von Görz, der somit die Tiroler Machtbasis um dieses friaulische Land vergrößerte. Meinhard II. war ein geschickter und guter Landesherr, reformierte das Münz- und das Rechtswesen und hob durch Förderung des Bergbaus die Wirtschaft. Seine treue Anhänglichkeit an König Rudolf dankte der ihm nicht nur durch die erwähnte Belehnung mit dem Herzogtum Kärnten und der pfandweisen Übertragung des Krain, sondern auch durch die Verheiratung der Königstochter Elisabeth mit Meinhards Sohn Albert, wodurch dieser auch Schwager des Königs von Böhmen wurde, was ohne Zweifel die sozusagen gesellschaftli-

che Reputation der bisherigen Klein-Grafenfamilie mit sich brachte.

*

König Rudolf, der zwar schon 1274 die Anerkennung seiner Wahl durch Papst Gregor X. erlangt hatte und damit die Hoffnung auf die Kaiserkrone, die sich trotz mehrfacher Verdichtung dieser Aussicht durch eher äußere Umstände allerdings nie verwirklichte, war, zum Teil und zeitweilig sogar erfolgreich bemüht, Frieden und Ordnung im Reich wiederherzustellen, wobei er auf den seinerzeit eher folgenlos gebliebenen »Mainzer Landfrieden« Friedrichs II. von 1235 zurückgriff.
Dieser Landfrieden war eine Art Verfassungsgesetz, das Selbsthilfe, Faustrecht und Privatfehde verbot und dem König das Recht einräumte, Friedensbrecher (deren es genug gab) zu ächten und zu verfolgen. Rudolf machte davon Gebrauch, und so war seiner Regierungszeit ein Schimmer von Ordnung im Reich beschert, das weitverbreitete Raubrittertum zurückgestutzt. Das wirkte sich, wie man sich denken kann, günstig auf Handel und Wandel aus. In dem Zusammenhang ist beispielhaft erwähnenswert, daß 1288 Düsseldorf zur Stadt erhoben wurde, in Köln rangen die Bürger (und namentlich die Kaufleute) dem Erzbischof die Stadtherrschaft ab, Köln wurde Reichsstadt, das heißt relativ frei, da nur dem König unterstellt. Dem Erzbischof-Kurfürst blieb nur der Dom und der Zugang dorthin an Feiertagen. Der Fürst-Prälat zog sich schmollend nach Bonn zurück. Das große rheinaufwärts und -abwärts reichende Um-

land verblieb dem Bischof als weltliche Herrschaft, aber darin eben wie ein Pfahl im Fleisch die Reichsstadt Köln, die durch diese Freiheit immer reicher und mächtiger wurde, wie manche andere Städte in ähnlicher Lage auch.

Die »Raubritter« (der Begriff tauchte erst im 19. Jahrhundert auf), die König Rudolf am Kopf nahm, waren Kleinadelige, denen aufgrund der sich langsam zum Söldnerheer und zu leichteren Waffen und schnellerer Kriegsführung entwickelnden Militärtechnik die Finanzgrundlage und eigentlich auch die Existenzberechtigung entzogen wurde, die auch wegen des wirtschaftlichen Wandels, des Übergangs von der Naturalien- zur Geldwirtschaft, an Ansehen und Macht verloren, die kein Einkommen mehr hatten, weil sie außer ihren Burgen nichts besaßen, und die immer noch dem Ritterideal huldigten, daß Arbeit schändet. Zwar ist die romantische Vorstellung des 19. Jahrhunderts vom zähneknirschenden Raubritter unhistorisch, aber historisch ist, daß das an sich legale Fehderecht des Kleinadels oft zu Willkür und Selbsthilfe mißbraucht wurde, wenn dem Ritter wieder einmal die Schulden über den Kopf wuchsen und er Beutezüge namentlich gegen Städte, Kaufleute und Bauern unternahm. Aber langsam verfielen die Burgen, und die Ritter verkamen gänzlich. Dennoch dauerte es noch lange, bis das Unwesen der »Raubheußern« oder »Raptores« unterdrückt werden konnte.

Daß König Rudolf tatkräftig das Unwesen dieser Raptores zu bekämpfen entschlossen war, zeigt, daß er allein in Thüringen (wo er 1289 einen Reichstag in Erfurt abhielt) sechzig Raubburgen zerstören und neunundzwanzig Raubritter hinrichten ließ, vermutlich zur großen Erleichterung der Thüringer.

*

Auch dem burgundischen Königreich Arelat (nach der Stadt Arles so genannt), das zwar *de jure* zum Reich gehörte, längst jedoch nach Frankreich hin orientiert war, wandte König Rudolf seine Aufmerksamkeit zu. Schon die Staufer hatten versucht, das Abdriften dieses Reiches nach Frankreich hin zu verhindern. Geographisch umfaßte Arelat das ganze Land im Südosten des heutigen Frankreich vom Mittelmeer bis zum Genfer See und zwischen Rhône und Seealpen. Noch im 19. Jahrhundert hieß das linke Ufer der Rhône im Volksmund »L'empire«. Arelat interessierte Rudolf naturgemäß, weil es westlich an sein schweizerisch-schwäbisches Hausgut grenzte. Ein neu auf der Bildfläche erscheinendes Grafengeschlecht, das von Savoyen, hatte eine dem Namen nach vom Reich abhängige, aber weitgehend selbständige Herrschaft im bergigen Land südlich des Genfer Sees errichten können. Als quasi Stellvertreter des jeweiligen Königs fungierten die Pfalzgrafen von Burgund, die allerdings, ihre Stellung ausnützend, im nördlichen Teil Arelats um die Stadt Besançon herum (die damals auch noch einen deutschen, heute vergessenen Namen hatte: Bisantz) ein eigenes Territorialfürstentum gefestigt hatten. Den Pfalzgrafen Otto IV. zwang König Rudolf jedoch zur Anerkennung seiner Obrigkeit und zum Lehenseid. Den südlichen Teil allerdings, die Provence, gab Rudolf schon 1281 König Karl von Sizilien als Lehen (gegen Geld, das Rudolf dringend in Deutschland brauchte), und es war somit *de facto* für das Imperium für immer verloren.

Eine verhängnisvolle Rolle spielten die burgundischen Angelegenheiten fernhin auswirkend noch später. Es wurde oben erwähnt, daß der König die »heimgefallenen« Lehen, die Herzogtümer Österreich und Steiermark, seinen beiden ältesten Söhnen Albrecht und Rudolf II. »zur gesamten Hand« gegeben hatte. Aus welchem Grund immer, vielleicht aus (berechtigter?) Angst, die Brüder könnten sich nicht vertragen, und diese »Gesamtregierung« mit zwei gleichermaßen Verantwortlichen könne nicht gutgehen, baten die Stände Österreichs und der Steiermark, d. h. die Barone, Prälaten und die Magistrate der Städte, den König, diese »gesamte Hand« zugunsten *eines* Herzogs aufzulösen. Das war schon ein Jahr nach der Belehnung, 1284. König Rudolf kam der Bitte nach und veranlaßte den jüngeren Sohn, Rudolf II., auf das Herzogtum zu verzichten. Der Prinz sollte dafür eben das Königreich Arelat bekommen (das war wohl eher eine leere Versprechung seitens des Vaters angesichts der politischen Situation dort) oder das Herzogtum Schwaben, das es eigentlich schon gar nicht mehr gab. Letztendlich sollte Rudolf II., so das Versprechen des Königs, wenn nichts von dem Genannten gelingen sollte, in Geld abgefunden werden. Immerhin verwaltete er einige Jahre die schwäbisch-schweizerischen Hausgüter (»Vorderösterreich«) der Habsburger. Im Jahr 1290 starb er, war zwanzig Jahre alt, hinterließ aus seiner Ehe mit der böhmischen Königstochter aber einen Sohn, Johann, der noch kein Jahr alt war.

*

Die Habsburger waren, wie erwähnt, ein Schweizer Grafengeschlecht. Dort in der Schweiz ereigneten sich im Todesjahr König Rudolfs Dinge, die vorerst im großen Weltgeschehen unbeachtet blieben, im Lauf der deutschen Geschichte jedoch von wohltuender Bedeutung werden sollten. In diesem gebirgigen, zum Teil schwer zugänglichen, von einer eigensinnigen und gewerbefleißigen Einwohnerschaft durchsetzten Landstrich dämmerte schon früh die Erkenntnis, daß die Herrschaft und Bevormundung durch Fürsten und Prälaten, durch Barone und Ritter nicht natur- und gottgegeben war und daß man der Blutsaugerei von oben zumindest in gewisser, begrenzter Weise begegnen konnte, indem man die eigenen Angelegenheiten in die eigene Hand nahm. Den Königen, die ja am Machtstreben der Fürsten und Bischöfe, also der breiten herrschenden Mittelschicht, sozusagen auf der anderen Seite litten, war diese Bestrebung dort gar nicht unangenehm. König Heinrich (VII.) hatte deshalb einigen bäuerlich besiedelten Talschaften die Reichsfreiheit erteilt, d.h., sie unterstanden nur noch dem König. Barone und Pfaffen hatten in weltlichen Angelegenheiten nichts mehr zu sagen. Diese Reichsfreiheit hatte einen guten Grund: durch die Talschaften führte die Straße über den Sankt Gotthard, wie oben erwähnt, einer der wichtigsten Wege nach Süden.

Unter anderem die Grafen von Habsburg waren in ihrer Herrschaft durch diese Entwicklung betroffen, stritten sich mit den Talschaften herum, und Rudolf von Habsburg gelang es kurzzeitig noch einmal die Freiheitsbestrebung zu unterdrücken, aber 1291 schlossen sich die drei »Waldstätten« Schwyz (wovon im Lauf der Zeit der Name für die ganze Eidgenossenschaft abgeleitet wurde), Unterwalden und Uri zu einem Trutzbund zusammen, der Bestand haben sollte.

*

Für Sommer 1291 schrieb König Rudolf einen Reichstag nach Frankfurt aus. Er wollte seinen Sohn Albrecht zum König wählen lassen. Die Kurfürsten lehnten das mit der fadenscheinigen, durch keine Tradition gedeckten Begründung ab, ein Mit-König und designierter Nachfolger könne nur gewählt werden, wenn der regierende Deutsche König auch Römischer Kaiser sei – was bei Rudolf nicht der Fall war. In Wirklichkeit wollten sich die Kurfürsten durch die Entstehung einer neuen Dynastie in ihrer Wahlfreiheit nicht binden lassen.
In Germersheim fühlte König Rudolf, enttäuscht, krank und (für damalige Begriffe) uralt, dreiundsiebzig Jahre, den Tod nahen. Er ritt nach Speyer, dem Begräbnisort der alten Kaiser und Könige. Und dort starb er am 15. Juli 1291, wurde in der Krypta des dortigen Domes begraben. War er der letzte, handfeste Deutsche König des Hochmittelalters? Oder der erste Herrscher-Administrator einer neu heraufdämmernden Zeit?

Drittes Kapitel

Im dritten Kapitel versucht ein Erzbischof wieder einmal vergeblich, eine Scharte auszuwetzen – der neu gewählte König Adolf ist hauptsächlich mit seinen Schulden beschäftigt – ein Entarteter verkauft die ganze Landgrafschaft Thüringen – das macht den Weg frei für König Albrecht.

Die Geschichte seines Nachfolgers, des Königs Adolf, zeigt das ganze Elend des Reiches und überhaupt die Verrottung der Zeit.

Wie oben erwähnt, war es König Rudolf nicht gelungen, die Kurfürsten zur Wahl seines Sohnes Albrecht zu bewegen. Albrecht, seit 1282 Herzog von Österreich und der Steiermark, beim Tod seines Vaters dreiundvierzig Jahre alt, verheiratet mit der Tochter des Grafen Meinhard von Tirol, die ihm einundzwanzig Kinder gebar, war nicht gewillt, die Niederlage in der Nachfolgefrage ohne weiteres hinzunehmen. Einen Rechtstitel freilich hatte er nicht. Der hauptsächliche Gegner der habsburgischen Anwartschaft und Hoffnung war König Wenzel II. von Böhmen, obwohl Schwager Albrechts und Schwiegersohn Rudolfs. Er hatte die Niederlage seines Vaters und den Verlust der südlichen Herzogtümer für seine Familie nicht vergessen.

Ein anderer Gegner des Habsburgers war der Erzbischof und Kurfürst von Köln, Siegfried von Westerburg. Ihn hatte König Rudolf bei Versuchen, die bischöfliche Territorialherrschaft auszudehnen, sehr deutlich in die Schranken gewiesen. In den achtziger Jahren geriet der sehr weltliche und streitbare Prälat in die äußerst verwickelten Wirren um die Erbfolge im Herzogtum Limburg, in welchen er im Trüben zu fischen hoffte, aber der Herzog von Brabant und die Bürger von Köln, die um jene Zeit eben dabei waren, ihre Unabhängigkeit vom Bischof zu erkämpfen, traten gegen den Bischof auf. Es kam zu einem der so unzähligen wie unseligen Kleinkriege, der mit der Schlacht von Worringen vom 5. Juni 1288 endete und mit einer kompletten Niederlage des Bischofs, der sogar in die Gefangenschaft des mit dem Herzog von Brabant verbündeten Grafen von Berg geriet. Der Bischof mußte sich zähneknirschend dem Diktat der Sieger beugen, d.h. seine ausgreifenden Territorialpläne aufgeben. Doch er sann, als er entlassen war, auf Rache. In der Schlacht von Worringen hatte auf seiner Seite ein Graf von Nassau gekämpft, Adolf, was zwar auch nichts geholfen, was ihm der Bischof jedoch nicht vergessen hatte. Die Nassauer oder Laurenburger, wie sie ursprünglich hießen, waren ein relativ neues Geschlecht ohne große hochadeligen Verbindungen. Sie hatten in den letzten hundertfünfzig Jahren ein stark zerstreutes, heterogenes und aus unterschiedlichsten Rechtstiteln stammendes Territorium im Saarland, am Mittelrhein, im Hessischen und Fränkischen angesammelt. Reichsfürsten waren sie nicht.

Nach dem Tod König Rudolfs glaubte – vergeblich, um dies vorwegzunehmen – Kurfürst Siegfried die Chance gekommen, die Scharte von Worringen auszuwetzen. Er agitierte gegen die Wahl Albrechts von Österreich und fand dafür natürlich offene Ohren beim König von

Böhmen. Der hatte inzwischen Herzog Albrecht von Sachsen und dem Markgrafen Otto von Brandenburg ihre Kurstimmen (für diese Wahl, nicht für immer) abgekauft, ein nach heutigem Staatsrechtsverständnis und auch nach der politischen Ethik noch des 10., 11. Jahrhunderts ungeheuerlicher Vorgang, an dem im 13. Jahrhundert niemand mehr etwas auszusetzen fand. Damit zeigt sich die steigende Tendenz, daß die Fürsten (und Prälaten) ihre Herrschaft immer mehr als Privateigentum betrachteten, ohne jede sittliche Verpflichtung, was im 15. Jahrhundert in Machiavellis so zynischer wie glänzender Schrift »Il Principe« seinen schärfsten Ausdruck fand, in der die Herrschaftstheorie schlankweg nur noch unter sozusagen kommerziellen Gesichtspunkten abgehandelt wurde.
Erzbischof Siegfried von Köln gelang es dann auch, seinen Kollegen von Mainz auf seine Seite zu bringen, und so wurde Siegfrieds Favorit und Kandidat Graf Adolf von Nassau in Frankfurt zum Deutschen König gewählt (5. Mai 1292) und wenig später in Aachen gekrönt. Bei der Wahl hatte lediglich der Wittelsbacher Ludwig II., Herzog von (Ober)-Baiern und Pfalzgraf bei Rhein dagegen gestimmt, ein naher Verwandter und Anhänger des Habsburgers. Er war mit einer Tochter König Rudolfs, also Schwester seines Kandidaten Albrecht verheiratet.

*

Die Herrschaft König Adolfs, wenn man überhaupt von einer solchen reden konnte, war eine einzige Plei-

te. Die Kurfürsten hatten ihm so ungeheure »Wahlkapitulationen« abverlangt, daß der ohnedies nicht reiche König-Graf praktisch schon vor seiner Krönung bankrott war. Allein der Kurfürst von Köln verlangte fünfundzwanzigtausend Mark Silbers. Da Adolf nicht zahlen konnte, verpfändete er Burgen und Ländereien aus eigenem oder aus Königsgut, zum Teil allerdings auch solche, die ihm gar nicht gehörten, die er nur zu erwerben hoffte. In welches Schlamassel der (fast nur Schatten-)König dadurch geriet, läßt sich denken. Den Lehensmann der Kurfürsten von Mainz, den Landgrafen Ludwig von Hessen, dessen Familie von den Thüringern (daher der Titel Landgraf) abstammte und in Mitteldeutschland ein beträchtliches Territorium erworben hatte, mußte König Adolf zum Reichsfürsten erheben. Das war wenigstens nicht mit Kosten verbunden; im Übrigen war Adolf so gut wie einzig damit beschäftigt, die sich zunehmend als untilgbar herausstellenden Schulden aus den Wahlkapitulationen abzutragen.
Im Jahr nach seiner Wahl ergab sich eine scheinbar günstige Gelegenheit für König Adolf, seine Hausmacht und damit seine Basis als König zu vergrößern. Der Landgraf von Thüringen und Markgraf von Meißen, Albrecht, den schon seine Zeitgenossen »den Entarteten« nannten, verkaufte, wozu er gar nicht berechtigt war, die Landgrafschaft Thüringen und, das ist nicht ganz sicher dokumentiert, auch die Markgrafschaft Meißen (also etwa das heutige Bundesland Sachsen) dem König für elftausend (oder nach anderen Quellen zwölftausend) Mark Silbers, (nach späterer Umrechnung vierundneunzigtausend Gulden). Zum Glück für

Adolf hatte sich inzwischen der lang schon schwelende Konflikt zwischen England und Frankreich wieder einmal verschärft. König Eduard I. von England plante eine Invasion nach Frankreich und wollte den dortigen König, Philipp IV. »den Schönen«, durch eine zweite Front beunruhigen. Er bezahlte König Adolf fünfundzwanzigtausend Mark Silbers, damit er von Osten her in Frankreich einrücke. Adolf verwendete das Geld für den erwähnten »Kauf« Thüringens und um einige ältere Löcher zu stopfen. Für die Aufstellung eines Heeres blieb nicht viel übrig, und so verlief auch Adolfs Feldzug gen Frankreich eher halbherzig und kläglich. Er krebste nur ein wenig in Burgund und im Elsaß herum und kujonierte die unschuldigen Bauern, wie üblich. König Eduard hatte nicht viel von dieser Hilfe.
Die an sich politisch und historisch unbedeutende Sache mit dem »Kauf« Thüringens und die ebensolche Person des Landgrafen Albrecht des Entarteten (in lateinischen Chroniken Albertus Degener, also degeneriert genannt) soll hier doch ausgreifend dargestellt werden, weil sie die ganze Verkommenheit der Zeit, das Elend der kleinen Leute und die Gewissenlosigkeit der Großen schlaglichtartig beleuchtet.

*

Albrecht von Wettin wurde 1240 als ältester Sohn des Markgrafen Heinrich des Erlauchten von Meißen und Landgrafen von Thüringen und einer babenbergischen Prinzessin geboren. Schon mit vierzehn Jahren wurder er hoch hinauf verheiratet, nämlich mit der um drei Jahre älteren Stauferprinzessin Margarethe, Tochter Kaiser Friedrichs II. Mit sechzehn Jahren übernahm Albrecht die Mitregentenschaft in Thüringen. Als er neunzehn Jahre alt war, verliebte er sich in eine Kammerfrau seiner Gemahlin, Kunigunde von Eisenberg. Was folgte, will ich in der schönen, barocken Fassung wiedergeben, die in Johann Hübners »Politischer Historia« von 1712 nachzulesen ist:

»Nachdem Albertus mit dieser frommen Gemahlin Margareta albereit drei Söhne, nehmlich Fridericum, Dicemannum und Henricum, gezeugt hatte, so entbrannte er gegen ihr Cammer-Fräulein CUNIGUNDA von Eisenberg in unkeuscher Liebe und zeugte einen Bâstard, Nahmens LUDOVICUM APICIUM, mit ihr.

»Diese Cunigunda ließ es dabey nicht bewenden, sondern sie stund auch der rechtmäßigen Gemahlin Margaretae nach dem Leben. Mit Giffte wäre zwar der nächste Weg gewesen, allein es war niemand vorhanden, der sich darzu wolte gebrauch lassen. Endlich dunge sie einen Eselstreiber, der bey Hofe vor einen halben Narren paßirte, daß er in der Nacht der Landgräffin den Halß umkehren solte, damit man vorgeben könte, als wenn sie vom Teuffel wäre erwürgt worden.

»Der Eselstreiber ließ sich zwar in ihrem Schlaff-Gemache verschliessen, in der Nacht aber entdeckte er der frommen Fürstin den gantzen Anschlag, und bath um Pardon. Sie ruffte ihren Hoffmeister, der konte ihr nichts anders als die Flucht recommendiren, und damit ward sie aus dem Fenster des Schlosses zu Wartburg unvermerckt herunter gelassen.

»Ehe das noch geschach, so lieff die geängstigte Landgräfin

zu ihren Printzen, küste dieselben nochmahls, und biß den ältesten, welcher damals im eilfften Jahr war, zum Andencken so wohl ihrer Liebe, als ihres Unglückes, dergestalt in den Backen, daß er nachgehends FRIDERICUS ADMORSUS oder der Angebissene genennt ward.«
(Hübner irrte insoweit, als Friedrich »der Angebissene« nicht der älteste, sondern der zweitälteste der Söhne war.)
Die Landgräfin floh nach Frankfurt, starb dort jedoch schon nach kurzer Zeit (1270) »vor Bekümmernis«, wie Hübner schreibt. Verschwendungssucht und Mißregierung führten zu Zerwürfnissen zwischen dem Entarteten (wie ihn schon seine Zeitgenossen nannten) und seinem Vater. Er scheint sogar dem Vater nach dem Leben getrachtet zu haben, denn im Vertrag von Tharandt (1271) mußte sich Albrecht dazu verpflichten, seinem Vater nicht mehr nachzustellen.
Die Söhne Albrechts nahm dessen Bruder Dietrich zu sich, der als sozusagen Neben-Markgraf in Landsberg residierte und sie erziehen ließ. Dem Entarteten und seiner inzwischen angetrauten Kunigunde war es recht, wollten sie doch das Erbe dem »Apicius« zuwenden. Doch 1286 starb Kunigunde, Albrecht heiratete nochmals, eine Gräfin Elisabeth von Orlamünde. Albrechts Geldnot war so groß, daß er allen Ernstes daran dachte, seine Landgrafschaft der Stadt Erfurt zu verkaufen. Ob das staatsrechtlich zulässig gewesen wäre, sei dahingestellt. Der thüringische Adel jedenfalls bat König Rudolf, den Landgrafen wegen Mißwirtschaft, Unfähigkeit und Unwürdigkeit abzusetzen und Thüringen als erledigtes Lehen einzuziehen. Das lehnte Rudolf

ab, wohl um nicht durch solch eine krasse Maßnahme ein möglicherweise gefährliches Exempel zu statuieren. (Da hätte er womöglich eine ganze Reihe weiterer Grafen und Herren aus dem Verkehr ziehen müssen – und wohin dann mit ihnen?)

Als die Söhne Albrechts erwachsen geworden waren, kam es zum Krieg zwischen ihnen und dem Vater, in dessen wechselvollem Verlauf es den Söhnen gelang, den Alten gefangenzunehmen (1290), doch auch dieses Exempel gefiel König Rudolf nicht, und er verlangte dessen Freilassung.

1294 endlich glaubte Albrecht den großen Coup zu landen, und er verkaufte, wie erwähnt, die ganze Landgrafschaft dem neuen König Adolf, nachdem die thüringischen Stände es abgelehnt hatten, dem unehelich geborenen Ludwig Apicius zu huldigen. Ob dieser Verkauf Rechtens war, ist auch fraglich, aber eher schon als der erste Versuch. Albrechts Söhne Friedrich und Diezmann (der älteste, Heinrich, war inzwischen gestorben) erkannten den Verkauf jedoch nicht an und besetzten das Land. Ich lasse nochmals Johann Hübner das Wort dafür, was dann passierte:

»Käyser Adolphus (Anm.: hier ist Hübner ungenau, Adolf von Nassau gelang es nicht, die Kaiserkrone zu erwerben) wolte hierauf Thüringen in Besitz nehmen, und wie sich Fridericus und Dicemannus darwider setzten, so entstund ein Landverderblicher Krieg daraus. Die Käyserlichen verübten sonderlich schädlichen Muthwillen; sie schändeten die Nonnen hin und wieder; Manns und Weibs-Volck unter einander musten ihnen nackend bey Tische aufwarten; ein altes Weib beschmierten sie mit Honige und

Wagenschmiere, stackten sie darnach in ein Faß voll Federn, und jagten sie in solcher Positur durch das Lager.
»Fridericus Admorsus ließ inzwischen keine Gelegenheit vorbey, sich zu revengieren. Denn A. 1294 bekamen sie eine gute Parthey Käyserliche Gefangene, die wurden alle mit einander castriert …«
Der Krieg ging mit weiterhin wechselndem Erfolg weiter – »Landverderblich«. Der entartete Albrecht zog sich nach Erfurt zurück, verpulverte in kurzer Zeit die elftausend Mark Silber und starb 1314 in kläglichsten Umständen.
Der »Erwerb« Thüringens brachte König Adolf noch Schwierigkeiten anderer Art. Der Erzbischof von Mainz, der ja bisher mit Adolf verbündet war, beäugte dessen Bemühungen, eine Hausmacht in Thüringen aufzubauen, mit Mißtrauen, denn er selbst hatte dort territoriale Interessen, und einem andern Parteigänger Adolfs, König Wenzel von Böhmen, kam Adolf mit diesen Bemühungen seiner Meinung nach der böhmischen Grenze zu nahe. So wandelte sich der Sinn der Kurfürsten, und sie ließen das, was eigentlich ihre Marionette war, fallen. Vor allem mißfiel es dem Kurfürsten natürlich, daß es König Adolf nie möglich gewesen war, die finanziellen Verpflichtungen, die er sich in der Wahlkapitulation aufgeladen hatte, ganz zu erfüllen.
Im Februar 1298 kamen die Kurfürsten von Brandenburg, Sachsen und Böhmen in Wien zusammen und konferierten mit Herzog Albrecht von Österreich. Es wurde beschlossen, ohne Zweifel mit Wissen und Willen auch der geistlichen Kurfürsten, König Adolf abzusetzen und Albrecht zum König zu wählen. Albrechts

Wahlversprechungen waren weit moderater und realistischer als die Adolfs gewesen waren. Albrecht wurde förmlich beauftragt, Adolf zu verjagen, worauf er mit einem Heer (dem ungarische Kontingente und auch schon Schweizer Söldner angehörten) ins Rheinische rückte, wo auch Adolf Truppen zusammengezogen hatte – sein letztes Aufgebot.
Inzwischen erklärten die Kurfürsten am 23. Juni 1298 in Frankfurt (mit fünf zu zwei Stimmen) König Adolf für abgesetzt und Herzog Albrecht als zum neuen König gewählt. Adolf taktierte zunächst nicht ungeschickt, als es jedoch bei Göllheim am 2. Juli zur Schlacht kam, stürmte Adolf, wohl in seiner Verzweiflung, so ungestüm, daß die Schlacht verlorenging. König Adolf fiel, vielleicht vom Raugrafen Georg erschlagen. Er war der letzte Deutsche König, der in einer Schlacht fiel. In Zukunft blieb derlei im wesentlichen den Frontschweinen vorbehalten.

VIERTES KAPITEL

Im vierten Kapitel lassen einige zehntausend unvollendete Verse einigen kulturellen Aufschwung in Deutschland bemerken – mit Albertus Magnus beginnt so etwas wie eine Morgendämmerung des Geistes – die Kunst kümmert sich nicht um nationale Grenzen – das Salz gilt als dem König gehörig – nach Meinung der Kirche führt Bildung bei einfachen Menschen zu Unbotmäßigkeit und Ketzerei.

Die in den vorangegangenen Kapiteln geschilderten politischen Ereignisse zeigten wohl, daß der – viel später aufgetauchte – Begriff vom »finsteren Mittelalter« zumindest über weite Felder hin nicht ganz unberechtigt ist. (Es fragt sich allerdings, ob sich in der menschlichen Geschichte überhaupt jemals eine Periode zugetragen hat, die das Epitheton »hell« verdient. Verdient es unsere Zeit?)

Dennoch ist in dem Jahrhundert, das mit dem Tod des unseligen Königs Adolf von Nassau zu Ende ging, einiger kultureller Aufschwung in Deutschland zu bemerken.

Drei große mittelhochdeutsche Epen sind im ersten Drittel dieses Jahrhunderts entstanden. »Tristan und Isolde«, die unsterbliche Geschichte von der Macht der Liebe, wurde von Gottfried von Straßburg verfaßt, trotz einiger zehntausend Verse unvollendet und vielleicht gerade als Torso so beeindruckend. Die Person Gottfrieds ist schwer zu fassen, er war wohl kein Geistlicher, weil er den Titel »Magister« führte, vielleicht (der erste in der langen Reihe seines Berufsstandes in der deutschen Literatur) Jurist, worauf auch die auffallend vielen juristischen Begründungen an dramatischen Scharnierstellen seines Werkes hinweisen. »Tristan und Isolde« beruht zwar auf französischen und bretonischen Vorbildern (und indirekt womöglich auf orientalischen Quellen, durch die Kreuzzüge in den Westen gekommen), behandelt den Stoff jedoch in eigenständiger, höchstliterarisch subtiler Weise in Sprache und Denkungsart. Gottfrieds großer Gegenspieler (in der Tat konnten sie einander nicht leiden) war der aus ritterlichem Geschlecht stammende Wolfram von Eschenbach, der, ebenfalls aus französischen, auch keltischen Vorlagen schöpfend, seinen »Parzival« schrieb, konventioneller als Gottfried, dafür vielleicht farbiger. Sein »Titurel« blieb unvollendet, sein »Willehalm« behandelt einen Stoff um den zu seiner Zeit bereits sagenhaft umwobenen Karl den Großen. Heinrich von Freiberg vollendete oder besser ergänzte gegen Ende des Jahrhunderts Gottfrieds »Tristan« (auch andere versuchten das), allerdings nicht auf gleicher literarischer Höhe.

Das wohl berühmteste mittelhochdeutsche Epos aber ist das »Nibelungenlied«, dessen Verfasser unbekannt ist (oder sind), das vielleicht in Passau im ersten Jahrzehnt des 13. Jahrhunderts, vielleicht sogar einiges davor entstand. In poetischer Verkettung alter Heldensagen (der Siegfriedsage u. a.) und historischer Ereignisse (der Untergang des altburgundischen Königreiches im Hunnensturm) singt das Epos und sein zweiter Teil, die »Klage«, das Lied von Kampf, Rache und Tod der gewaltigen Helden der Vorzeit. Nicht zuletzt durch Richard Wagners »Ring«-Tetralogie wurde gerade das »Nibelungenlied« ganz in den Vordergrund des literarischen Bewußtseins gerückt, wobei zu bemerken ist, daß Wagners Rückgriff auf vermeintlich noch ältere Quellen (die »Edda«, isländische Sagas usw.) ein Irrtum war. Diese nordischen Quellen mit ihren Stabreimen, die Wagner für germanisch-archaisch hielt, sind jünger als das mittelhochdeutsche Epos.

Der, wenn man so sagen kann, Erfolg der genannten großen Epen regte natürlich in den folgenden Jahrzehnten Nachahmer an, die, meist nicht von gleich hohem literarischen Rang, die herumliegenden Restbestände der keltischen, bretonischen, französischen und anderen Sagenstoffe aufarbeiteten, so der »Jüngere Titurel« eines nicht weiter faßbaren Dichters Albrecht und die schon leicht in die Horrorliteratur hinüberschillernden Werke eines wohl süddeutschen Dichters, der »Pleyer« genannt wurde. Er schrieb die Epen »Tandarois und Flordibel«, »Meleranz« und sein beliebtestes: »Garel vom blühenden Tal«. Um dieselbe Zeit, in der zweiten Hälfte des 13. Jahrhunderts, schreiben Rudolf von Ems und Konrad von Würzburg legendenhafte Kurzepen, fast schon so etwas wie Novellen, und mit Werinher dem Gartenaeres »Meier Helmbrecht« entsteht (ca. 1250) der erste deutsche realistische Roman, eine Geschichte aus dem Volk im Gegensatz zu den tönenden Heldendichtungen.

In der Nachfolge der großen Lyriker der Stauferzeit, deren Leben und Wirken ja zum Teil ins 13. Jahrhundert hereinreicht, sind einige Namen bemerkbar und (um mit Kurt Tucholsky zu reden) im Papierkorb der

Weltliteratur obenauf liegengeblieben, so (um 1255) Ulrich von Liechtenstein, dessen »Frauendienst« fast schon eine unfreiwillige Parodie der ritterlichen Ideale ist, und Neithart von Reuenthal (um 1230), der schon statt der hehren Dame vom Hofe die dralle Dirne vom Land besingt. Zur gleichen Zeit entstand Freidanks »Bescheidenheit« (im Sinn von: Bescheidwissen), eine Sammlung von Sprüchen zur Lebensweisheit.

*

Der einzige wirkliche Philosoph, den Deutschland im 13. Jahrhundert hervorgebracht hat, war Albertus Magnus, der – wie damals selbstverständlich – lateinisch schrieb. Er stammte aus dem Schwäbischen, um 1200 geboren, gehörte dem nicht anders als diabolisch zu nennenden Inquisitions-Orden der Dominicaner an, war aber dennoch ein für seine Zeit weltgewandter Mann, der unter anderem in Paris studiert hatte. Er starb, nach einem reichbewegten Leben, 1280 in Köln. Daß er selig- und heiliggesprochen und zum Kirchenlehrer erhoben wurde, sollte nicht von seiner wahren Bedeutung als großartiger Vermittler der über die Brücke der jüdischen und der arabischen Tradition erhaltenen und nach Westeuropa gelangten Wissensgebäude der Antike ablenken. Namentlich die aristotelischen Lehren versuchte Albertus zusammenzufassen, zu erklären und zu ergänzen. Auch auf naturwissenschaftlichem Gebiet war er, eine Seltenheit zu seiner Zeit, schriftstellerisch tätig. Seinen Beinamen »doctor expertus« und »doctor universalis« trägt er mit einigem

Recht, denn von der Astronomie bis zur Kunde von den Würmern interessierte ihn alles, und er versuchte dieses Wissen seiner Zeit zu vermitteln. Engstirnigkeit kann man ihm, auch wenn er in seinen theologischen Schriften der zunehmenden Marien-Vergöttlichung Vorschub geleistet hat, nicht nachsagen. Die extrem frauenfeindliche Schrift »De secreti mulierum« und einige fragwürdig-astrologisch-alchemistische Traktate des Albertus, dies muß gerechterweise vermerkt werden, sind höchstwahrscheinlich untergeschoben.

Das Wissen, im weitesten Umfang begriffen, sowohl auf kulturellem wie auch auf zivilisatorischem, technischem Gebiet, die Einsicht in den Zusammenhang der großen wie der kleinen Dinge, die naturwissenschaftlichen Erfahrungen und Erkenntnisse, die technischen Fertigkeiten standen in der Antike, jedenfalls dort, wohin sich das Römische Reich oder sein Einfluß erstreckte, auf erstaunlicher Höhe. Die dumpfe Fortschrittsfeindlichkeit dessen, was sich zu Unrecht Christentum nannte (und nennt), die bornierte Jenseitsbezogenheit und Lebensfeindlichkeit der Kirchenväter haben einen Einbruch des Erkenntnisstandes bis fast auf den Nullpunkt bewirkt (von wenigen Ausnahmen abgesehen), haben statt Erkenntnis den frommen Aberglauben verbreitet. Unter anderem mit Albertus Magnus hat immerhin etwas wie eine Morgendämmerung des freien Geistes als Rückgriff auf verschüttetes Wissen begonnen. Das hat Papst Pius XI. 1931 bei der Heiligsprechung wahrscheinlich nicht bemerkt.

*

Musikgeschichte fand, wenn man das so sagen kann, im 13. Jahrhundert in Deutschland immer noch nicht statt. »... Deutschland (war) durch das ganze Mittelalter hindurch, musikgeschichtlich gesehen, ein Entwicklungs- und Kolonisationsland« (Finscher/Jaschinski), was wohl tatsächlich daran lag, daß es, im Gegensatz etwa zu Frankreich, kein deutliches kulturelles Zentrum oder, wie in Italien, wenigstens starke regionale Stadt-Zentren gab.

Anders die bildende Kunst. Mit den Stifterfiguren des Naumburger Domes (ca. 1250) und dem Figurenschmuck des Bamberger Domes, u.a. dem vielleicht König Konrad III. (ideal) darstellenden »Bamberger Reiter« (erste Hälfte des 13. Jahrhunderts) hat die deutsche Bildhauerkunst den Anschluß an die Weltkunst gefunden. Daß – etwa bei den Stifterfiguren – französische Einflüsse spürbar sind, zählt nicht, weil ja die wahre Kunst sich nie um nationale und sprachliche Grenzen gekümmert hat und sich nicht kümmern darf.

Der förmlich als Sinnbild deutscher Gotik geltende Kölner Dom, dessen Bau 1248 begann und dessen wirklich aus dem Mittelalter stammende Teile, gehören in der Tat zum Feinsten und Besten, was die deutsche Gotik hervorgebracht hat (blieb bis ins 19. Jahrhundert Fragment, wurde erst dann nach alten Plänen vollendet). Etwas früher entstanden die Liebfrauenkirche in Trier und die Elisabethkirche in Marburg. Auch das Schiff des Münsters von Freiburg im Breisgau entstand im 13. Jahrhundert sowie der Dom zu Magdeburg und die feine, kleine Kirche zu Schulpforte, um nur einige

der bedeutendsten Bauwerke zu nennen, die das Bild des Jahrhunderts prägten und zum Teil Ausdruck des, wie schon erwähnt, erwachenden und seiner Bedeutung bewußt werdenden Bürgertums und des wachsenden Reichtums der Städte sind.
Auch Glasbildkunst und Buchmalerei nahmen einen Aufschwung, wobei man bei deren Betrachtung immer bedenken muß, daß wir als Beispiele heute nur noch das sehen, was erhalten ist. Ob immer das Beste erhalten blieb, fragt sich.

*

Über die wirtschaftliche Entwicklung im 13. Jahrhundert wurde oben bereits bei Gelegenheit der Erwähnung der Hanse und des beginnenden Aufblühens der Städte kurz gesprochen. Nach wie vor blieb Deutschland auch im 13. Jahrhundert in wirtschaftlicher Hinsicht hinter dem Aufschwung namentlich in Italien zurück. Über Bevölkerungszahlen kann man nur Vermutungen anstellen, da irgendwelche demographischen Aufzeichnungen fehlen. Ein Vergleich wirft aber ein Schlaglicht auf die Bevölkerungssituation: während Mailand Ende des 13. Jahrhunderts hunderttausend Einwohner hatte, brachte es Köln nach der ersten Stadterweiterung gerade auf zehntausend. Dabei war Köln die größte deutsche Stadt. Nach Italien wies Flandern, das zwar *de jure* zum Reich gehörte, allerdings längst nach Westen abgewandert war, die größte Dichte volkreicher Städte auf. Insgesamt gesehen dürfte die Bevölkerung bis 1300 zugenommen haben, ehe der verheerende Einbruch im

14. Jahrhundert erfolgte, der auf die Pest zurückzuführen ist.
Auch vom Geldverkehr wurde oben schon gesprochen, und auch hier war Italien dank des beginnenden Bankenwesens führend, welches (bei näherem Nachdenken muß man sagen: zwangsläufig) zu einem Aufschwung der mathematischen Wissenschaft führte – dies nebenbei. Der geniale Mathematiker Leonardo Fibonacci lebte in der ersten Hälfte des 13. Jahrhunderts in Pisa. Beeinträchtigt wurde der Geldverkehr und überhaupt die Wirtschaft durch das kirchliche Zinsverbot, das von den Kirchenvätern aufgrund eigenwilliger Auslegung des Alten Testaments (Exodus 22, 25 u. a.) und aus der Antike übernommenen stoischen Moralvorstellungen herausdestilliert wurde. Da Christen also – theoretisch – keine Zinsen nehmen durften, blieb dies ein fragwürdiges Privileg der Juden und wurde wiederum gern zur Rechtfertigung ihrer brutalen Verfolgung benutzt, wovon leider noch mehrfach die Rede wird sein müssen.
Geld ist jedoch mächtiger als Wassergewalt und Sturm, und daher fanden sich auch für Christen sehr schnell Schlupflöcher zur Umgehung des Zinsverbotes. Ein Beispiel dafür ist das Darlehen auf »Schaden«: der Schuldner gab dem Gläubiger für die Darlehenssumme von »100« ein Pfand, erledigte das Darlehen nicht termingemäß, so daß das Pfand verfiel und kaufte zum (z. T. vorher vereinbarten Preis) das Pfand um »120« zurück. Das funktionierte auch bei Vereinbarung eines limitierten Verkaufs an Dritte.
Die vielen Ortsnamen, die sich von »Salz« und »Hall« (= Salzlager, die Etymologie des Wortes ist ungeklärt, es

hat nichts mit »Halle« zu tun) ableiten, zeigen, wie wichtig das Salz als Handelsgut war. Im 12. und dann im 13. Jahrhundert ist das Aufkommen neuer, wirksamerer Salzgewinnungs-Verfahren bezeugt, so etwa das »Langwerksverfahren«, die eine großgewerbliche Produktion erlaubten, so in Hall in Tirol und in Hallein. Mit der Salzgewinnung in diesem größeren Stil gewann der Salzhandel noch mehr an Bedeutung (ein erheblicher Teil des Hanse-Handels beruhte darauf), was wiederum zur Entstehung einer dichteren Infrastruktur führte. Viele Straßen entstanden oder verfestigten sich als Salzrouten, was wiederum zur Belebung der Städte an diesen Wegen führte. Sehr rasch erkannten natürlich König und Fürsten die Möglichkeit, durch Salzzölle Einkommen zu erzielen, das Salz galt als dem König gehörig. Dabei frägt man sich, warum eigentlich gerade das Salz solche Bedeutung im Mittelalter hatte: nicht, weil die Leute damals ihre Speisen kräftig salzten, sondern weil das Salz so ziemlich das einzige Konservierungsmittel für Lebensmittel war, und die Konservierung war, bei dem immer noch sehr schwerfälligen Warenausgleich, das einzige Mittel, Mangel- und Hungerzeiten zu überbrücken, von denen es durch Mißernten, Ungezieferbefall und Witterungsschäden genug gab.

Die Beförderung größerer Güter und größerer Gütermengen machte den Bau größerer Schiffe notwendig, die wiederum naturgemäß nicht mehr nur, wie noch bis ins 12. Jahrhundert, in unmittelbarer Küstennähe fuhren, sondern weiter auf See hinaus, was die Verbesserungen der Navigation und dergleichen erforderlich

machte. 1306 wurde in Stralsund der erste Leuchtturm errichtet.
Eisen war im Mittelalter fast ein Edelmetall. Man ging sparsam damit um, und jeder alte Nagel wurde sorgsam umgeschmolzen, wiederverwendet, denn die Eisengewinnung hinkte in Deutschland der wirtschaftlichen Entwicklung in Italien und Spanien hinterher, wo ja schon eine Tradition des Eisenbergbaues aus dem Altertum bestand. Bis auf den etwas größeren, gewerblichen, bergmännischen Abbau des Eisens in der Steiermark beruhte die Eisengewinnung mehr oder weniger auf Zufallsfunden von Nebenerwerbsbauern. Besser bestellt war es um den für die Großen wichtigen Edelmetallbergbau. Fachmännischer Silberbergbau ist fürs 13. Jahrhundert in Freiberg in Sachsen, Kupfer im Mansfeldischen nachweisbar.
Die Energie, die zur Verfügung stand, beschränkte sich auf die menschliche und tierische Muskelkraft, auf Wind und Wasser, die Mühlen und Hämmer betrieben, und Holz und Holzkohle als Brennmaterial. Daß eine so untergeordnet erscheinende Erfindung wie die des Blasbalgs, der sich im 13. Jahrhundert schnell verbreitete, einen Aufschwung verursacht, verblüfft zunächst, leuchtet bei genauerem Nachdenken jedoch ein.

*

Was Bildung und Erziehung anbelangte, so lebte man im Deutschland des 13. Jahrhunderts weitgehend hinter dem Mond. Alles auf diesem Gebiet war Angelegenheit der Kirche, und die Kirche war der Meinung, daß Bildung für den einfachen Mann (für die Frau sowieso) nur zu unliebsamem Nachdenken und damit zu Unbotmäßigkeit und Ketzerei führe. Also wurden nur diejenigen ausgebildet, die Geistliche werden sollten, um dieses (Aber-)Glaubensgut weiter zu verbreiten. Große Schulen wie in Paris oder Vorformen von Universitäten wie in Italien gab es in Deutschland nicht. Im wesentlichen beruhte die Bildung auf den Klosterschulen. Es ist zu vermuten, daß der Anteil der Analphabeten sich auf weit über neunzig Prozent belief. Dieser »Anteil« lebte furchtsam in den Tag hinein, glaubte daran, daß Weihrauch den Durchfall vertreibt, betete zu den in christliche Heilige transformierten Heidengöttern und suchte bei Gewitter die Buche ... Gute, alte Zeit.

Fünftes Kapitel

Im fünften Kapitel zeugt ein Symbolmetall von der Trägheit historischer Entwicklungen – der üble Bonifaz VIII. vergiftet das politische Klima auf Jahrhunderte hinaus – König Albrecht schwimmen bei der Etablierung habsburgischer Erblande die Felle davon – ein Familienrelikt verhilft der Weltgeschichte zu einer dramatisch sentimentalen Situation.

Der zweite Habsburger auf dem deutschen Königsthron, Albrecht I., ca. 1255 noch als Sohn des schwäbischen Kleingrafen geboren, wurde, wie erwähnt, nach der Wahl seines Vaters zum Deutschen König und dessen Sieg über König Ottokar II. von Böhmen fürs erste zum Reichsverwesen im Südosten bestellt, später (zunächst mit seinem Bruder Rudolf II. gemeinsam) mit den Herzogtümern Österreich und Steiermark belehnt. Seit den Versuchen seines Vaters – zuletzt 1290 auf dem Reichstag von Erfurt – Albrecht die Nachfolge im Reich zu sichern, hörte der ehrgeizige Herzog (»eine kantige Persönlichkeit«, H. Koller) nicht auf, nach der Krone zu streben. Die Unzufriedenheit der Kurfürsten mit König Adolf und dessen förmliche Absetzung riefen daher selbstverständlich den Habsburger auf den Plan, und er war es dann auch, der den abgesetzten Adolf beseitigte. Zur Vorsicht ließ sich Albrecht – wohl aus Aberglauben – nach dem Tod Adolfs in Frankfurt im Juli 1298 ein zweites Mal wählen, wobei er die Wahl mit Zugeständnissen (Wahlkapitulationen) an die Kurfürsten erkaufen mußte, al-

lerdings nicht so kraß wie sein Vorgänger. Vor allem war Albrechts Machtbasis breiter.
König Albrechts Politik war weitgehend nicht mehr auf das Reich ausgerichtet, sondern auf die Mehrung seiner Hausmacht. Im Grunde genommen kann man sagen, daß mit Albrecht der imperiale Gedanke des alten deutschen, westfränkischen Königtums zu Ende ging. War schon jahrhundertelang die römische Kaiserkrone nur noch Dekoration, so wurde es jetzt auch die deutsche Königskrone. Daß dieses Symbolmetall dennoch das Reich noch fünfhundert Jahre, wenn auch mehr schlecht als recht, zusammenhielt, grenzt an ein Wunder und ist wohl nur mit der Trägheit zu erklären, mit der sich historische Entwicklungen in aller Regel vollziehen.

*

Außenpolitisch, wenn man so sagen kann, machte König Albrecht eine Kehrtwendung: statt wie König Adolf England, so unterstützte Albrecht nun Frankreich, mit dessen König Philipp IV. dem Schönen er schon vor seiner Wahl Kontakte in dieser Richtung aufgenommen hatte. Das führte dazu, daß die Kurfürsten befürchteten (vermutlich mit Recht), Albrecht suche die Hilfe Frankreichs, dem er bedeutende linksrheinische Gebiete abzutreten bereit war, um das deutsche Königreich in eine habsburgische Erbmonarchie zu verwandeln. Allerdings machte Albrecht da einen Fehler: er wollte zwei erledigte Lehen, die Grafschaften Holland und Seeland, einziehen und einem seiner Söhne übermachen. Der König von Frankreich sah diese westlichen Gebiete des Reiches (mit der wirtschaftspolitisch hochwichtigen Rheinmündung) jedoch als *de facto* zu seiner Interessenssphäre gehörig und entzog Albrecht seine Unterstützung, worauf die vier rheinischen Kurfürsten (Köln, Mainz, Trier und der Pfalzgraf bei Rhein) Oberwasser verspürten und im »Kurverein von Heimbach« (einem Ort bei Bingen) beschlossen, das »Adolf«-Spiel mit Albrecht zu wiederholen, d.h. den König abzusetzen (14. Oktober 1300). Kurfürst-Pfalzgraf bei Rhein war nach dem Tod Herzog Ludwigs II. von Baiern nach der Teilung der wittelsbachischen Erblande Albrechts Neffe Rudolf geworden, der jedoch der Schwiegersohn des sozusagen und mittelbar von Albrecht gemordeten König Adolfs war. Der Papst, der ganz besonders üble Bonifaz VIII., dessen berüchtigte Bulle »Unam sanctam« eine nicht anders als frech zu nennende Anmaßung der Suprematie aller geistlichen Gewalt über alle weltlichen Angelegenheiten festzulegen versuchte und damit das politische Klima auf Jahrhunderte hinaus vergiftete, trat sofort gegen König Albrecht auf, dessen Wahl er nie anerkannt hatte, und auf die Seite der Kurfürsten. Doch Albrecht war aus anderem Holz geschnitzt als sein Vorgänger. Er sammelte in Oberschwaben – seiner Heimat – ein Heer, schlug den glücklosen Kurfürsten Rudolf (der den wenig schmeichelhaften Beinamen »der Stammler« hatte) und dann (Belagerung von Bingen 1302) den Kurfürsten von Mainz. Bei der Flachklopfung der Trierer und Kölner Kurfürsten halfen König Albrecht die Städte, denen die Kurfürsten zur Finanzierung ihres Aufstandes die Steuerschraube stark angezogen hatten. Ende des Jahres 1302 war die Sache ausgestanden.

*

Das Desinteresse Albrechts am Reich und die Bemühungen um die Mehrung habsburgischen Familiengutes zeigen des Königs Politik in den folgenden Jahren. König Wenzel II. von Böhmen, Sohn und Erbe des unglücklichen Ottokar II., hatte seinerzeit die einzige Tochter des polnischen Königs Premislaw II. geheiratet und erlangte nach dessen Tod 1296 die Anerkennung (es war nicht eigentlich eine Wahl wie im Deutschen Reich) des polnischen Adels als Nachfolger, wurde 1299 zum König von Polen gekrönt. Nach dem Aussterben der alten Arpaden – Dynastie in Ungarn mit König Andreas III. (1301), der in kinderloser Ehe mit König Albrechts Tochter Agnes verheiratet war – wählte ein Teil der ungarischen Magnaten, die schon zu Lebezeiten Andreas' III. mit dem König fast im Bürgerkrieg lagen, den Sohn König Wenzels II. von Böhmen und Polen, auch einen Wenzel, zum König von Ungarn, der als solcher den Namen Wladislaw (László) annahm, aber aufgrund massiven Druckes des Deutschen Königs schon nach drei Jahren weichen mußte, denn dem Habsburger wäre die damit zu erwartende Vereinigung Polens, Böhmens und Ungarns eine zu große Gefahr und Machtkonzentration im Osten gewesen. 1304 kehrte Wenzel-László nach Böhmen zurück, erbte dann 1305 die beiden Kronen seines Vaters als Wenzel III. Jung und verschwenderisch, als

Ausländer in Polen ohnedies mißliebig, stieß er dort und zum Teil auch in Böhmen auf Unmut bei den Baronen. Um den Rücken frei zu bekommen, verzichtete er zugunsten eines Wittelsbachers, des Herzogs Otto III. von Niederbayern, 1305 auf die ungarische Krone, der sich dort aber auch nicht halten konnte.

In der seinerzeitigen Wahlkapitulation hatte Albrecht dem Böhmenkönig Meißen, das Egerland u. a. abgetreten, und dies forderte der König nun zurück. König Albrechts ältester Sohn Rudolf (den die österreichische Geschichtsschreibung als Rudolf III. zählt) marschierte zur Durchsetzung der Forderung in Mähren ein, der König selbst von Nürnberg aus in Böhmen, mußte jedoch bei Uttenberg eine Niederlage einstecken, was ohne weitere Folgen blieb, denn der unglückliche Wenzel III. wurde am 4. August des Jahres 1305 auf einem Feldzug gegen die aufmüpfigen Barone meuchlings ermordet. Von wem und in wessen Auftrag, wurde nie ermittelt.

Nun verlieh König Albrecht das Königreich Böhmen als heimgefallenes Lehen seinem ältesten Sohn Rudolf, der diesen Anspruch auch tatsächlich durchsetzte, zur Befestigung auch gleich noch die (noch junge) Witwe König Wenzels II., also des Vaters seines Vorgängers, heiratete. Damit erhoffte Rudolf auch die Krone Polens zu erlangen, denn jene junge Witwe, Elisabeth, war ja die Tochter des letzten Piasten-Königs, wie oben erwähnt. Das gelang jedoch nicht, denn die polnischen Barone wählten einen entfernten Vetter des letzten Piasten, einen schlesischen Herzog, zum König. Rudolf verfolgte den Plan auch nicht weiter, denn ein Aufstand

westböhmischer Barone erforderte schnelles Eingreifen. Es gelang zwar, die Insurrektion zu unterdrücken, aber Rudolf, ohnedies schwächlich und kränklich, erlag, fünfundzwanzig Jahre alt, auf diesem Feldzug der Ruhr (im Juli 1307).
Unbeschadet einer – allerdings erzwungenen – Absprache von 1305 mit den böhmischen Baronen, da künftighin nur noch ein Habsburger zum König von Böhmen gewählt werden dürfe, wählten die Barone den Mann der ältesten Tochter des verstorbenen Wenzel II., Herzog Heinrich von Kärnten, zum König.
König Albrecht schwammen offenbar die Felle davon. Der erste Anlauf zur Schaffung eines habsburgischen Erbreiches war gescheitert. Da erinnerte sich der König daran, daß sein »unartiger« Namensvetter, Albrecht der Wettiner, seinem ungeliebten Vorgänger Adolf die Landgrafschaft Thüringen verkauft hatte. (Der »Unartige« oder »Entartete« lebte immer noch und verpulverte das Geld – vermutlich für Wein, Weib und Gesang – in Erfurt. Vielleicht fand sich in ihm, genetisch verborgen, schon jener Spruch, den sein direkter Nachkomme im fernen Jahr 1918, der König Friedrich August von Sachsen, bei seiner Abdankung der Volksabordnung entgegenschleudern sollte: »Macht eiern Dregg alleene.«) So wenig König Albrecht seinen Vorgänger auch schätzte, so behauptete er nun doch, jener Kauf der Landgrafschaft sei Rechtens gewesen, das Lehen sei verfallen, die Söhne des »entarteten« Albrecht hätten das Land an den König herauszugeben. Zweifellos plante der König, es einem seiner Söhne zu übergeben und so dem habsburgischen Erbbesitz einzuverleiben.

Aber die beiden Söhne Ex-Landgraf Albrechts, Friedrich »der Gebissene« (ebenjener, den seine Mutter im Abschiedsschmerz in die Wange gebissen hatte) und Dietrich gen. »Diezmann« stellten sich auf die Hinterbeine, schlugen ein Heer, das König Albrecht unter der Führung Heinrichs von Nortenberg aussandte, der den schönen, wenngleich in diesem Fall vielleicht wenig angebrachten Titel »Reichsküchenmeister« führte, im Mai 1307 in der Schlacht bei Lerck (bei Leipzig). Damit war es mit der Etablierung habsburgischer Erblande in Mitteldeutschland vorbei. Von jener Kaufangelegenheit war nie mehr die Rede. Thüringen blieb fortan in unbestrittenem Besitz des Hauses Wettin.

*

Man erinnere sich an den jüngeren, gleichnamigen Sohn König Rudolfs, den Herzog Rudolf II., der zunächst mit seinem Bruder mit Österreich und der Steiermark belehnt worden war, dann jedoch gegen eine Geldabfindung und die Aussicht auf das Königreich Burgund verzichtete. Bevor er seine Geld-Abfindung bekommen hatte, geschweige denn König von Burgund geworden war, starb er (1290), hinterließ aber eine schwangere Witwe, die böhmische Prinzessin Agnes, Tochter König Ottokars II., die einen Sohn, Johann, gebar, dem Namen nach Herzog von Österreich und Steiermark, in Wirklichkeit ein bedauernswürdiges Waisenkind (seine Mutter starb schon 1297), das zunächst auf einer Burg in der habsburgischen Schweiz (im Aargau), später am böhmischen Hof aufwuchs, als wohl eher lästiges Familienrelikt. 1305, nach dem Tod Wenzels III., machte sich Johann Hoffnung auf den böhmischen Thron, wurde jedoch achtlos beiseite geschoben. Sein Onkel, König Albrecht, verweigerte ihm sogar die Ausfolgung der Witwengüter seiner Mutter, auch hielt er ihn immer wieder hinsichtlich einer Beteiligung an der Regentschaft in Österreich und Steiermark hin, auf die Johann Anspruch gehabt hätte, weil ja der Verzicht seines Vaters, so konnte er argumentieren, mangels Zahlung der Abfindung nicht wirksam geworden war. Die Anwartschaft auf Burgund war längst in nebelhafte Ferne verschwunden, und daran, das Geld zu bezahlen, dachte der König nicht im Traum.

Johann mußte sich, kann man sich leicht vorstellen, von allen verlassen fühlen, mag sein, die Ungeduld in ihm verwandelte sich langsam in Wut. Er stieß in dieser Situation auf eine Gruppe von unzufriedenen Schweizer Baronen, mit denen zusammen lauerte er am 1. Mai 1308 an einer Überfahrt über die Reuß dem König auf, der wieder einmal seine Stammlande besuchte. Johann und seine Verschworenen wußten es einzurichten, daß der König allein in einem kleinen Boot übersetzte, dann zog Johann sein Schwert und stach den Onkel nieder. In den Armen einer zufällig am Weg hockenden Bettlerin starb der König, im Angesicht der Stammburg seines Hauses, der Habsburg. Man sieht, daß sich die Weltgeschichte dramatisch-sentimentale Situationen erlaubt, die – als zu dick aufgetragen – kein Schriftsteller zu erfinden wagte.

Johann und seinen Mittätern gelang es zu entfliehen. Seltsamerweise erst ein Jahr später wurde über Johann die Reichsacht verhängt. Er scheint nach Italien geflohen zu sein, wo er sich – so eine nicht ganz sichere Nachricht – 1312 in Mönchskleidern dem neuen König zu Füßen geworfen habe, um Verzeihung flehend. Bald darauf scheint er gestorben zu sein. In der Geschichte lebt er als unglückselige Randfigur unter dem Schimpfnamen »Johann Parricida« – Vatermörder fort ... Vater oder Onkel, die Muse der Historiographie sieht das nicht so eng.

Sechstes Kapitel

Im sechsten Kapitel zeugen einundzwanzig Kinder von der Fruchtbarkeit König Albrechts I. – durch Einschlagen der Schädel wird verschiedenen Völkern die Religion der Liebe nähergebracht – König Heinrich VII. hegt romantische, imperiale Träume – die jählings in Italien ein Ende finden.

König Albrecht I. war, soweit die greifbaren genealogischen Tabellen nicht trügen, der fruchtbarste Deutsche König. Er zeugte mit seiner Frau, einer geborenen Gräfin von Tirol (spekulierte damals Habsburg schon aufs Tiroler Erbe?), nicht weniger als einundzwanzig Kinder. Davon starben allerdings neun im Kindesalter, der älteste Sohn, Herzog Rudolf III., König von Böhmen, starb, wie erwähnt schon 1307. Die nächstälteren Söhne Friedrich (neunzehn Jahre alt) und Leopold (achtzehn Jahre alt) waren seit 1306 gemeinschaftlich Regenten in Österreich und der Steiermark. Die drei jüngsten Söhne Albrecht, Heinrich und Otto waren zur Zeit des Todes des Königs noch Kinder.

König Albrecht scheint, im Gegensatz zu seinem Vater seinerzeit, keine Maßnahme getroffen und Bemühungen unternommen zu haben, um einem seiner Söhne die Nachfolge im Königsamt zu verschaffen, vielleicht wegen des frühen Todes des dafür in Frage kommenden ältesten Sohnes, vielleicht auch, weil ihm das Beispiel des vergeblichen Bemühens seines Vaters vor Augen stand. So begnügten sich die Söhne des Königs mit den ererbten Herzogtümern und traten ins zweite Glied zurück – vorerst.

*

Noch bevor die Nachricht vom unerwarteten Tod König Albrechts bekannt geworden war, hatten einige rheinische Fürsten mit den zu Einfluß gelangten Grafen von Luxemburg ein Bündnis zur Abwehr des zu starken französischen Einflusses im Westen des Reiches geschlossen. Wie erwähnt, waren viele Gebiete des deutschen Westens nach Frankreich hin orientiert. Der Graf von Luxemburg, Heinrich, Sohn einer Comtesse de Avesnes, war aber nicht nur Lehensträger des Reiches, sondern als Graf von la Roche und Arlon auch Vasall des Königs von Frankreich, dem er sich eng verbunden fühlte. Als 1304 Papst Benedict XI. (ein Dominicaner, dennoch recht friedfertig) in Perugia starb und die Cardinäle nach elf Monaten voll von Debatten und Intrigen endlich den Erzbischof von Bordeaux, Bertrand de Got, also einen Franzosen wählten, geriet das Papsttum völlig in das französische Fahrwasser. Der neue Papst, er nahm den Namen Clemens V. an, ließ sich nicht in Rom krönen (1305), sondern in Lyon, wohin der König von Frankreich, Philipp der Schöne, sogleich eilte, um der Krönung beizuwohnen und dem neuen Papst zu verstehen zu geben, wer nun in der Kirchenpolitik das Sagen hat. Im Gefolge des Königs: Graf Heinrich von Luxemburg.
Papst Clemens V., dies nur nebenbei, weil nicht zur deutschen Geschichte gehörend, betrat die Stadt Rom

nie. Er verlegte die päpstliche Residenz nach Avignon, und damit begann das siebzigjährige »Babylonische Exil« der Päpste. In Rom blieben einige Cardinäle zurück, und die papstlose Zeit dort führte zur seltsamen, phantasmagorischen Revolte des Cola di Rienzo, dessen Figur vom Roman Bulwer-Lyttons und vor allem der Oper Richard Wagners romantisch verklärt wurde. Interessant ist, und insofern betrifft es doch die deutsche Geschichte, daß sich Hitler vor allem mit der Figur des Rienzo identifizierte, freilich nicht mit dem historischen Notar Nicola di Lorenzo, sondern mit der Wagnerschen Bühnenfigur eines politischen Heilands. Mit der historischen Figur des Rienzo hatte Hitler allerdings den Größenwahn gemeinsam.

Graf Heinrich von Luxemburg erwirkte beim Papst die Erhebung seines Bruders Balduin auf den Erzbischofsstuhl von Trier, womit Balduin dann (dreiundzwanzig Jahre alt) 1308 einer der sieben Kurfürsten war, der nun nach Albrechts Tod über die Wahl eines neuen Königs entschied.

Der Kurfürst von Mainz war der für damalige Begriffe uralte Peter von Aspelt, ein hochangesehener Mann und tatsächlich eine relative Lichtgestalt unter den sonst machtgeilen Großpfaffen. Er war ein Freund König Rudolfs und dessen Leibarzt gewesen.

Erzbischof und Kurfürst von Köln war damals seit kurzer Zeit der (auch schon ältliche) Graf Heinrich von Virneburg, ein straff päpstlich gesinnter Mann.

König von Böhmen und damit Kurfürst war, wie oben erwähnt, Herzog Heinrich von Kärnten und Graf von Tirol, erst seit 1307, ein schwacher Fürst, der im Jahr der Wahl 1308 alle Händevoll zu tun hatte, sich in Böhmen Respekt zu verschaffen, was ihm im Übrigen nie gelang. Er nahm an der Königswahl auch gar nicht teil. Zu Sachsen, dem andern weltlichen Kurfürstentum, ist ein etwas ausholenderes Wort zu sagen. Es erscheint ja seltsam, daß das heutige Sachsen mit dem damaligen Sachsen geographisch wenig zu tun hat. Die alten, von Karl dem Großen brutal christianisierten Sachsen lebten, sofern sie nicht von Karls kühnen Mannen abgeschlachtet worden waren, innerhalb des fränkischen Reiches im Nordwesten des heutigen Deutschland, zwischen Elbe und Niederrhein, südlich grenzte ihr Siedlungsbereich an die »austrasischen« (d. h. ostfränkischen) Provinzen Hessen und Thüringen. Das heutige Bundesland Sachsen war die Sorbische Mark und das Land der Dolemizier, die, zur ständigen Sorge des Kaisers, noch böse, fröhliche Heiden waren.

Dieses hier grob umrissene Siedlungsgebiet war dann auch der Umfang des frühmittelalterlichen Stammes- und Amtsherzogtums Sachsen, zu dem weder Thüringen noch die zu den Markgrafschaften Lansitz, Nordmark (das spätere Brandenburg) und Meißen aufgestiegenen Fürstentümer gehörten. (Den dort wohnenden Dolemiziern, Sorben, Liutizen und anderen war inzwischen durch Einschlagen der Schädel die christliche Religion der Liebe nahegebracht worden.) Im Lauf der oben zum Teil geschilderten Vorgänge im 11. und 12. Jahrhundert und der zunehmenden Zersplitterung des Reiches durch Schaffung neuer Herzogtümer auf Kosten der bestehenden und durch das Aufkommen territorial recht mächtiger Grafengeschlechter (Oldenburg, Hoya, Lippe u. a.) und durch das Herausbrechen bedeutender Landstriche, die den Bischöfen als Fürstentümer überantwortet wurden (Bremen, Münster, Osnabrück, Paderborn, Magdeburg) wurde das Herzogtum Sachsen immer kleiner. Nach der Abtrennung der nicht unbeträchtlichen Landmasse für das neue Herzogtum Braunschweig-Lüneburg blieb als Herzogtum Sachsen nur noch ein lächerlicher Landstreifen an der unteren Elbe um Lauenburg und ein kleines Territorium – etwas größer – mit dem Zentrum Wittenberg übrig. Die Askanier, die in diesem Rest-Sachsen herrschten, teilten sich in zwei Linien: in die völlig unbedeutende Linie Sachsen-Lauenburg und in die Linie Sachsen-Wittenberg, die immerhin die Kurwürde erhielt. In Sachsen-Wittenberg regierte für ihren unmündigen Sohn Rudolf damals nun die verwitwete Kurfürstin Agnes, eine Tochter König Rudolfs, Schwester König Albrechts. Bei der Königswahl von 1308 scheint jedoch Kurfürst Rudolf bereits selbst teilgenommen zu haben.

Im Süden Sachsen-Wittenbergs hatte sich das Geschlecht der Wettiner durch Erbfolge und – wie oben geschildert – militärische Bemühungen zu einer beträchtlichen Territorialmacht aufgeschwungen. Sie beherrschten als Landgrafen von Thüringen und Markgrafen von Meißen die größten Teile der Landstriche zwischen der Weser und der schlesischen Grenze.

Eine andere Linie der Askanier hatte sich in der ehemaligen Nordmark festgesetzt und nach und nach, sozusagen unbemerkt vom großen Weltgeschehen, eine umfangreiche Masse Landes, die allerdings hauptsächlich

aus Sand bestand (»des Heiligen Römischen Reiches Streusandbüchse«) zusammengesammelt, zum Teil auf Kosten der ehemals heidnischen Stammesländer östlich der Oder. Durch vielfache Teilung des Landes unter den Söhnen und Enkeln der Markgrafen wurde die Landesherrschaft jedoch so geschwächt, daß das Land, das über wenig Ressourcen und fast keine städtische Wirtschaftsmacht verfügte, zu Anfang des 14. Jahrhunderts »vor dem wirtschaftlichen Ruin stand« (W. Ribbe). Ob einer der vielen Markgrafen die der Markgrafschaft zustehende Kurstimme abgab, und wenn ja, welcher, ist ungeklärt, vielleicht Otto IV. genannt »mit dem Pfeil«. Dieser Beiname rührte daher, daß er in einem der üblichen Kleinkriege (hier mit dem Erzbischof von Magdeburg) in der Schlacht bei Straßfurt (1280) von einem Pfeil am Kopf getroffen worden war, mit dem er jahrelang herumlief, weil das Kampfrelikt nicht entfernt werden konnte. Otto war trotz allem auch das seltsame Beispiel eines kultivierten Fürsten. Er ist als Minnesänger berühmt gewesen; seine Lieder und sein Bild sind in der Heidelberger Liederhandschrift zu finden.
In der Pfalz regierte (und übte 1308 die Kurstimme aus) der oben schon erwähnte Kurfürst und Herzog Rudolf aus dem Hause Wittelsbach.

*

Der Kurfürst und Erzbischof von Trier, Balduin, nutzte die Stimmung seiner rheinischen Kollegen aus, die ins Antifranzösische umgeschlagen war. Der König von

Frankreich erschien allmählich zu mächtig, und sein Vorschlag, seinen jüngeren Bruder, den Grafen Karl von Valois, zum Deutschen König zu wählen, roch allzusehr nach dem Versuch eines französischen Vorstoßes nach Osten und konnte letzten Endes die Vereinigung der Kronen Frankreichs und Deutschlands mit sich bringen, was – *de jure* immer noch – allerdings nur eine Wiedervereinigung des ostfränkischen mit dem westfränkischen (Teil-)Reich gewesen wäre. Doch so formalistisch dachte wohl niemand mehr, und die Kurfürsten fürchteten vor allem eine französische oder französisch ausgerichtete Erbmonarchie, in der ihre Kurprivilegien erledigt gewesen wären.
Also wählten die Kurfürsten (mit Enthaltung Böhmens) am 27. November 1308 den etwa dreißigjährigen Grafen Heinrich von Luxemburg zum neuen Deutschen König, der als Heinrich VII. am Dreikönigstag 1309 in Aachen gekrönt wurde.
König Heinrich war offenbar von romantischer, schwärmerischer Natur. Er fühlte sich als neuer Stauferkaiser und hegte (völlig illusorisch) imperiale Träume. Er war der erste Deutsche König, der wieder, und zwar sofort nach seiner Krönung, einen Italienzug unternahm, was nach der inzwischen dort eingetretenen politischen Situation und den Veränderungen nach der Stauferzeit ein krasser Anachronismus war.
Im Sommer 1310 brach Heinrich mit einem Heer nach Italien auf, wobei das Heer, das er anführte, schon nicht mehr aus Heeresfolge leistenden deutschen Fürsten und Rittern bestand, sondern aus Söldnern. Der Italienzug wurde eine Pleite auf nahezu der ganzen Linie.

Zwar wurde er in Mailand mit einer nachgemachten Eisernen Krone (die echte war nicht verfügbar) zum König von Italien gekrönt, aber Kämpfe mit den Städten und Seuchen dezimierten das Heer, und als Heinrich mit ihm in Rom anlangte, gelang es ihm nicht, den Bruder des Königs von Neapel, der Rom in Abwesenheit des Papstes (ohne dessen Auftrag) verwaltete, ganz zu vertreiben. Die Leostadt konnten die deutschen Söldner nicht erstürmen, so daß dem König die Peterskirche verschlossen blieb. Er wurde, und das auch nicht vom Papst, sondern von einem Cardinal-Legaten in S. Giovanni in Laterano am 29. Juni 1312 zum Römischen Kaiser gekrönt – der erste Kaiser seit zweiundsechzig Jahren. Auf dem Rückweg erkrankte der Kaiser an Malaria und starb am 24. August 1313 in einem Dorf bei Siena. Seine Frau, Margarete von Brabant, die ihn begleitet hatte, war schon vorher, 1311 in Genua gestorben.
Auch Kurfürst Balduin von Trier hatte den König und späteren Kaiser begleitet. Er überstand den Feldzug, kehrte nach Deutschland zurück und überlebte den Bruder um dreiundvierzig Jahre. Um etwa 1340 ließ Balduin eine (heute im Landeshauptarchiv Koblenz aufbewahrte) Bilderchronik anfertigen, die in dreiundsiebzig Bildern die Geschichte Heinrichs von der Bischofsweihe Balduins bis zum Tod des Kaisers in farbigen, künstlerisch hochrangigen und kulturhistorisch interessanten Bildern darstellt. Das letzte Bild zeigt den jungen, rotlockigen Kaiser in der noch offenen Gruft im Dom zu Pisa, von drei Engeln betrauert.

*

Die kurze Regierungszeit Heinrichs, die er noch dazu überwiegend in Italien verbrachte, hinterließ in Deutschland nur geringe Spuren. Folgenreich war lediglich, daß es ihm gelang, seinen vierzehnjährigen Sohn Johann 1310 mit einer Tochter des verstorbenen Böhmenkönigs Wenzel II. zu verheiraten und so einen Anspruch seines Hauses auf die Krone Böhmens zu erwerben, und nicht nur das, diesen Anspruch sogar gegen den schwächlichen König Heinrich, den Herzog von Kärnten und Grafen von Tirol, durchzusetzen, der noch im gleichen Jahr, finanziell und militärisch am Ende, das Land verlassen mußte, ohne allerdings jemals auf die Krone Böhmens zu verzichten. König Johann, eine eigenartige, schillernde Figur, die uns im Lauf der Erzählung noch mehrfach begegnen wird, gelang es, unter tätiger Mithilfe des Erzbischofs Peter von Aspelt von Mainz, der die luxemburgischen Truppen kommandierte, seine Herrschaft in Böhmen zu festigen, so daß hier ein mächtiges luxemburgisches Erbland entstand, was dazu führte, daß das 14. Jahrhundert in Deutschland fast so etwas wie ein luxemburgisches Jahrhundert wurde.

Siebentes Kapitel

Im siebenten Kapitel hat Friedrich der Schöne die Intelligenz nicht mit Löffeln gefressen – das Ritterheer Herzog Leopolds wird von kecken Bergbewohnern in die kläglichste Flucht geschlagen – ein schwäbisches Kleintyrannengeschlecht macht sich auf den Weg in die Weltgeschichte – Johannes XXII. wird Kandidat für die Palme der höchsten Widerwärtigkeit – es wird die Frage geklärt, weshalb der Schweppermann nach der Schlacht von Mühldorf zwei Eier bekommt – vier Spirituale werden als Häretiker verbrannt, weil sie die Lehre Christi ernst nehmen – Kaiser Ludwig und die Baiern bleiben trotz Weihwassers bei Bier – bei den Kurfürsten klingeln die Alarmglocken – ein Pfaffenkönig sorgt für Umtriebe – die Schlacht von Crécy ist ein trauriger Wendepunkt in der Geschichte – Karl IV. wird unangefochten Deutscher König.

Die deutsche Geschichte der folgenden Jahre war bestimmt von der Rivalität zwischen dem Hause Habsburg und dem Hause Wittelsbach, zwischen beiden und den Luxemburgern und vor allem in einer Schärfe wie nie zuvor, auch nicht in der Zeit des Investiturstreits, in der Auseinandersetzung zwischen Kaiser und Papst.

Es begann mit einer Doppelwahl. König Johann von Böhmen, der Sohn des so plötzlich verstorbenen Kaisers Heinrich VII., konnte bei den Kurfürsten keine Mehrheit finden, doch es gelang ihm, der ja selbst Kurfürst war, mehr als ein Jahr lang eine konstruktive Mehrheit zu verhindern. Die Situation wurde dadurch erschwert, daß es plötzlich neun statt sieben Kurfürsten gab: beide Herzöge von Sachsen, sowohl der zu Lauenburg als auch der zu Wittenberg, behaupteten, eine Kurstimme zu haben. Die noch ungeklärte Rechtslage auf diesem Gebiet – es gab noch keine schriftliche Verfassung der Kurrechte, aber immerhin begann man deren Notwendigkeit einzusehen – machte es unmöglich zu entscheiden, welcher der Herzöge von Sachsen recht hatte. Und außerdem gab es außer König Johann von Böhmen, der dort *de facto* ungestört herrschte, noch König Heinrich, der verbittert auf Schloß Tirol bei Meran, seiner Stammburg, saß und grollte und auch eine Kurstimme beanspruchte. Da auch die juristische Rechtmäßigkeit des Königtums Johann von Luxemburgs mangels formeller Verzichterklärung Heinrichs nicht feststand, allenfalls sprach die normative Kraft des Faktischen für ihn, ist nicht zu entscheiden, wer, Johann oder Heinrich, rechtens die Kurstimme ausübte, und das wirkte, ziemlich verheerend, auch auf die Frage der Gültigkeit der einen oder der anderen Wahl weiter: auf die vom 19. September 1314, bei der vier Kurfürsten Herzog Friedrich von Österreich, den ältesten überlebenden Sohn König Albrechts, und auf die vom 20. September 1314, bei der fünf Kurfürsten Herzog Ludwig von Baiern zum König wählten.

Schon vor der Doppelwahl war es zu einer kriegerischen Auseinandersetzung zwischen Friedrich und Ludwig gekommen. Ludwig (nicht nur als späterer König und Kaiser, sondern zufällig auch als Herzog von Baiern »IV.«), ein Neffe König Albrechts und also Vetter seines Gegenspielers Friedrich (auch und vielleicht

gerade bei hohen Herrschaften bewahrheitet sich das zwiespältige Wort von den »Familienbanden«), war seit dem Tod seines Vaters, Ludwigs des Strengen, 1294 Herzog von Baiern, und zwar von Oberbaiern, und residierte in München, das er zu einer bedeutenden Stadt ausbaute. In Niederbaiern regierten seine Vettern Stephan I. und Otto III.; sie residierten in Landshut. 1309 starb Stephan, 1312 Otto. Beide Herzöge hinterließen unmündige Söhne, über die Ludwig die Vormundschaft übernahm. Das paßte den herzoglichen Witwen nicht (Agnes von Glogau bzw. Jutta von Schweidnitz, zwei schlesische Prinzessinnen), und sie suchten Schutz in Wien, wo seit dem Tod König Albrechts Herzog Friedrich (der nicht von Zeitgenossen, jedoch in späterer habsburgischer Verklärung »der Schöne« genannt wurde) regierte, zusammen mit seinen Brüdern Leopold, Albrecht II., Heinrich und Otto. Die Hausmacht der Brüder war beträchtlich: Österreich, die Steiermark und Krain und die Güter in »Vorderösterreich«, nämlich im Elsaß, Schwaben und der Schweiz. Friedrich war der älteste und vielleicht wirklich schön, die Intelligenz mit Löffeln gefressen zu haben scheint er allerdings nicht. Die treibende Kraft in der Politik der Habsburger war sein Bruder Leopold, ein offenbar schlauer Kopf, der sich, die Fäden ziehend, im Hintergrund hielt.
Herzog Friedrich, wohl von seinem stets straff antiwittelsbachisch gesinnten Bruder gedrängt, tönte also vom Schutz über die armen niederbairischen Witwen und Waisen, beanspruchte nun seinerseits die Vormundschaft über die unmündigen Herzöge (zwei hießen

Heinrich – II. und III., einer Otto IV.) und marschierte im Herbst 1313 mit einem gewaltigen Heer in Niederbaiern ein. Daß dabei unausgesprochen der Gedanke im Spiel war, Niederbaiern (zu dem damals und noch jahrhundertelang das Innviertel gehörte) für Österreich und über die Vormundschaft hinaus endgültig zu gewinnen, ist klar. (Bezeichnend für die politische Situation in Deutschland war, daß der Kaiser – in Italien herummanövrierend – nicht den leisesten Versuch machte, diesen verderblichen Territorialkrieg zwischen zweien seiner Lehensleute und Untergebenen zu verhindern.) Am 9. November 1313 (was nicht alles in der deutschen Geschichte an einem 9. November vorfiel) kam es westlich bei Landshut, beim Ort Gammelsdorf, zur Schlacht, in der Herzog Ludwig das zahlenmäßig weit überlegene österreichische Heer unter Ausnützung des Geländevorteils und des Nebels, der plötzlich aufkam, schlug. Die Österreicher mußten sich mit blutiger Nase zurückziehen, der bis dahin sozusagen unbekannte Herzog Ludwig war plötzlich ruhmbedeckter Held und Feldherr. Daß die Niederlage von Gammelsdorf die Reputation des Habsburgers bei der nun anstehenden Königswahl (König Heinrich VII. war ja inzwischen gestorben) nicht gerade erhöhte, leuchtet ein.

*

Kurz nach der Doppelwahl ereilte die Habsburger eine weitere, à la longue gesehen (nicht nur für die Habsburger) gefährliche und folgenreiche militärische Schlappe. Die drei »Urkantone« der Schweizer Eidgenossenschaft Uri, Schwyz und Unterwalden waren wieder aufmüpfig geworden. Besonders die Schwyzer taten sich hervor, als das selbstredend habsburgtreue und privilegierte Kloster Einsiedeln den Eidgenossen das Wasser abgraben wollte (buchstäblich, es ging um Quellrechte). Die Schwyzer rückten vor das Kloster, erstürmten es und nahmen die fetten Pfaffen gefangen.

Obwohl nicht anzunehmen ist, daß der österreichische Herzog Leopold besondere Sympathie für die Kapaune von Einsiedeln empfand, vielmehr nur die Gelegenheit ergriff, um die kecken Bergbewohner und Käsefabrikanten am Schopf zu packen, bot er ein Heer auf, marschierte in die Innerschweiz und wollte vom Aegerisee aus gegen Schwyz vorstoßen. Das glänzende Ritterheer wurde jedoch aus dem Hinterhalt von zottigen Schwyzern (verstärkt durch ein Aufgebot ebenfalls zottiger Urner) angefallen, die sich an keine edle Kriegsregel hielten, sondern mit felsgewohnten Fäusten und Knüppeln dreinhauten und die Ritter in die kläglichste Flucht schlugen – samt Herzog Leopold. Das war die Schlacht von Morgarten vom 15. November 1315, und den Tag betrachtet die Eidgenossenschaft mit einem gewissen Recht (freilich mit legendenhaften Ankristallisierungen heroischer Art geschmückt) als den Beginn ihrer Freiheit. Es ist auch der Beginn des Endes vom Ritterglanze, und vor allem das endliche, ferne Heraufdämmern der Ansicht bei den Menschen ganz unten, daß man sich von denen ganz oben nicht immer alles gefallen lassen müsse. Eine historische Folge des Sieges von Morgarten war ein weiteres Zusammenrücken der selbstsicher gewordenen Urkantone im

»Dreiländerbund von Brunnen« (9. Dezember 1315) und wenige Jahre später der Beitritt der ersten bedeutenden Stadt, nämlich Luzerns, zum Bund. Der der Schlacht angeblich vorangegangene »Rütlischwur« von 1307 ist, ebenso wie die Wilhelm-Tell-Geschichte, reine Legende.

*

Unbemerkt vom sogenannten großen Weltgeschehen – dies eine hinausweisende Zwischenbemerkung –, hat sich schon im 11. Jahrhundert ein schwäbisches Kleintyrannengeschlecht, abstammend von einem 1061 erschlagenen Burkardus von Zolorin, auf den Weg in die Weltgeschichte gemacht, die es dereinst durch bemerkenswerte Figuren teils zieren (wie Friedrich der Große), teils verunstalten (wie Kaiser Wilhelm zwo genannt »mit der Kopfprothese«) sollte: die Hohenzollern. Der in ihren Annalen häufig vorkommende Name Friedrich zeigt, daß sie in der Regel staufisch ausgerichtet waren, und der Stauferkaiser Heinrich VI. war es auch, der ihnen – die zweite Leitersprosse – 1191 (oder 1192) die Burggrafschaft Nürnberg verlieh. Dieses Amt bedeutete zunächst die stellvertretende Königsherrschaft über die Burg Nürnberg, war jedoch auch mit der Herrschaft über die Stadt und umliegende, nicht unbeträchtliche Gebiete verbunden. Die Stadt freilich wurde bald stärker als die Burggrafen, denen die erstarkenden und reich werdenden Bürger in Salamitaktik nach und nach die magistralen Rechte teils abkauften, teils abluchsten. 1219 brach der »Große Freiheitsbrief« Kaiser Barbarossas die Stadt praktisch aus der Macht der Burggrafen heraus, machte Nürnberg, das damals nach Köln die größte Stadt des Reiches war, *de facto* zur Reichsstadt; den Burggrafen blieb die Burg, sie entschädigten sich jedoch durch verschiedenen Landgewinn, so 1248 nach Aussterben der Andechser Grafen durch deren nordfränkischen Besitz Bayreuth und 1285 durch Erwerb des Reichslehens Wunsiedel. Als König Ludwig der Baier 1315 der Stadt Nürnberg das »Privilegium de non evocando«, also die – nach dem König – höchste Gerichtsgewalt verlieh, sie also reichsunmittelbar machte, wurde es den Hohenzollern in der von der Stadt völlig eingeschnürten Königsburg zu ungemütlich, und sie zogen in die Cadolzburg bei Fürth, von wo aus sie ihr langsam immer weiter ins Fränkische hinausgreifende Land regierten. Es sollte nicht lang dauern, bis die Hohenzollern noch weiter hinausgriffen.

*

Es ist nicht leicht zu entscheiden, welchem der (angeblichen) Nachfolger Petri auf dem katholischen Thron die Palme der höchsten Widerwärtigkeit zu reichen ist, aber Johannes XXII. wäre zumindest ein Kandidat dafür.

Noch sein Vorgänger Clemens V., der erste der ständig in Avignon residierenden Päpste, hatte kurz vor seinem Tod und nach dem Tod Kaiser Heinrichs VII. verfügt, daß das Königsamt vakant sei, und beanspruchte damit das »Reichsvicariat« über Italien, d. h. Norditalien, das ja theoretisch noch immer zum Deutschen Reich ge-

hörte, und er setzte König Robert von Neapel zum »Reichsvicar« ein, der erste Schritt, um Norditalien endgültig vom Reich zu lösen. Noch vor der Doppelwahl in Deutschland starb der Papst, und über zwei Jahre lang stritten sich die Cardinäle, bis sie sich auf den Franzosen Jacques Duèse, den Bischof von Avignon, einigten, der am 7. August 1316 den Namen Johannes XXII. annahm und weiterhin in Avignon blieb und – zunächst – bezeichnenderweise im dortigen Dominicaner-Kloster residierte, wie er überhaupt eine deutliche Vorliebe für diese Inquisitoren-Horde hegte.
Die in Deutschland herrschenden Zustände nach der Doppelwahl kamen dem (über siebzigjährigen, stets kränklichen, aber zähen – er wurde neunzig! – zwergwüchsigen und verschlagenen) Papst stark entgegen. Er erklärte, um weiter im Trüben fischen zu können, daß keine der Königswahlen gültig, das Königsamt also weiterhin vakant sei (und damit das Reichsvicariat über Italien bestehen blieb), und er bot lediglich fromme Sprüche und mahnte scheinheilig zur Versöhnung.
Inzwischen war es Ludwig von Baiern, also König Ludwig IV., gelungen, ein gewisses Übergewicht an Anerkennung unter den Fürsten zu finden, während die habsburgischen Herzöge durch die beiden genannten Niederlagen politisch ins Abseits gerieten. Dennoch gaben sie nicht auf. Ein jahrelanges Nadelstechen begann, von König Friedrich (er zählte sich als III., da die Rechtmäßigkeit, wie dargestellt, ungeklärt war, wollen wir ihm die Ehre antun und ihn so nennen) von Österreich aus und von Herzog Leopold von den schwäbischen Besitzungen der Habsburger geführt. Über-

haupt hatte, so scheint es, Leopold den Plan, das staufische Herzogtum Schwaben, das so gut wie aus der Geschichte entwichen war, für sich wieder zusammenzusammeln. Die Sache eskalierte im Herbst 1322. Bei Mühldorf in Niederbaiern (auf damals fürsterzbischöflich salzburgischem Gebiet) trafen die Heere, je fünf- bis sechstausend Mann stark, aufeinander. Es war die letzte Ritterschlacht auf deutschem Boden, und König Ludwig entschied sie – bevor die von König Friedrich erhoffte Verstärkung durch seinen Bruder eintraf – durch taktisches Geschick und den wirksamen Einsatz seiner Reiterei für sich. Das österreichische Heer wurde vollständig geschlagen und so gut wie – wie der brutale Ausdruck lautet – aufgerieben. König Friedrich gefangengenommen (28. September 1322).

Der bairische Feldhauptmann hieß Seifried Schweppermann, der, was entscheidend zum Sieg beitrug, die Österreicher zwang, gegen die blendende Sonne zu kämpfen. Nach der Schlacht, so heißt die Legende, habe König Ludwig jedem seiner Soldaten ein Ei geben lassen, wovon der schöne Vers stammt: »Jedem Mann ein Ei und dem braven Schweppermann zwei.« Herzog Leopold kam übrigens deshalb zu spät zur Schlacht, weil er auf dem Marsch dorthin aus Privatrache die Zeit mit der schönen Beschäftigung vertrödelte, einige Burgen des Grafen von Montfort zu belagern, zu zerstören und die Besetzungen über die Klinge springen zu lassen.

Friedrich wurde als Gefangener auf die Burg Trausnitz in der Oberpfalz gebracht. Übrigens behandelte ihn sein Vetter, König Ludwig, ritterlich. Die Bemühungen

Herzog Leopolds, französische Hilfe ins Land zu holen, scheiterten. Die Sache der Habsburger in der Konkurrenz um die Königskrone war für diesmal verloren. Es scheint auch so, als habe Friedrich die Lust an weiterem Kampf verloren. Im März 1325 entließ ihn König Ludwig aus der Haft, im September des gleichen Jahres kam es sogar in München zu einem seltsamen Vertrag, der wie eine Versöhnung wirkt: Ludwig erkannte Friedrichs Königtum an und räumte ihm großzügig die Mitregentenschaft ein, die jedoch praktisch bedeutungslos blieb, denn Friedrich zog sich nach Wien zurück und widmete sich von da an still der Regentschaft seines Hausgutes. Er starb wenig später, 1330.

*

Der Papst erkannte auch nach der Schlacht von Mühldorf keinen der beiden Könige an, auch nicht den Vertrag von München von 1325. Der Papst eröffnete sogar ein kirchenrechtliches Verfahren gegen den König mit dem Ziel des Kirchenbannes. Der König antwortete mit den beiden »Appelationen« von Nürnberg (1323) und Frankfurt (1324), in denen er dem päpstlichen Gerichtshof die Kompetenz absprach, über einen Deutschen König zu richten. Das waren bis dahin unerhörte Töne. Papst Johannes XXII. schäumte drüben in Frankreich und schleuderte am 23. März 1324 den Kirchenbann gegen Ludwig, der diesen keineswegs beeindruckte. Die Zeiten seit Heinrich IV. hatten sich – zum Glück – geändert. König Ludwig erließ (am 24. Mai

1324) die »Sachsenhäuser Appelation«, in der er sogar den Spieß umdrehte und die Rechtgläubigkeit des Papstes anzweifelte. Es spricht für Johannes' XXII. Zähigkeit, daß ihn diese Ungeheuerlichkeit nicht tot umsinken ließ.

Doch der Papst, der da Steine warf, saß selbst im Glashaus. Das Glashaus hieß »Franziskaner-Spiritualen«. Der Franziskaner-Orden, der etwa hundert Jahre vorher vom heiligen Franziscus von Assisi gegründet worden war, war mit seinem Armutsideal und der ausgesprochenen Absicht, dem Evangelium Christi gemäß zu leben, der Amtskirche und den Päpsten sofort ein Dorn im Auge. Auch die Kirche hielt zwar selbstverständlich das Armutsideal hoch, bevorzugte allerdings die Verwirklichung dieses Ideals durch andere. Es stand auf des Messers Schneide, ob der Orden des heiligen Franziscus verboten werden würde oder nicht. Der Orden, der im Gegensatz zu den Päpsten und der Curie fleckenlos war, war für ein Verbot jedoch dann schon zu angesehen und zu weit verbreitet; also gingen die Päpste den anderen Weg: sie erstickten die Ideale des Ordens in der Umarmung. Insbesondere der (heilige!) Bonaventura, Ordensgeneral und später sogar Cardinal, war es, der erstens die Vita des Ordensgründers umfälschte und zweitens den Orden auf die Linie der Amtskirche trimmte. Es machten aber nicht alle Fratres mit, nicht wenigen behagte die Abkehr vom franziskanischen Ideal (und damit von dem Christi) nicht, und so entstand als Orden im Orden die Fraternität der Spiritualen. Sie verkündeten, ein Horror in den Ohren des Papstes und der feisten Prälaten, daß Christus und die

Apostel vermögens- und besitzlos gelebt hätten und daß alles andere Sünde sei. Sie beriefen sich dabei (ob zu Recht oder zu Unrecht sei dahingestellt) auf verschiedene Stellen der Evangelien, u. a. auf die, daß eher ein Kamel durch ein Nadelöhr gelange als ein Reicher in den Himmel. Der seinerzeitige Ordensgeneral, Michael von Cesena, stand auf der Linie des Papstes, ging scharf gegen die Spiritualen vor und ließ zu, daß vier Spiritualen 1318 als Häretiker lebendig verbrannt wurden, verbrannt, weil sie die Lehre Christi ernst nahmen! Wie weit sich die Amtskirche allein damit von der Lehre des Evangeliums entfernt hatte, braucht dann wohl nicht weiter dargestellt werden ... und bis heute entfernt geblieben ist, denn die vier Spiritualen wurden von der Kirche nie rehabilitiert – was ihnen selbst nichts mehr geholfen hätte, selbstredend, was jedoch das wenigste wäre, was die Kirche tun könnte. Die Zahl der Märtyrer *durch* die Kirche, dies bei dieser Gelegenheit nebenbei festgestellt, ist mit Sicherheit um ein Vielfaches höher als die Zahl der Märtyrer *der* Kirche.
Als der Papst dann überhaupt die Lehre Christi von der Besitzlosigkeit für häretisch erklärte, wurde das selbst dem bisher folgsamen Ordensgeneral Michael von Cesena zu viel, und er ließ auf einer Vollversammlung des Ordens in Perugia 1322 verkünden, daß der Papst in diesem Punkt nicht recht habe. Einige Stimmen im Orden erhoben sich sogar dahingehend, Johannes XXII. selbst als Ketzer und Häretiker zu bezeichnen, ohne Zweifel zu Recht, selbst etwa aus heutiger kirchlicher Sicht. Dem korrupten Papst wäre das Ideal der Besitzlosigkeit äußerst ungelegen gekommen, brauchte er

doch Unsummen, um seine Verwandten und seine gascognischen Landsleute mit Geld und Geschenken zu überschütten – Johannes XXII. praktizierte einen schier hemmungslosen Nepotismus.
Daß der Bannfluch dieses päpstlichen Charakterkrüppels nicht nur auf König Ludwig, sondern auch auf viele Zeitgenossen wenig Eindruck mehr machte, ist klar. Bedeutende Denker des 14. Jahrhunderts, so der oben schon erwähnte Michael von Cesena, dann Wilhelm von Ockham und Marsilius von Padua flohen vor der Verfolgung durch Papst und Inquisition an den Hof König Ludwigs nach München. Marsilius, der große Staatstheoretiker des Jahrhunderts, stellte die für die Kirche nicht anders als entsetzlich zu nennende These auf, daß sich alle ihre Probleme von selbst lösen, wenn sie sich endlich auf ihre spirituellen Aufgaben besinne und aus der weltlichen Politik zurückziehe. König Ludwig griff diese Theorien (er nannte Marsilius seinen »vicarius in spiritualibus«) mit Freuden auf und leitete davon ab, daß der Papst keinerlei Recht habe, sich in deutsche Angelegenheiten einzumischen. Außerdem griff er die Häresievorwürfe auf, die gegen den Papst erhoben wurden, forderte die Absetzung des unwürdigen Kirchenoberhauptes und die Einberufung eines allgemeinen Konzils. Nachdem sich Ludwig 1325 durch den Münchner Vertrag mit Habsburg wenigstens einigermaßen versöhnt und damit den Rücken frei hatte, unternahm er einen Romzug. 1327 brach er auf, am 17. Januar 1328 empfing Ludwig in Rom die Kaiserkrone – nicht vom Papst, der ja in Avignon vor sich hin giftete, nicht von irgendwelchen Cardinälen, sondern

von vier Vertretern der Stadt Rom. Auch ein unerhörter Vorgang, aber nach staatsrechtlicher Auffassung etwa des erwähnten Marsilius (der sich viele Gelehrte angeschlossen hatten) durchaus Rechtens, denn die römische Kaiserkrone habe, so diese Lehre, einzig das römische Volk wie zu Caesars und Augustus' Zeiten zu vergeben, glückliche Zeiten, in denen es noch keine Kirche und keinen Papst gab.
Ludwig, nun Kaiser Ludwig IV., tat noch ein weiteres: er erklärte Johannes XXII. am 18. April 1328 für abgesetzt und ließ, entsprechend altkirchlicher Sitte, im Mai vom stadtrömischen Klerus einen Franziskaner von Aracoeli, Fra Pietro Rainalducci, zum Papst wählen, der den Namen Nikolaus V. annahm und, man bedenke!, vom Kaiser gekrönt wurde. Das war ein Bruch mit der Kirche seitens des Kaisers, eine Umwertung aller Werte, die man bisher als gültig vorgegaukelt bekommen hatte, das war nicht nur ein neuer Wind, das war ein Sturm, der durch die Zeit blies. Gewiß, der Sturm verwehte leider, Nikolaus V. (den die Kirchengeschichte wieder einmal mit der verächtlichen Klammer versieht: Nikolaus [V.]) mußte später zu Kreuze kriechen, die laizistischen Lehren wurden verteufelt, der ganze christkatholische Aberglaube schwelte weiter und vergiftete die Welt, doch immerhin war eine geistige Bresche geschlagen, ein Exempel dafür statuiert, daß der Anspruch der Kirche auf alleinige Wahrheit, auf alleinige Morallehre, auf alleinige Richtigkeit des Denkens nur ein frecher Popanz ist. Diese Bresche geschlagen zu haben, durch eigenes Handeln und durch den Schutz für diejenigen, die so dachten und schrieben, ist das

große, in doppelter Hinsicht säkulare Verdienst Ludwigs von Baiern, weswegen ihm, mag Johannes XXII. geschäumt haben, mag mancher Kirchenhistoriker heute noch schäumen, der Titel eines Kaisers zukommt wie keinem anderen.

*

Kaiser Ludwig kehrte nach Deutschland zurück. Nach dem Tod König Friedrichs kam es zu einer weiteren Aussöhnung mit den Habsburgern im Vertrag von Hagenau (6. August 1330). Die überlebenden Brüder des Schattenkönigs, Albrecht II. und Otto (die Herzöge Leopold und Heinrich waren inzwischen gestorben, ohne Söhne zu hinterlassen, auch König Friedrich hinterließ keinen Sohn), hatten offensichtlich keine Ambitionen auf die deutsche Königskrone, sicherten dem Kaiser sogar jede Unterstützung gegen innere Feinde zu – was Ludwig, wie bald zu sehen sein wird, brauchen konnte, denn ein neuer »Pfaffenkönig« reckte drohend am Horizont sein Haupt.
Doch zunächst zurück zur Hausmachtpolitik Kaiser Ludwigs und das, was er für Baiern getan hat. (Bei dieser Gelegenheit die Bemerkung: ich schreibe Baiern und nicht Bayern, soweit der Name für Ereignisse in Zeiten dient, die *vor* der entsprechenden Y-Verordnung König Ludwigs I. liegen; danach werde ich – in fernen Bänden dieser Erzählung – Bayern schreiben.)
Schon kurz nach seiner Wahl und mitten in den Wirren mit Habsburg hatte sich Ludwig mit seinem älteren Bruder Rudolf durch den Vertrag vom 26. Februar 1317 da-

hingehend geeinigt, daß Rudolf auf die Mitregentenschaft in Baiern verzichtete, dafür die Pfalz und die Kurwürde behielt. Rudolf starb kurz darauf, und 1329, während des Rückmarsches des Kaisers aus Rom, einigte sich Kaiser Ludwig mit den Söhnen Rudolfs auf eine Teilung des wittelsbachischen Erbes (Hausvertrag von Pavia vom 9. August 1329). Die Pfalz sollte bei jener Linie bleiben, dazu ein breiter Streifen Landes im nördlichen Baiern zwischen der böhmischen Grenze und Nürnberg: die Ober-Pfalz. (Die Menschen damals hatten, wahrscheinlich dank der genaueren Beobachtung der Fluß- und anderer Wasserläufe, ein viel feineres Gespür für topographische Höhenlagen als die heutigen Menschen. Sie erkannten ohne größeres Nachdenken oder gar Nachmessen, daß das Land um Cham höher, also weiter *oben* lag als die Rheinpfalz.) Die Kurwürde sollte, was dann freilich nicht so praktiziert wurde, zwischen den beiden wittelsbachischen Linien abwechseln.

In Baiern, das somit familiär unbestritten bei der jüngeren Linie, der des Kaisers blieb, förderte Ludwig die Städte, vor allem seine Hauptstadt München, und erließ 1334/35 (verbessert 1346) das oberbairische Landrecht, das eine einheitliche Rechtspflege gewährleistete – nicht zuletzt eine Voraussetzung für wirtschaftlichen Aufschwung. Daß Kaiser Ludwig auch die Klöster förderte, Ettal und Fürstenfeld gründete, mag bei seiner antipäpstlichen Einstellung verwundern. Ludwig war eben nur anti*päpstlich* gesinnt, nicht antikirchlich oder gar antichristlich, und Klöster waren, trotz allem und trotz des Dogmatismus und Aberglaubens, der dort ge-

predigt wurde, Pflanzstätten der Alphabetisierung, die einzig wirksamen Bildungseinrichtungen und von wirtschaftlicher Bedeutung als Mustergüter und musterhafter handwerklicher Betriebe. Den Predigten der Priester und Mönche allzugroße Bedeutung beizumessen dürfte ohnedies falsch sein. Die hartsinnigen Baiern blieben trotz allem Weihwasser (bis heute) bei ihrem kernheidnischen Aberglauben, und das Begehrteste, was in den Klöstern verzapft wurde, war das Bier.
1320 war in Brandenburg mit Heinrich II. der letzte Askanier gestorben, ohne Erben zu hinterlassen. König Ludwig zog das Land als erledigtes Lehen ein und gab es 1323 seinem ältesten Sohn Ludwig (nach bairischer Zählung Ludwig V., der Brandenburger), der erst acht Jahre alt war und für den ein Graf von Henneberg die Verwaltung führte. Es schien, als gelinge es den Wittelsbachern so, auch im Norden des Reiches sich festzusetzen, so auch später durch die Erbschaft der zweiten Gemahlin des Kaisers, Margarethe von Holland, die dem Haus Wittelsbach die Grafschaften Holland, Seeland, Friesland und Hennegau einbrachte. Beide Erwerbungen waren jedoch nicht von Dauer. Günstiger war für den Kaiser, daß 1340 die niederbairische Herzogslinie im Mannesstamm ausstarb und so das, was man heute Altbayern nennt, wieder in einer Hand vereinigt wurde, eines der größten zusammenhängenden Territorien im Reich.

*

1333 starb, neunzigjährig, Papst Johannes XXII. Sein Nachfolger, der Franzose Jacques Fournier, der den Namen Benedict XII. annahm, war eine der seltenen untadeligen Erscheinungen auf dem Papstthron. Er zog sich sofort den Haß des höheren Klerus zu, weil er unmittelbar nach seiner Krönung damit begann, alle Schmarotzer, alle Kreaturen und Nutznießer Johannes' XXII. aus dem Palast zu werfen und überhaupt etwas Ordnung und Zucht in der Kirche wiederherzustellen. Seine persönliche Lebensführung war tadellos, und des sonst so bei Päpsten üblichen Nepotismus machte er sich nicht schuldig. Seine Amtszeit war jedoch zu kurz (er starb schon 1342), als daß seine Reformen wirklich auf Dauer wirksam werden konnten.
Nach Rom kehrte auch Benedict XII. nicht zurück, und die päpstliche Politik gegen Kaiser Ludwig änderte er auch nicht, obwohl es zunächst schien, daß eine Annäherung stattfinden könne. Benedict war konziliantер als sein Vorgänger, Ludwig wäre zu allerlei Konzessionen bereit gewesen, aber die Könige von Frankreich und von Neapel, von deren massivem Einfluß (auch finanzieller Art) sich der Papst nicht befreien konnte, verhinderten eine Aussöhnung und die Lösung des Kaisers vom Kirchenbann. Der Kaiser gab, wie schon erwähnt, wohl nicht viel auf den Bann, der von einem zutiefst charakterlich verfaulten Oberschamanen ausgesprochen worden war, fürchtete wohl auch nicht um sein Seelenheil deswegen, ganz ungefährlich war die Sache trotzdem nicht. Ein solcher Bann war ein gefährlicher Hebel, mit dem man – da der gebannte Kaiser kein »Christ« mehr war und nur ein »Christ«

Kaiser sein konnte – den Kaiser vom Thron heben konnte.

Der französische Einfluß war nicht nur auf den Papst groß, er reichte seit einigen Jahrzehnten weit ins Reich hinein, und zwar über Person und Politik König Johanns von Böhmen, jenes Sohnes Kaiser Heinrichs VII., der 1311 den tirolischen Schattenkönig Heinrich vertrieben hatte. Johann war zutiefst französisch gesinnt, selbst französisch erzogen, hielt sich öfters in Frankreich auf als in Böhmen, wo er zeitlebens ein Fremder blieb. Seinen ältesten Sohn Wenzel ließ er am französischen Hof erziehen, verheiratete ihn mit einer französischen Prinzessin, seine Tochter Guta mit dem französischen Kronprinzen und heiratete selbst in zweiter Ehe eine Herzogin von Bourbon. Sein Stammland, die Grafschaft Luxemburg, war längst, wie alle niederlothringischen Länder, dem Geist und der Sprache nach französisch geworden. Johanns Sohn Wenzel nahm nach der Firmung den Namen Karl nach seinem Firmpaten König Karl IV. von Frankreich an.

König Johann hatte seinerzeit zu der Partei der Kurfürsten gehört, die Ludwig von Baiern zum König gewählt hatte, und unterstützte Ludwig – schon aus luxemburgischer Aversion gegen Habsburg – sogar noch in der Schlacht von Mühldorf. Dann aber entfremdete sich ihm der König und spätere Kaiser, vor allem weil Ludwig das erledigte Lehen Brandenburg nicht, wie Johann erwartet hatte, dem Hause Luxemburg übergab, sondern seinem eigenen Sohn.

Um die Zeit versuchte Johann in Italien, in Konkurrenz mit dem Kaiser, eigene Politik zu betreiben. Was er dort suchte und mit welchem Ziel, ist nicht klar. Jedenfalls war die Sache recht abenteuerlich, und Johanns offensichtlich etwas vernünftigerer Sohn Wenzel, jetzt Karl, redete ihm den Unsinn aus.

Mehr Glück hatte er mit seinen polnischen Ambitionen, wenngleich er nicht, was ihm vorgeschwebt hatte, König von Polen wurde. Doch sein Verzicht auf die von ihm behaupteten, juristisch nur sehr dürftig begründeten Ansprüche auf den polnischen Thron brachte ihm in einem Ausgleich mit König Kasimir dem Großen von Polen immerhin die Lehenshoheit über fast alle schlesischen Fürstentümer ein, und er zog so mittelbar Schlesien zum Reich herüber.

Der starke und stärker zu werden drohende französische Einfluß auf das Reich löste einen eigenartigen, folgereichen Mechanismus aus. Da das Papsttum jener Zeit völlig unter der Fuchtel des Königs von Frankreich stand, setzte man mit einigem Recht französischen und päpstlichen Einfluß gleich. Immer noch drohte also in den Augen der Fürsten in Deutschland eine päpstlich abgesegnete französische Erbmonarchie, die, wie in Frankreich, zentralistisch eingestellt wäre und damit die weitgehende Selbständigkeit der Territorialherren eingeschränkt und wahrscheinlich sogar beseitigt hätte. (Ob so eine Entwicklung, hätte sie je stattgefunden, aus späterer, womöglich heutiger Sicht begrüßenswert oder bedauerlich gewesen wäre, sei hier nicht entschieden.) Bei den Kurfürsten klingelten die Alarmglocken, und sie versammelten sich am 16. Juli 1338 in Rhense (einer kleinen linksrheinischen Stadt südlich von Koblenz), um die Lage zu beraten. Die treibende Kraft war der immer noch amtierende Kurfürst Erzbischof Balduin von Trier, anwesend waren weiter die beiden Kurfürsten und Erzbischöfe von Köln und Mainz, Walram von Jülich bzw. Heinrich von Virneburg, der Sohn des Kaisers, Ludwig, Markgraf und Kurfürst von Brandenburg (inzwischen selbständig regierend, zweiundzwanzig Jahre alt), Rudolf II., Kurfürst von der Pfalz (ein Neffe des Kaisers), und Kurfürst Rudolf von Sachsen-Wittenberg. Nicht mit dabei war bezeichnenderweise der strikt französisch gesinnte König und Kurfürst von Böhmen, der auch fromm päpstlich ausgerichtet war und die Chance zu erkennen glaubte (er sollte damit recht behalten), die deutsche Königskrone seinem Hause zu sichern, wenn er die klerikal-curiale Partei ergreife.

Die (sechs) Kurfürsten verabschiedeten den »Kurverein von Rhense«, das heißt ein Bündnis zur Verteidigung des Reiches und der Privilegien der Kurfürsten. Sie erklärten weiter, und das war scharf gegen den Papst gerichtet, daß derjenige Deutscher König sein solle (mit dem Titel Römischer König), der von den Kurfürsten, sei es einstimmig, sei es mit Mehrheit, gewählt ist. Einer Zustimmung des Papstes bedürfe es nicht. Ist der Deutsch-Römische König (von der Kaiserwürde war nicht die Rede) einmal gewählt, stehen ihm die vollen Herrschaftsrechte zu, ob das ein Papst billigt oder nicht.

Dieser »Kurverein von Rhense« kam, obwohl er nicht in erster Linie zu seiner Unterstützung gedacht war, Kaiser Ludwig zugute. Der Kaiser hatte bei dieser Beschlußfassung übrigens nicht mitgewirkt, im Gegenteil,

die Kurfürsten waren ihm bei der Beratung sogar ausgewichen, der Kaiser hatte auf der anderen Rheinseite in Oberlahnstein gewartet. Wieweit er allerdings über seinen Sohn mittelbar dort Einfluß nahm, ist schwer abzuschätzen. Der Kaiser erließ dann auf dem Hoftag in Frankfurt vom 4. August 1338 ein Gesetz (nach den Anfangswörtern »Licet iuris« genannt, im Wortlaut leider nicht erhalten), in dem der Beschluß des Kurvereins von Rhense zur verfassungsrechtlichen Gültigkeit erhoben, sogar auf die Kaiserwürde ausgedehnt wurde.
Obwohl weder der Beschluß des Kurvereins noch das »Licet iuris« in einem Sinn gefaßt bzw. erlassen wurde, den man heute national bezeichnen könnte – derlei nationale Gedanken kamen damals keinem Fürsten in den Kopf, sondern waren rein machterhaltend für Kaiser und Kurfürsten – wirkte es doch als Schritt zur Emanzipation der weltlichen von der geistlichen Macht, d. h. vor allem von den Einmischungen des Papstes in deutsche Angelegenheiten, und war insofern segensreich und zukunftsweisend.
Es war auch in der aktuellen Situation notwendig, denn bald (1342) sollte auf den konzilianteren Benedict XII. mit Clemens VI. wieder ein Papst folgen, der die scharf antikaiserliche Linie fortsetzte. Aber ein anderes Ereignis oder vielmehr eine Folge von Ereignissen, die einen schon leicht grotesken Charakter aufweisen, führte zum endgültigen Bruch zwischen Wittelsbach und Luxemburg und zur Todfeindschaft König Johanns von Böhmen gegenüber dem Kaiser.
Herzog Heinrich von Kärnten, Graf von Tirol und glückloser König von Böhmen, hatte keinen Sohn, aus

seiner ersten Ehe mit der böhmischen Prinzessin überhaupt keine Kinder, aus der zweiten Ehe mit einer Herzogstochter von Braunschweig zwei Töchter, von der die ältere zurückgeblieben, geistig behindert war. Die zweite Tochter, Margarethe, in der Tradition mit dem unschönen Namen »Maultasch« behaftet, geboren 1318, wurde 1329 mit dem damals siebenjährigen (!) Johann Heinrich von Luxemburg vermählt, einem jüngeren Sohn König Johanns von Böhmen. »König« Heinrich gab zu dieser Zeit stillschweigend seinen Anspruch auf Böhmen auf, blieb dafür unangefochten im Besitz Kärntens und Tirols. 1335 starb Heinrich und vererbte, aufgrund eines Erbvertrages, Kärnten an die Habsburger, die damit einen beträchtlichen Landgewinn auf Dauer erzielten. Als Margarethe formell Landesfürstin von Tirol wurde, war sie siebzehn Jahre alt, ihr »Mann« zwölf. Daß diese Ehe ein Witz war, liegt auf der Hand. Der Kaiser, inzwischen in zunehmender Konfrontation mit König Johann von Böhmen, erklärte die angeblich oder tatsächlich nie vollzogene Ehe 1341 für nichtig. Die nicht ganz unglaubwürdige Überlieferung erzählt, daß Margarethe dem ahnungslos von der Jagd heimkehrenden (nun neunzehnjährigen) »Grafen« Johann Heinrich das Tor des Schlosses Tirol vor der Nase zusperren habe lassen und vom Söller heruntergerufen habe, er solle heimgehen. Das tat dann auch Johann Heinrich, dem ja wohl nichts anderes übrigblieb, schon auch, weil er im Land und beim Adel – aus welchen Gründen auch immer – wenig beliebt war. (Daheim wurde er Markgraf von Mähren, verwaltete diesen Teil seines väterlichen Reiches nicht schlecht und starb 1375, ohne weitere Spuren zu hinterlassen.) König Johann tobte. Er war übrigens in der Zwischenzeit auf einem Auge erblindet, und als er sich in Frankreich operieren ließ, verlor er auch das Licht auf dem anderen Auge. 1342 verheiratete dann der Kaiser die Erbin von Tirol mit seinem ältesten Sohn Ludwig, dem Kurfürsten von Brandenburg, verleibte damit die gefürstete Grafschaft Tirol (so, weil die Tiroler Grafen inzwischen reichsfürstlichen Stand erlangt hatten) der wittelsbachischen Hausmacht ein. König Johann drohte nunmehr vor Wut zu zerspringen. Die Regentschaft in Böhmen hatte für den erblindeten Vater inzwischen faktisch sein Sohn Karl (Wenzel) übernommen, der jener »Pfaffenkönig« war, von dem oben gesprochen wurde. Er griff zielstrebig nach der deutschen Krone. Die Chancen standen günstig. Herzog Albrecht II. von Österreich, der Steiermark und nun auch Kärnten war wieder in das dem Kaiser gegnerische Lager gewechselt, weil auch er sich den Erwerb Tirols erhofft hatte (als außerordentlich erwünschte Abrundung des habsburgischen Territoriums und als Brücke zu den »vorderösterreichischen« Ländern in der Schweiz); er war ein tüchtiger Herrscher und wäre als inzwischen einzig überlebender Sohn König Albrechts I. als Königskandidat sehr wohl in Frage gekommen. Er schied jedoch als Konkurrent Karls aus, weil er schon seit Jahren gelähmt war (daher »Albrecht Contractus« = der Gelähmte), und die körperliche Unversehrtheit galt ja ungeschrieben neben der ehelich-legitimen Geburt und dem christlichen Glauben als unabdingbare Voraussetzung für das Königsamt. Karl und König Johann verglichen sich also

mit Albrecht, fochten dessen Erwerb Kärntens nicht an, und Albrecht unterstützte fortan Karl.
Ein weiterer Ausgleich gelang mit Karls Großonkel, dem immer noch regierenden und intrigierenden Erzbischof Balduin von Trier, der eine Zeitlang auf kaiserlicher Seite gestanden war, sich aber jetzt mit dem neuen Papst Clemens VI. aussöhnte. Es hatte außerdem Probleme mit einem sehr großen Darlehen gegeben, das der reiche Kurfürst-Erzbischof seinem Neffen, König Johann, gewährt hatte, weswegen ihm der Stammbesitz des Hauses, die Grafschaft (jetzt sogar Herzogtum) Luxemburg, verpfändet worden war. Da Johann und Karl das Darlehen nicht zurückzahlen konnten, verlieh man das Herzogtum Balduin nun auch *de jure* auf Lebenszeit. So trat Balduin, nunmehr Erzbischof-Herzog-Kurfürst, auf Karls Seite. In Mainz wurde der kaisertreue Erzbischof Heinrich von Virneburg vertrieben und durch den papstfolgsamen Gerlach von Nassau ersetzt, und so folgten fünf Kurfürsten (alle bis auf den Kurfürsten von Brandenburg, Kaiser Ludwigs Sohn, und dem Kurfürsten von der Pfalz, Ludwigs Neffen) dem Aufruf zur Neuwahl, die dann am 11. Juli 1346 stattfand. Gewählt wurde Karl von Luxemburg, faktisch (noch nicht *de jure*, der Vater lebte ja noch) König von Böhmen, dem Titel nach Markgraf von Mähren: König Karl IV., der Pfaffenkönig, denn er hatte noch vor der Wahl dem Hauptantreiber der Sache, Papst Clemens VI., vollen Gehorsam zugesichert und daß die der königlichen Gewalt übergeordneten Rechte nicht angetastet würden. Er weigerte sich auch devotest, vor Eintreffen der (allerdings dann sehr schnell erteilten)

päpstlichen Genehmigung der Wahl den Königstitel zu führen. Wie ernst dem schlauen Fuchs Karl diese Zusicherungen waren, ist die Frage, denn die Beschlüsse des Kurvereins von Rhense und das »Licet iuris« von 1338 nahm er nicht zurück, bestätigte sie jedoch auch nicht ausdrücklich.

*

Kaiser Ludwig erkannte die Wahl selbstverständlich nicht an. Eine militärische Konfrontation schien unvermeidlich.

Der politische Wind hatte sich, das war unverkennbar, gegen den Kaiser gewendet. In einer Art Verzweiflungshandlung, einem Griff nach einem rettenden Strohhalm, wandte sich Ludwig an König Eduard III. von England um Hilfe, schloß ein Bündnis mit ihm. Es kam nie zum Tragen.

Der seit langem schwelende (zeitweise hell lodernde) Konflikt zwischen England und Frankreich war wieder einmal aufgeflammt, und vom Jahr 1339 an datiert die Historiographie den »Hundertjährigen Krieg« zwischen diesen beiden Ländern. Die englische Seite erzielte beträchtliche Anfangserfolge, so der Seesieg von Sluys 1340.

Der Krieg eskalierte weiter, als König Eduard 1346 mit einem Heer bei Cherbourg landete und auf Paris marschierte, dann jedoch nach Norden abgedrängt wurde (sein Heer war nicht zahlreich, wohl aber gut ausgerüstet und bewaffnet), wo er sich mit den Heeren seiner flandrischen Verbündeten vereinigen wollte. Bei

Crécy, an der Küste südlich von Calais, kam es zur Schlacht.

Von den französischen Neigungen König Johanns von Böhmen wurde schon gesprochen. Jetzt wurde der König Opfer dieser Neigung oder, wohl besser gesagt, seiner eigenen Dummheit. Er hatte sich, zusammen mit seinem eben zum Deutschen König gewählten Sohn Karl, dem zahlenmäßig sehr starken Heer des französischen Königs Philipp VI. angeschlossen und sich, obwohl inzwischen völlig erblindet, in die Schlacht tragen lassen, wo er im Getümmel, wie nicht anders zu erwarten, sofort erschlagen wurde. Mitleid hält sich in Grenzen.

Der französische König hatte (es war Samstag, der 26. August 1346) vorschnell den Angriff auf die, wie sich herausstellte, vorzüglich gewählten englischen Stellungen befohlen, die erstklassig exerzierten englischen Bogenschützen, die *archers*, mähten die heranstürmenden französischen Ritter nieder. Auch die auf französischer Seite kämpfenden genuesischen Landsknechte (Armbrustschützen) konnten nichts ausrichten. Die Schlacht hatte am Nachmittag erst begonnen, zog sich – ungewöhnlich – in die Nacht hin, und der französische König gab, als er selbst verwundet worden war, die Schlacht für verloren, auch Karl von Luxemburg (den wir »Deutscher König« vorerst nur in Gänsefüßchen nennen wollen) war verwundet, wenngleich nicht schwer, beide, Philipp und Karl, konnten entfliehen, der blinde Johann blieb, wie erwähnt, mit Tausenden von Franzosen (und Hilfsvölkern) tot auf dem Feld. Die Engländer hatten nur geringe Verluste, und durch

gezielte Verfolgung konnte König Eduard III. seinen Erfolg noch ausbauen.
Die Schlacht von Crécy ist auch deswegen ein – trauriger – Wendepunkt, als in ihr vielleicht nicht das allererste Mal, dafür das erste Mal siegentscheidend in einer großen Schlacht Feuerwaffen eingesetzt wurden, »Bombarden« (auf englischer Seite), eine Art primitiver Kanonen. Die Geschichte ist (auch) ein Kreis. Nicht weit von dort, auf den immer wieder blutgetränkten Feldern um Ypern und Amiens, walzten im November 1917, auch von englischer Seite erstmals eingesetzt, »Tanks«, also Panzer, die feindlichen (diesmal deutschen) Stellungen nieder und eröffneten damit ein glorreiches Kapitel neuer kriegerischer Brutalmöglichkeiten. Die mehr als nur fragwürdige menschliche Errungenschaft der Feuerwaffen wurde durch die Erfindung des Schießpulvers ermöglicht, das zwar in China schon (doch als sympathisch-harmloses Mittel für heitere Feuerwerke gebraucht) bekannt war, in Europa jedoch etwa um 1300 erfunden wurde. Der Erfinder »Berthold Schwarz« ist nicht historisch, nur eine Legendenfigur.

*

Die Schlappe der französischen Sache bei Crécy, die auch eine der päpstlichen Partei und nicht zuletzt des böhmischen Gegenkönigs war, hätte der Sache des Kaisers Auftrieb geben können, zumal ihn nach wie vor die Städte unterstützten, und er konnte der unausweichlich militärischen Auseinandersetzung wieder optimistischer entgegensehen, verunglückte aber tödlich auf einer

Bärenhatz in der Nähe des Klosters Fürstenfeld, das er selbst seinerzeit gestiftet hatte (am 11. Oktober 1347). Er wurde in der Gruft der Frauenkirche in München beigesetzt. Das Grabdenkmal, das Kurfürst Maximilian knapp dreihundert Jahre später darüber errichten ließ (ein bloßes Monument, der schwarze Sarkophag ist leer), ist ein Meisterwerk Hans Krumpers.

*

Nun war Karl von Böhmen alleiniger Deutscher König – allerdings nicht unangefochten. Die Söhne Kaiser Ludwigs und überhaupt die wittelsbachische Partei trugen dem letzten, siegreich im Aufwind befindlichen Verbündeten des Verstorbenen, König Eduard III., die Krone Deutschlands an, d. h. die Zusagen, seine Wahl nicht nur zu unterstützen, sondern sogar durchzusetzen. (Von den Söhnen des Kaisers selbst sah wohl keiner ernsthafte Chancen für sich.) Der Plan war einigermaßen absurd, Eduard lehnte jedoch nicht geradewegs ab, war doch schon sein Urgroßonkel Richard von Cornwall vor knapp hundert Jahren Deutscher König gewesen, außerdem war schon das Angebot allein ein Grund für die Beunruhigung seines Erzfeindes Frankreich. Zu einer Wahl kam es dann nicht, und 1348 verglich sich der englische König mit Karl IV. und lehnte endgültig ab.

Nun präsentierten, noch abwegiger, die Wittelsbacher einen Markgrafen von Meißen, Friedrich den Ernsthaften, als neuen Thronkandidaten (er war mit einer Tochter Kaiser Ludwigs verheiratet), aber Friedrich winkte in richtiger Einschätzung der Tendenzen, wohin die Politik trieb, sofort ab und setzte, nicht zum Schaden seines Hauses, auf das richtige Pferd, nämlich auf die luxemburgische Sache.

Beim dritten Kandidaten hatten die Wittelsbacher (von denen sich seltsamerweise immer noch keiner selbst bewarb) insofern Glück, als er sich wenigstens zur Wahl stellte: Graf Günther von Schwarzburg-Blankenburg, Herr eines winzigen Territoriums im Thüringischen und alter Freund und Streitgenosse des verstorbenen Kaisers, auch verdient als dessen Diplomat. Am 30. Januar 1349 stellten vier Kurfürsten, also immerhin die Mehrheit, nämlich der Erzbischof Heinrich von Mainz, die beiden Pfalzgrafen bei Rhein Rudolf II. und Ruprecht I. (die gemeinsam eine Stimme hatten), Markgraf Ludwig von Brandenburg und Herzog Erich von Sachsen-Lauenburg offiziell die Ungültigkeit der Wahl Karls von Böhmen und damit die Thronvakanz fest und wählten Günther von Schwarzburg zum Deutschen König.

Ob diese Wahl und die genannten Feststellungen gültig waren, ist die Frage, denn die Kurstimme des Herzogs von Sachsen-Lauenburg war nicht unbestritten. Auch sein entfernter Vetter, der Herzog von Sachsen-Wittenberg, reklamierte diese Kurstimme für sich – mit einigem Recht. Und der hatte nicht mitgewählt. Allerdings erfolgte diese Wahl – im Gegensatz zu der Karls – »am rechten Ort«, nämlich in Frankfurt.

König Karl, der schlaue Fuchs, brachte König Günther eine militärische Niederlage bei und kaufte ihm dann im Vertrag von Eltville vom 26. Mai 1349 die Königswürde schlichtweg ab. Es mag eine Rolle für Günther gespielt haben, daß er todkrank war und tatsächlich drei Wochen später starb. Karl, nunmehr unbestritten Deutscher König, war so ritterlich, an der Beisetzung seines niedergerungenen Rivalen teilzunehmen.

Ein Versuch König Karls IV., in Tirol einzumarschieren, wo die Gräfin Margarethe Maultasch und ihr Mann Ludwig, Sohn des verstorbenen Kaisers, regierten, mißlang – Karls Truppen wurden zurückgetrieben. Ein politischer Erfolg aber war die Heirat des günstigerweise eben verwitweten Königs Karl mit der einzigen Tochter des Kurfürsten Ruprecht von der Pfalz, was die wittelsbachische Front also aufspaltete, weil die bairischen Wittelsbacher natürlich gegen dieses Heiratsbündnis waren.

Im Norden der wittelsbachischen Hausmacht nützte Karl eine seltsame Situation zu seinen Gunsten und zuungunsten Wittelsbachs aus, die der Kuriosität halber ausführlicher erzählt werden soll.

In der Mark Brandenburg hatten seit dem Beginn des 12. Jahrhunderts die Askanier geherrscht, Nachkommen Albrechts des Bären. Wie so oft in den fürstlichen Genealogien zu beobachten, vermehrten sich die Askanier zunächst wie die Karnickel, und dann schrumpfte plötzlich die Fruchtbarkeit, und sie starben binnen weniger Jahre weg wie die Fliegen: 1317 Johann V., 1318 Heinrich I., 1319 Waldemar und 1320 der letzte, Heinrich II. Danach belehnte, wie oben erwähnt, König Ludwig der Baier seinen gleichnamigen Sohn mit der Markgrafschaft. Fast dreißig Jahre später, im Sommer 1348, klopfte ein Mensch in Pilgertracht an der Tür des

Erzbischofs Otto von Magdeburg, einem gebürtigen Landgrafen von Hessen und nahen Freund – schon verdächtig? – König Karls, und erklärte, er sei der in Wahrheit gar nicht verstorbene Markgraf Waldemar (oder: Woldemar), er sei auf Pilgerschaft aus Sühne für eine schwere Fleischessünde gewesen, seinen Tod und seine Beerdigung habe er nur geschickt inszeniert, und jetzt wolle er seine Markgrafschaft wiederhaben.
Die wahre Identität dieses »Falschen Woldemar«, dessen eigenartig-dankbarer Geschichte sich später die Literatur bemächtigte (ein Drama Achim von Arnims, ein Roman von Willibald Alexis beruhen auf diesem Stoff), ob er wirklich falsch oder doch der echte Markgraf war, ist bis heute nicht geklärt. Vielleicht war er ein Schildknappe des verstorbenen Markgrafen, der daher die näheren Umstände seines verblichenen Herrn genau kannte, nach anderer Überlieferung hieß er Jakob Rehbock und war Müllerbursche. Auch der Verdacht, daß König Karl überhaupt die ganze Sache eingefädelt hat, ist nicht von der Hand zu weisen; es wäre *in character* des schlauen Luxemburgers.
Jedenfalls spielte, wer immer es war, der Falsche Woldemar seine Rolle gut, brachte vor allem Unruhe ins wittelsbachische Lager, denn der märkische Adel war lang schon mit dem Kurfürsten Ludwig unzufrieden, jenem Mann der Margarethe Maultasch, der es vorzog, nicht ganz unverständlich, die Sandwüste dort im rauhen Norden mit dem Schloß Tirol bei Meran zu vertauschen und die Mark Brandenburg von dort aus zu regieren. Der Falsche Woldemar hielt Hof, verteilte großzügige Privilegien und herrschte überhaupt als

Fürst, unterstützt von König Karl. Das ging zwei Jahre gut, dann, gedrängt nicht zuletzt durch die Umtriebe dieses Falschen Woldemar, bequemten sich die Wittelsbacher, in dem oben schon genannten Vertrag von Eltville ihren Frieden mit dem König zu machen. Sie verzichteten darauf, nach der Abdankung ihres Kandidaten Günther von Schwarzburg weitere Turbulenzen zu machen, der König erkannte die Wittelsbacher in der Mark Brandenburg an (Ludwig der Ältere zog sich 1351 ganz nach Tirol zurück, Kurfürst wurde dann sein gleichnamiger jüngerer Bruder Ludwig der Jüngere) und ließ 1350 den Falschen Woldemar fallen („... der Mohr hat seine Schuldigkeit getan ..."), der sich sogar noch einige Zeit in einem Teil des Landes halten konnte; er starb 1356 eines natürlichen Todes.
Da sich bereits zuvor, 1348, die Habsburger mit König Karl ausgesöhnt, sich von ihm mit den österreichischen Landen belehen lassen hatten, war Karl nunmehr unangefochtener Deutscher König. Der Gültigkeit seiner Wahl von 1346 scheint er selbst nicht ganz getraut zu haben, denn zur Vorsicht ließ er sich jetzt nochmals in aller Form wählen und nochmals krönen: Karl IV. Deutscher König.

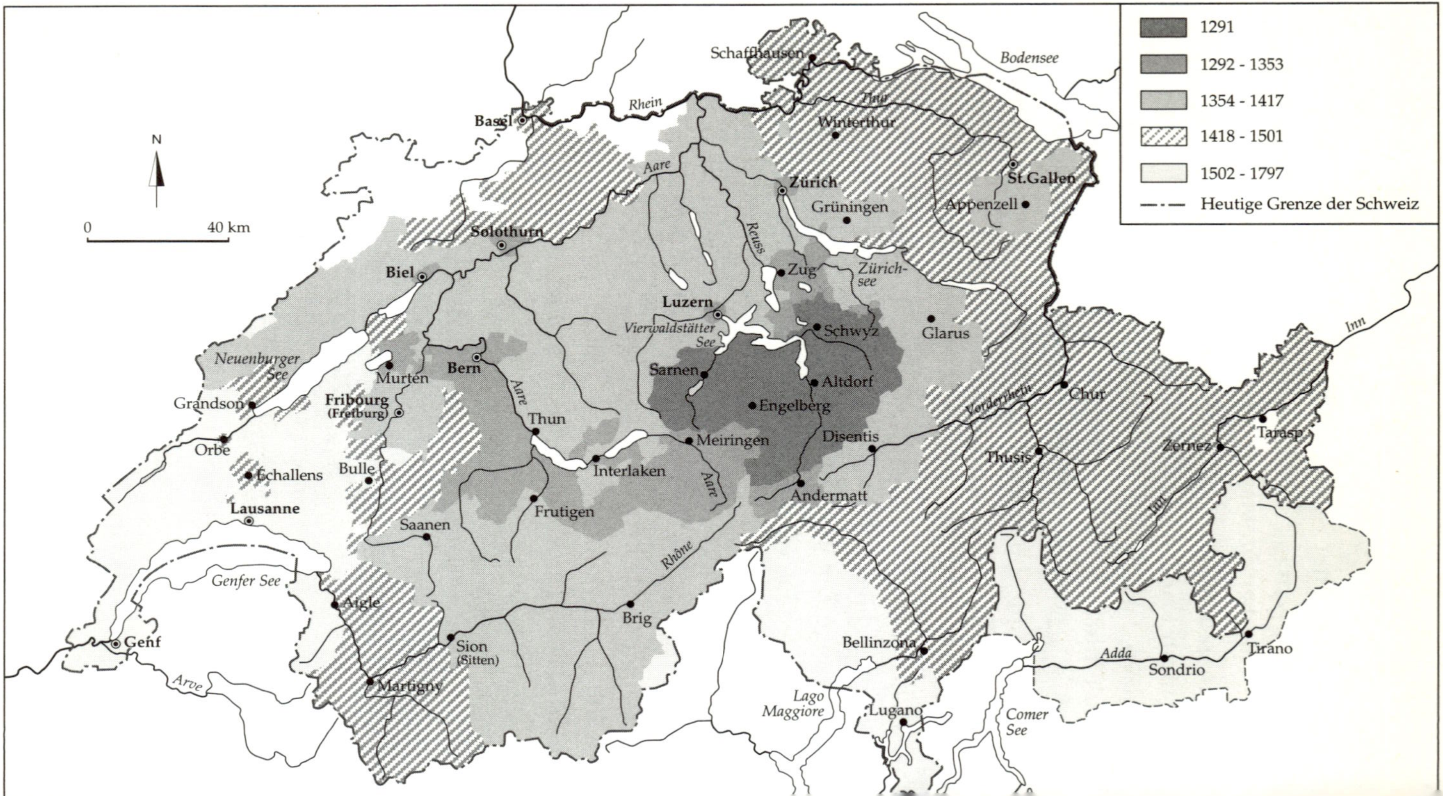
1291
1292 - 1353
1354 - 1417
1418 - 1501
1502 - 1797
Heutige Grenze der Schweiz
N
0
40 km
Bodensee
Schaffhausen
Rhein
Thur
Basel
Winterthur
Aare
St.Gallen
Zürich
Appenzell
Grüningen
Solothurn
Reuss
Biel
Zug
Zürich-
see
Luzern
Vierwaldstätter
See
Schwyz
Glarus
Inn
Neuenburger
See
Sarnen
Altdorf
Murten
Bern
Chur
Grandson
Fribourg
(Freiburg)
Engelberg
Vorderrhein
Thun
Aare
Tarasp
Orbe
Meiringen
Disentis
Thusis
Zernez
Interlaken
Echallens
Bulle
Andermatt
Aare
Inn
Lausanne
Frutigen
Saanen
Rhône
Genfer See
Aigle
Brig
Genf
Sion
(Sitten)
Bellinzona
Tirano
Adda
Sondrio
Arve
Martigny
Lago
Maggiore
Lugano
Comer
See

III. Teil

Das territoriale Wachsen der Eidgenossenschaft

Erstes Kapitel

Im ersten Kapitel trifft der Schwarze Tod die Menschheit völlig unvorbereitet – die »Christen« veranstalten Judenpogrome, um ihre Schulden zu tilgen.

Um die Zeit des Übergangs des Königsamtes von Ludwig dem Baiern auf Karl IV. traten Ereignisse ein, hinter die alle dynastischen Ränke, alles Machtstreben und alle Politik zurücktraten und unwichtig wurden: die Pest und ihre Folgen.

Die Pest, der Schwarze Tod, ist eine in verschiedenen Formen auftretende akute bakterielle Infektionskrankheit mit sehr hoher Quote an tödlichem Ausgang und hoher Ansteckungsgefahr. Ihr Erreger, die Bakterie Yersina pestis, wurde erst 1894 entdeckt (von A. Yersin, daher die Bezeichnung), 1896/98 die Rolle des Rattenflohs als Überträger der Pest ausgemacht. Bereits im Altertum hatte es Pestepidemien gegeben, wobei es sich aber auch um falsch bezeichnete Pockenepidemien und anderes gehandelt haben kann. Die große Pest des 14. Jahrhunderts wurde, das kann aufs Jahr genau festgestellt werden, 1347 aus dem Orient von Seeleuten in die Häfen von Genua, Venedig und Ragusa geschleppt und verbreitete sich mit rasender Geschwindigkeit über ganz Europa, erlosch 1353, um 1361/62 nochmals kurz aufzuflackern.

Der Schwarze Tod traf die Menschheit in Europa völlig unvorbereitet, wie sich denken läßt, und auch als die Gefahr erkannt war, waren die Gegenmaßnahmen kläglich, meist wirkungslos und oft lächerlich. Auch die medizinische Wissenschaft hatte ja den relativ bewundernswürdig hohen Stand in der Antike eingebüßt, nicht zuletzt unter dem verderblichen Einfluß – wieder einmal – der (sich zu Unrecht christlich nennenden) Kirche, die in der Krankheit eine von Gott gesandte Prüfung und Strafe sah, vielleicht auch eine Gnade zur schnelleren Himmelfahrt, und deren Bekämpfung also als Eingriff in den göttlichen Heilsplan und als gotteslästerlich galt. Nur bei den Juden und bei den Arabern wurden Reste der antiken medizinischen Wissenschaft bewahrt und weitergegeben, und es gab in Europa jüdische Ärzte, denen die Arbeit *nolens volens* gestattet wurde. Aber das waren wenige, und die wenigen reservierten die Mächtigen und Reichen für sich, unter anderem die Päpste. Warum ließen die sich – entgegen ihrer eigenen Lehrmeinung – im Krankheitsfall behandeln? Zweifelten sie an ihrer seligen Himmelfahrt? Mit Recht?

Der Pest standen also auch die medizinischen Fakultäten der Universitäten hilflos gegenüber, wenn auch einige Gelehrte Ahnungen über die Zusammenhänge äußerten. Den wahren Grund für die Epidemie erkannte niemand: die mangelnde Hygiene. Man kann sich diesbezüglich die Zustände der damaligen Zeit nur schwer vorstellen, außer man hält sich ähnliches aus manchen Teilen der Dritten Welt vor Augen. Die Städte – in denen dann auch die Pest noch verheerender grassierte als auf dem weniger dicht besiedelten platten Land – starrten vor Dreck. Eine Entsorgung der Fäkalien gab es nicht, die wurden einfach auf die Straße geschüttet. Der Unrat kam in den Bach, aus dem weiter unten Bäcker und Bierbrauer dann das Wasser nahmen. Staub und Schlamm und Dreck knöchelhoch, Ungeziefer und Ratten selbstverständlich und Körperpflege selbst in »höheren«, »feineren« Kreisen kaum bekannt, wofür auch die körperfeindliche Lehre etwa des hochverehrten St. Augustinus verantwortlich war. Das Mittelalter, kann man etwas überspitzt ausdrücken, stank und es redete mit fauligem Atem. Daß sich unter diesen Umständen die Pest wie ein Lauffeuer ausbreitete, braucht einen nicht zu wundern.

Die Ursachen wurden, man staunt, daß niemand auf die Idee kam, nach den wahren Ursachen zu suchen, in allen möglichen Dingen vermutet: Gifthauch, der vom Himmel fällt, allgemeine Strafe Gottes für die Sünden der Menschheit, giftige Miasmen, die wie unsichtbare Fliegen durch die Luft schwirren, und dergleichen Aberglauben mehr. Das Bequemste, Einleuchtendste: ein schuldiger Sündenbock, die Brunnenvergiftung durch die Juden.

Daß, bei einem letalen Ausgang der Krankheit bis zu achtzig Prozent, dem schon davon Befallenen nicht mehr zu helfen war, war klar (nicht selten wurden Kranke herzlos buchstäblich weggeworfen), als Prophylaxe wurden Heilkräuter, Skapuliere, Atemmasken und wohlriechende Tinkturen, wohl auch gelegentlich chirurgische Eingriffe, d.h. Aufschneiden der Pestbeulen, gebraucht, alles mit wenig Erfolg, und natürlich Gebete und Prozessionen – mit noch weniger Erfolg. Daß man sich waschen und daß die Ratten getötet werden könnten, fiel niemandem ein. Es gab allerdings – in Deutschland selten – Quarantänevorschriften, aber bezeichnenderweise wehrten sich die Kaufleute in den Städten in pfeffersäckischer Angst ums Florieren des freien Handels dagegen. So starben schätzungsweise dreißig Prozent der Bevölkerung Europas in jenen Jahren 1348/53, in manchen Städten bis zu sechzig Prozent.

Es drängt sich hier natürlich eine Zwischenbemerkung auf: war dieser demographische Aderlaß (wie andere früher und später auch), obwohl eine Katastrophe für die damals Lebenden, aufs Ganze gesehen ein Segen? Wäre, wenn damals die Pest wirksam bekämpft worden und also nicht ein Drittel der Bevölkerung umgekommen wäre, die Welt heute schon unbewohnbar überbevölkert und nicht erst im Jahr 2100? Ein Lob der Pest seitens der Nachgeborenen? Ein Lob den Kriegen? Die Geschichte ist nicht nur grausam, sie regt sogar zu grausamen Gedanken an.

Die sichtbarsten Auswüchse des verzweifelten »volksfrommen« Aberglaubens war die Bewegung der Flagellanten. Es gab schon Vorformen dieser Selbstgeißelungen und brutalen Bußübungen, aber mit dem Ausbruch der Pest bordeten sie über. Es formten sich wütend büßende Züge, nicht selten aus Tausenden von Menschen bestehend, die, oft in fester Ordnung, wenngleich laut schreiend und singend, durch die Länder zogen. Es gab ein festes Ritual: dreiunddreißig Tage und einen halben wurde gepilgert, nach festem Stundenplan gegeißelt, begleitet waren die Züge von einpeitschenden Fanatikern (gar nicht immer Mönchen, wie man meinen könnte), von Fahnen- und Kreuzträgern. Das von den Flagellanten vergossene Blut galt als pestheilend, wurde aufgeschlürft. Der Kirche wurde die Flagellantenbewegung, obwohl zeitweilig natürlich Sympathien bestanden, verdächtig, weil sie aus dem Ruder päpstlicher Obödienz zu laufen drohte, das kirchliche Sündenvergebungsmonopol in Frage stellte. Papst Clemens VI. verbot den Flagellantismus, was allerdings wenig bewirkte, er erlosch erst mit der Pest.

Da die Geißlerzüge als Pestprophylaxe angesehen wurden, das heißt, daß sie sich dort formierten, wo die Pest heranzukommen drohte, eilten die Flagellanten, den Himmel um Schonung vor der Pest anflehend, der Pest voraus – und sorgten zusätzlich natürlich damit für deren Verbreitung.

Sehr bezeichnend für die Ohnmacht der Herrschenden, ob sie Fürsten, Bischöfe oder Stadtherren waren, ist, daß ihre Hauptsorge war, die Pestfolgen unter den Teppich zu kehren. Die Verbreitung von Nachrichten über die Pest, über die Zahl der Pesttoten wurde unterbunden, Totenglocken durften nicht geläutet, keine Trauerkleidung von den Hinterbliebenen getragen werden, Bestattungen nur bei Nacht erfolgen, wobei, um das grausige Rumpeln der Totenwagen zu vermeiden, deren Räder mit Tüchern umwickelt wurden. Diese bequeme Tendenz zum politischen Schönreden von Katastrophen hat sich, wenn man so ein wenig nachdenkt, noch bis heute erhalten.

*

Eine besonders üble Auswirkung der Pest waren die damit einsetzenden Judenverfolgungen.

Die Juden bezeichnen sich als das von Gott auserwählte Volk. Betrachtet man das Schicksal dieses Volkes, ist man geneigt, das für richtig zu halten, denn anders hätten die Juden die nahezu ständigen Unterdrückungen und Verfolgungen nicht überlebt. Es ist viel gerätselt worden über die Standhaftigkeit dieses Volkes und die Gründe dafür, die meist in dem starken Zusammenhalt gesehen werden, die ihm sein Glaube gibt, und die Tatsache, daß es das einzige Volk war, das sich, so verstreut es auch lebte, einer nationalen Identität bewußt war. Letzten Endes bleibt es aber doch nichts anderes als ein Wunder. Vielleicht erklärt das tief innen die Wut der »christlichen« Völker auf die Juden, ein Neid, daß dieses Wunder ausgerechnet Nicht-Christen zuteil wurde. Die Wut, der Neid äußerten sich fast das ganze Mittelalter hindurch in Judenpogromen.
Juden waren in den Gebieten (des späteren) Deutschlands ansässig, die römisch gewesen waren, und wie überall im römischen Imperium auch nach dessen Zerfall dort blieben. So lassen sich denn auch die ältesten jüdischen Gemeinden am Rhein nachweisen, die älteste vielleicht in Worms, aber auch anderswo, in Regensburg usw. Bis zu den nicht nur in dieser Hinsicht verhängnisvollen Kreuzzügen lebten die Juden relativ unangefochten. Sie profitierten davon, daß den »Christen« das Zinsnehmen verboten war, wie oben dargelegt, betrieben also das Darlehenswesen fast im Monopol. Wieviel den Juden damit am wirtschaftlichen Aufschwung zu danken ist, der ja ohne Geldverkehr nicht eingesetzt hätte, ist wohl nie untersucht worden, vielleicht auch gar nicht recht feststellbar. Das

erkannten einige der weiterblickenden Fürsten, so etwa der Bischof Rüdiger Huozman von Speyer, der den Juden seiner Stadt – später sogar von Kaiser Heinrich IV. bestätigt – weitreichende Handelsvorteile einräumte (1080), überhaupt erstaunliche Freiheiten gewährte, so das Recht, Grundstücke zu erwerben, und eine eigene Gerichtsbarkeit. Ähnliche Freiheiten erteilten andere Städte.

Die Privilegien, namentlich Zinsen nehmen zu dürfen, zu »wuchern«, hatten natürlich einen Pferdefuß. Den Mechanismus kann man sich leicht vorstellen: man nimmt ein Darlehen vom Juden, kann es nicht zurückzahlen, die Zinsen (die zum Teil sehr, nach heutigen Begriffen sittenwidrig hoch waren) erhöhen die Schuld, man muß ein neues Darlehen nehmen, um die Zinsen bezahlen zu können, und so fort, und zum Schluß ist der Darlehensnehmer bis über den Kopf verschuldet und im Elend. Wem gibt er die Schuld am Elend? Natürlich nicht seiner eigenen schlechten Wirtschaft oder womöglich Verschwendung, sondern dem »Wucherer«, dem Juden, der seine ja eigentlich berechtigten Forderungen eintreiben will. Solange *einer* in der Stadt verschuldet ist, spielt das, generell gesehen, keine Rolle, wenn die Mehrheit oder gar alle so verschuldet sind, ist das Rettende – leider – allzu naheliegend: die Schuldbücher des Juden zu verbrennen und möglichst den Juden und seine Familie gleich mit. Mit einem Schlag sind die drückenden Schulden weg.

Wie nicht anders zu erwarten, wurde diese radikale Art der Schuldentilgung »christlich« – ideologisch untermauert. Die Juden als »Gottesmörder« (eine Geschichtsklitterung schon des Paulus und der Evangelien) waren Diener des Satans. Wer Schulden beim Juden hatte, neigte dazu, dessen Aktivitäten zur Vernichtung des christlichen Glaubens ganz deutlich zu erkennen. Die Juden, die »satansbrutischen Antichristen«, so die frommen Christen, bedienten sich dazu höllischer Methoden: sie vergifteten Brunnen, schlachteten und aßen kleine Christenkinder, bespuckten und durchbohrten johlend geweihte Hostien und was dergleichen mehr ist. Die unfromme Legende vom kleinen »heiligen« Simon von Trient und vom »heiligen« Anderle von Rinn in Tirol wurden noch im 20. Jahrhundert geglaubt und die »Heiligen« verehrt, wobei feststeht, daß der unselige kleine Simon von Trient, ein armes Häuslerkind, von Ratten angefressen worden war, während es sich beim »heiligen Anderle von Rinn« überhaupt um eine böswillige Erfindung ohne jeden Wahrheitsgehalt gehandelt hat. Als um 1980 (!) auf bischöflichen Befehl die Andachtsstätte des »heiligen Anderle« in Rinn geschlossen wurde, gab es im heiligen Land Tirol (das sich vor einiger Zeit dem »Herz Jesu« geweiht hat) fast einen Volksaufstand.

Diese antisemitischen, wohlgemerkt: rein religiös, nicht rassisch bedingten Falschlegenden blühten giftig bei den ersten Kreuzzügen auf. Es war ja auch weit weniger gefährlich, die mehr oder weniger wehrlosen und zahlenmäßig unterlegenen Juden abzuschlachten, als gegen die Seldschuken und Araber zu kämpfen, welche erfahrungsgemäß zurückschlugen, und zwar nicht zaghaft. So kam es um 1100 zu den ersten Judenpogromen, in Deutschland u. a. in Worms, Mainz und Köln. Dem sonst eher widerlichen Bernhard von Clairvaux ist zugute zu halten, daß er einer der wenigen hohen Geistlichen war, der sich, natürlich vergeblich, dagegen wandte. Die Pogrome flammten mit Regelmäßigkeit die ganze Kreuzzugszeit hindurch auf. Die traurige, blutige Chronologie dieser christlichen Bestialitäten zu schildern führte hier zu weit. Es sei auf das so schauderhaft wie faszinierend zu lesende Buch Rudolf Krämer-Badonis »Judenmord, Frauenmord, Heilige Kirche« verwiesen.

Den hohen Herrschaften, die selbst oft genug bei Juden verschuldet waren, waren diese Ausschreitungen nicht ganz angenehm. Erstens führten sie zu Unordnung und Lärm und womöglich zu Gedanken über Unbotmäßigkeiten auch gegen andere Lästige (nämlich sie selbst), und zweitens war doch klar, welche wirtschaftliche Bedeutung das Räderwerk des Geldverkehrs und des Darlehenswesens für die Wirtschaft hatte, und das konnten ja aus ideologischen Gründen nur die Juden in Gang halten.

Man erfand oder besser gesagt: entwickelte ein so geniales wie verlogenes System. (Ich stelle das sehr komplizierte, im Lauf der Zeit sich auch wandelnde System etwas vereinfacht dar.) Die Juden wurden »Kammerknechte« des Königs (Servi camerae), auch der Bischöfe und Fürsten, also unausgesprochen Leibeigene, denn, so die Ideologie, Leben und Vermögen der »Gottesmörder« gehörte nicht ihnen selbst, sondern dem König, der es ihnen *precario*, gnadenweise und leihweise, überließ. Wie wackelig der königliche Schutz aber war, läßt sich denken. Die königliche Kammer ließ sich den »Schutz« selbstverständlich bezahlen, und dieser »Leibzoll« war eine wichtige Einnahmequelle für den König und die Fürsten. In der Erfindung solcher Steuern waren die Großen (und sind es noch heute) von hervorragender Phantasie und nie versiegender Schöpferkraft. So durften die Juden sich nur außerhalb ihres Wohnsitzes bewegen, wenn sie »Geleitzoll« zahlten, der übrigens von verschiedenen deutschen Staaten noch im 19. Jahrhundert erhoben wurde. Eine andere Abgabe war der »güldene Opferpfennig«, den alle Juden 1342 Kaiser Ludwig dem Baiern leisten mußten – wahrscheinlich ein Sühne-Opfer für ihren ruchlosen »Gottesmord« 1311 Jahre zuvor, in Wirklichkeit um eins der vielen Löcher in der Kasse des stets am Rande des Bankrotts dahinregierenden Kaisers zu stopfen.

Diese Abgaben der »Kammerknechte« waren für die kaiserliche Kasse so wichtig, daß, wenngleich halbherzig, auf Pogrome zeitweilig verzichtet werden mußte, d.h., daß der Kaiser und die Fürsten darauf sahen, daß die Juden einigermaßen geschützt blieben. Die Juden mußten nun ihrerseits sehen – was für eine gefährliche Gratwanderung! –, daß die Großen (und auch die weniger Großen) ihre Schuldner blieben, daß die Schulden jedoch nicht zu hoch wurden, denn dann war die Gefahr groß, daß der heilige christliche Zorn über den »Gottesmord« leicht wieder überkochte; mit tödlichen Folgen für die Juden.

Den »Christen« war es, wie gesagt, verboten, Zinsen zu nehmen. Die Juden lebten im wesentlichen davon, daß sie Zinsen nahmen, und davon schöpften der König und die Fürsten und Bischöfe die Steuern ab ... daß die

damit indirekt doch Zinsen nahmen, kam ihnen wohl nicht in den Sinn.
Das ohnedies labile Schutzsystem für die Juden brach in den Pestjahren nach 1348 zeitweilig völlig zusammen. Anstatt den wahren Ursachen der Epidemie nachzugehen, mangelnde Hygiene, Ungeziefer, der allgemeine Unflat, der die Städte überzog, suchte man bequemere Erklärungen: abgesehen von abergläubischen Vorstellungen von astrologischen Einflüssen, schob man die Schuld der Brunnenvergiftung den Juden zu, und es kam im ganzen Reich zu fürchterlichen Ausschreitungen gegen Juden. Ganze Gemeinden wurden ausgerottet, Juden in ihren Gebetshäusern zusammengetrieben und verbrannt, erschlagen, abgeschlachtet, ihre Habe geplündert. Verhängnisvoll für die Juden war, daß sie durch ihre rituellen Reinigungsvorschriften etwas hygienischer lebten als ihre christliche Umgebung und daher für die Pest nicht so anfällig waren, was den guten Frommen ein Beweis dafür war, daß die Juden mit dem Teufel im Bund waren.
Nach dem Ende der Pestepidemie flauten auch die Judenverfolgungen etwas ab, ohne aber, das ganze Mittelalter hindurch, gänzlich aufzuhören.

Zweites Kapitel

Im zweiten Kapitel fördert Karl IV. eine Perle hochgotischer Baukunst – in fernen Hirten- und Käsegegenden werden Schutz- und Trutzverträge geschlossen – die Rechtssicherheit ist mehr als nur hinkend – dem Papst verbleiben nur wenige Löcher, aus denen er pfeifen kann – die »Goldene Bulle« stärkt die Kurfürsten.

Ohne Zweifel war König Karl IV. ein bedeutender Fürst seiner Zeit, ein nüchterner Realpolitiker, frei von romantischen Imperialideen, dabei, eine große Ausnahme, gebildet, konnte nicht nur lesen und schreiben, verfaßte sogar eine Autobiographie (»Vita Caroli IV ad ipse conscripta«, die allerdings nur die frühen Jahre bis 1346 beschrieb), und obwohl zunächst als »Pfaffenkönig« verschrien, nützte er die zunehmende Schwäche des Papsttums aus, von der noch zu reden sein wird, um den Einfluß der Kirche auf die deutsche Politik um einen entscheidenden Schritt zurückzudrängen. In erster Linie war Karl ein böhmischer König und ein Mehrer seines luxemburgischen Stammhauses. Dem opferte er großzügig Reichsinteressen, wovon auch noch zu erzählen sein wird. Am Ende seiner Regierungszeit umfaßten die luxemburgischen Erblande etwa ein Viertel des Reichsgebietes. Daß nicht Luxemburg, sondern Habsburg letzten Endes das Übergewicht bekommen sollte, beruhte auf sozusagen gynäkologischen Unwägbarkeiten.

Noch vor Karls, wenn man so sagen kann, endgültiger, nach dem Verzicht Günthers von Schwarzburg zur

Vorsicht »am rechten Ort«, nämlich in Aachen, erfolgter Krönung 1349 gründete Karl in seiner Residenzstadt Prag 1348 die erste Universität nördlich der Alpen, gründete den Veitsdom, eine Perle hochgotischer Baukunst, ließ die Prager Neustadt anlegen und förderte durch Zuzug von Handwerkern und Künstlern Kultur und Handel. Prag wurde das glänzende Zentrum des Deutschen Reiches. Daneben förderte König Karl, der ansonsten im Gegensatz zu Ludwig dem Baiern den Städten unfreundlich gesinnt war, die Stadt Nürnberg, die dadurch zu etwas wie einer »Reichshauptstadt« wurde.

*

Schon erwähnt wurde der 1350 erfolgte Ausgleich mit den Wittelsbachern, der für Karl dadurch erleichtert wurde, daß Kaiser Ludwig der Baier den Fehler gemacht hatte, seine Stammlande sowie Brandenburg und Tirol unter seinen zahlreichen Söhnen aufzuteilen, so daß der wittelsbachische Einfluß auf die Politik stark zersplittert wurde. Nennenswerte Bedeutung hatte keiner der Söhne Ludwigs. 1348 war, vielleicht an der Pest, die ja auch vor hohen Herrschaften nicht haltmachte, obwohl die sich naturgemäß im Großen und Ganzen besser schützen konnten, König Karls erste Frau, die französische Prinzessin Blanche (Bianca), gestorben. Karl heiratete 1349 eine Tochter des Kurfürsten von der Pfalz, der ihm von 1353 an nach und nach wegen der Schulden, die er beim König hatte, große Teile der Oberpfalz, Burgen und Städte verpfändete, so daß Karl dieses an Böhmen westlich angrenzende Gebiet sogar als »Neuböhmen« zusammenfassen konnte, als dessen Hauptort Sulzbach ausgestattet wurde. Die Oberpfalz war wirtschaftlich wichtig wegen der Bodenschätze, außerdem konnte König Karl seinen unmittelbaren Machtbereich nahe an das befreundete Nürnberg heranschieben, so daß er seinem Plan, eine luxemburgische Ost-West-Achse (über Frankfurt bis nach 1354 zum Herzogtum erhobenen Luxemburg) erheblich näher kam. Ganz verwirklichen konnte er den Plan nie.

*

Ob der König das, was in jenen fernen Hirten- und Käsegegenden südlich des Bodensees in diesen Jahren vor sich ging, bemerkte, und wenn ja, ob er ihm Bedeutung beimaß, ist ungewiß. Die drei Waldstätten oder Urkantone Schwyz, Uri und Unterwalden hatten durch ihren Sieg über das habsburgische Ritterheer bei Morgarten eine freiheitliche Reputation sondergleichen gewonnen, soweit, daß die damals schon große und bedeutende Stadt Zürich die Chance sah, sich durch ein Bündnis mit den Waldstätten ihre eigene Freiheit zu vergrößern und Unabhängigkeit von Habsburg zu gewinnen (1353). Stadt und Kanton Zug und später die Landschaft Glarus stießen hinzu. Das freiheitliche Grollen war in Wien nicht zu überhören, allein hatte man dort genug zu tun, sich der luxemburgisch-böhmischen Überwölbung zu erwehren. Habsburg griff (noch) nicht ein. Im gleichen Jahr 1353 stieß Bern zum Bund, und mit dem inzwischen entstandenen »Grauene Bund« (Graubünden) wurden Schutz- und Trutzverträge geschlossen. Der größte Teil der heutigen Deutsch-Schweiz stand damals schon wie eine Alpenfestung inmitten des sonst abgründig feudalen Mitteleuropa. (Nummernkonten allerdings gab es noch nicht.)

*

1354 unternahm König Karl das, was offenbar für Deutsche Könige als unerläßlich galt, einen Italienzug. Kein Vergleich mehr mit den Salier- oder Stauferzügen, es war eher schon eine Kavaliersreise, auch wenn der König von einem kleinen Heer, eher einem Troß, begleitet war. Er machte auch keine Miene, in die längst vom Reich wegentwickelten, gefestigten Verhältnisse in Oberitalien einzugreifen. Man machte ihm die Freude, es kostete nicht viel, ihn in Mailand am Dreikönigstag 1355 zum »König von Italien« zu krönen, im April dann war Karl in Rom und wurde von dem vom noch immer in Avignon residierenden Papst dazu beauftragten Cardinal von Ostia zum Kaiser gekrönt. Karl hatte sich verpflichtet, noch am Abend des Krönungstages (5. April) Rom wieder zu verlassen. Er kehrte unverzüglich nach Deutschland, d.h. nach Prag zurück.
Als Karl zum Kaiser gekrönt wurde, war der seltsame Cola di Rienzo, »der letzte der Tribunen«, Volksheld, Maulheld, mystischer Spinner, hochgelehrter und gebildeter Redner, vielleicht der erste Rennaissance-Mensch, Gegner gelegentlich und dann Werkzeug des Papstes schon tot, erschlagen, als er nach dem Zusam-

menbruch seiner zweiten Herrschaft über Rom ganz unheroisch fliehen wollte (November 1354). In der Zeit zwischen seinem ersten »Tribunat« über Rom 1348 und seiner kurzzeitigen zweiten Herrschaft war er an den Hof Karls nach Prag geflohen. Karl fand Gefallen an dem schillernden Charakter, der ihn dafür begeistern wollte, das alte Römische Reich in Form eines neuen Friedensreiches des Heiligen Geistes aufzurichten. Schließlich winkte der nüchterne Karl allerdings nur amüsiert ab. Auch als der große Dichter Petrarca, ein Bewunderer Cola di Rienzios, in Rom den neuen Kaiser zu ähnlichen Taten bewegen wollte, hörte der nüchterne Luxemburger nur höflich zu. Caesarische Gedanken lagen ihm völlig fern.
Er hatte anderes im Sinn, Näherliegendes und Erreichbares.

*

Die Rechtsordnung im Reich und das Gerichtswesen im Mittelalter muß man sich buntgescheckt wie dessen Landkarte vorstellen. Ein einheitliches Zivil- und Strafrecht gab es nicht, wobei die Unterscheidung zwischen diesen beiden nach heutigen Begriffen grundlegend verschiedenen Rechtssphären nicht genau getroffen war. (Nach heutigem Verständnis betrifft Zivil- oder bürgerliches Recht die Rechtssphäre zwischen Bürger und Bürger, im Strafrecht, das rechtssystematisch ein Teil des öffentlichen Rechtes ist, stehen sich Staat und Bürger gegenüber.) Das einheitliche Recht, das im alten Römischen Reich gegolten hat, war vergessen. Es galt im Reich generell das altdeutsche Gewohnheitsrecht, besser gesagt, eine Fülle von landschaftlich und gesellschaftlich begrenzt geltenden Rechtsgewohnheiten, die in den seltensten Fällen aufgeschrieben, nie mit öffentlicher Verbindlichkeit codifiziert worden waren. Ausnahmen wie die des schon erwähnten »Sachsenspiegels« oder des etwas später entstandenen »Schwabenspiegels« waren ursprünglich rein private Aufzeichnungen ohne Verbindlichkeit, Sammlungen (eher kunterbunter Art) dessen, was eben rechtliche Gewohnheit war. Daß solche »Spiegel« dennoch eine gewisse Verbindlichkeit erlangten, lag daran, daß man danach griff, weil es nichts anderes, nämlich keine Gesetze im heutigen Sinn gab. Dadurch erlangten solche »Spiegel« Autorität.

Das Gerichtswesen muß man sich als eine Art Rechtsverein vorstellen, ausgehend vom freiwilligen Zusammenschluß eines Gemeinwesens, in dem man sich verpflichtete, das als verbindlich angesehene Rechtsherkommen zu respektieren. Wer später zum Gemeinwesen stieß, war dann zur Anerkennung verpflichtet. Wie und was das betreffende Rechtsherkommen war, entschied die Autorität eines Schulzen, Basen oder Richters, naturgemäß eines alten Mannes, der eben wußte, wie etwas schon immer gehandhabt wurde, was Rechtsgewohnheit und was gerecht war. Wieweit hier ein Einfluß von etwas wie Naturrecht vorhanden gewesen sein könnte, dies zu untersuchen wäre höchst interessant, führte hier jedoch zu weit.

Selbstverständlich wurden Rechtsfragen um so virulenter, je enger eine größer werdende Bevölkerung zusammenrückte: in den Städten. Eine Stadtgemeinschaft kam naturgemäß nicht ohne Rechtsordnung aus, und so entstanden niedergeschriebene Stadtrechte, die dann oft von kleineren Städten von den größeren, von neuen Städten von den älteren übernommen wurden. Es lassen sich ganze »Stammtafeln« zusammenstellen, die zeigen, wie die Modelle der Stadtrechte gewandert sind. So wurde das Lübecker Stadtrecht von Rostock, Greifswald, Riga und Reval übernommen, das Nürnberger Recht von Eger und Prag, das Magdeburger Recht von Leitmeritz, Breslau, Krakau, noch im 16. Jahrhundert von Bukarest usw.

Daneben hatten Gesellschaften und Gemeinschaften eigenes Recht: Zünfte, Gilden (z. B. die Hanse), Klöster, Priestergemeinschaften, Stifte, Landgemeinden (z. B. die sogenannten Go – Gerichte in sächsischen bäuerlichen Zusammenschlüssen) oder reine rechtliche Zweckgemeinschaften, denen oft kleinere Landesherren (Grafen, Barone, Herren) beitraten. Am bekanntesten ist die Femegerichtsbarkeit, die – von ganz geringen, unbedeutenden Auswüchsen abgesehen – keineswegs so dunkel, blutig und geheimnisvoll war, wie spätere romantisch-gruselige Sicht sie gesehen hat, so etwa in Kleists »Käthchen von Heilbronn«. Im Jahr 1371 erklärte Kaiser Karl IV. die Femegerichte per Dekret für offizielle »Landfriedensgerichte«.

Über allem schwebte die peinliche Halsgerichtsbarkeit, d. h., die reine Strafjustiz, die im Prinzip dem Herrscher vorbehalten war, aber im Lauf der Jahrhunderte seit karolingischer Zeit von Stufe zu Stufe hinunterdelegiert worden war, so daß die Strafjustiz schon bald Sache der

Landesherren, sogar der kleineren Grafen, und der Städte wurde, die sie wiederum beamteten Richtern überließen. Freilich gab es Ausnahmen, Gerichtsfreiheit usw., einen verbrecherischen Grafen konnte nur der Kaiser richten und gegebenfalls köpfen lassen.

Lex sanguinis und *lex solis* (also das Recht, das man käseglockengleich mit sich trägt, wo immer man ist, bzw. das Recht, das für alle gilt, die den betreffenden Boden betreten) waren bunt ineinander verflochten. Daß Konflikte nicht ausblieben, läßt sich denken. Sehr oft, ist zu vermuten, herrschte die normative Kraft des Faktischen: die Stadt Nürnberg rühmte sich der Strafgewalt über alles und jedes, über jeden Täter und jedwedes Delikt, wo immer auf Erden begangen, was den juristischen Spottvers provozierte: »Die Nürnberger hängen jeden, sie hätten ihn denn.«

Daß die Rechtssicherheit bei all dem mehr als nur hinkend war, läßt sich denken. Aber, wie schon einmal gesagt, die Leute, und vor allem die kleinen Leute, lebten meist in Gottergebenheit ihrer auch im 14. Jahrhundert noch kurzen Lebenserwartung gemäß und waren wohl jeden Abend froh, wieder einen Tag ohne Pestilenz, Kriegszüge, Räubereien und Ungewitter überstanden zu haben.

Kaiser Karl IV. versuchte, dem unsicheren Rechtszustand wenigstens im Königreich Böhmen abzuhelfen, indem er ein codifiziertes, allgemein verbindliches Landrecht erließ, die »Maiestas Carolina« (1355). Es ist bezeichnend, daß der Kaiser damit scheiterte. Diese »Maiestas Carolina« hätte das komplizierte, jahrhundertealte rechtliche Privilegiengeflecht der böhmischen

Adeligen zerrissen, und die drohten mit einer Revolte gegen die ohnedies immer noch nicht so ganz gefestigte Herrschaft der fremden Luxemburger. Karl mußte zurückstecken und den Gesetzentwurf feierlich für »verbrannt« erklären.

*

Ein anderes, sehr wichtiges Unternehmen gelang aber dem Kaiser 1356: die »Goldene Bulle«, das erste geschriebene Staatsgesetz der deutschen Geschichte und von weitreichender Wichtigkeit.
Wieweit diese »Goldene Bulle« Ausdruck kaiserlicher Machtvollkommenheit war, wieweit nur ein Kompromiß zwischen weiterreichenden Plänen des Kaisers und den Interessen der Fürsten, namentlich der Kurfürsten, ist in der historischen Wissenschaft umstritten und wohl nicht mehr endgültig zu klären. Konnte man schon damals nicht in die Köpfe der Beteiligten hineinschauen – wieviel weniger heute aus der Entfernung von über sechshundert Jahren.
Sicher ist lediglich, daß Kaiser Karl IV. einesteils die in den letzten Jahrhunderten vielfach aufgetretenen Unsicherheiten bei den Königswahlen (oft genug mit verheerenden Folgen) beseitigen, andernteils auch seine Dynastie für die Zukunft befestigen wollte, auch, daß er den Zeitpunkt einer Schwäche des Papsttums ausnützte, um den curialen Einfluß auf die deutsche Königswahl ein für allemal auszuschalten.
Dazu eine kurze Abschweifung zu diesem letzten Punkt (zwar nicht zur deutschen Geschichte gehörig,

aber für sie mittelbar bestimmend): nach dem Tod Clemens' VI. 1352 wurde ein ehemaliger Rechtsprofessor aus Toulouse, Étienne Aubert, der schon siebzig Jahre alt und gebrechlich war, zum Papst gewählt. Er nahm den Namen Innozenz VI. an und machte in seiner Unentschlossenheit eine eher beklagenswerte Figur auf dem – immer noch in Avignon stehenden – Papstthron. Innozenz unternahm zwar einige Versuche, die inzwischen heillos versumpfte Moral der Geistlichkeit zu heben und die ebenso heillos zerrütteten Finanzen der Curie zu sanieren, trat sogar den bluttriefenden Dominicanern entgegen, ließ aber doch zu, befahl sogar, daß fromme Franziskaner-Spiritualen auf den Scheiterhaufen kamen, wofür ihn die heilige Brigitta von Schweden als »Verfolger der Lämmer Christi« beschimpfte.
Nach Rom zurückzukehren, wagte er nicht. Er igelte sich, auf den Schutz Frankreichs hoffend, in Avignon ein. Die ganze Kläglichkeit, zu der das Papsttum abgesunken war, zeigen die Vorfälle nach den (vorübergehenden, wie sich zeigen sollte) Friedensschlüssen zwischen England und Frankreich von Bordeaux (1357) und Brétigny (1360), die auf die an sich lobenswerte Vermittlung des Papstes hin geschlossen wurden. Es war ein Schuß, der nach hinten losging. Die Könige von England und Frankreich entließen ihre Soldaten, die sogleich als Räuberbanden durchs Land zogen. Im Dezember 1360 belagerte eine solche Bande die Papstburg von Avignon und war drauf und dran, Papst und Cardinäle auszuhungern, den Palast zu erstürmen und die Herren christlichen Oberschamanen zu massakrieren. (Nachträgliches Mitleid hätte sich vielleicht in

Grenzen gehalten.) Nur durch eine saftige Lösegeldzahlung konnte der Papst die Bande zum Abziehen bewegen. Dabei hatte der Papst schon vorher, 1358, Teile des Papstschatzes verkaufen müssen, und so blieben ihm nach 1360 nur noch wenige Löcher, aus denen er pfeifen konnte. Es war nicht einmal mehr Geld da, um durch Bestechungen Sand ins Getriebe der deutschen, das heißt, Kaiser Karls IV. Politik zu streuen.

*

Zurück zur »Goldenen Bulle«, die als solche erst in späterer Zeit bezeichnet wurde; Kaiser Karl bezeichnete sie als »unser keiserliches Rechtbuch«. »Bulle« hieß ursprünglich nur das kaiserliche Siegel, die Bezeichnung ging schon in früheren Jahrhunderten auf das ganze Dokument über. Wegen seiner Wichtigkeit wurde dieses »kaiserliche Rechtbuch« mit einem goldenen Siegel versehen. Es gab insgesamt neun Ausfertigungen, eine für jeden Kurfürsten und je eine für die Städte Frankfurt und Nürnberg. Die Frankfurter Ausfertigung ist erhalten und wird im »Römer« dort aufbewahrt. Die Urkunde ist auf Latein abgefaßt, sehr früh nach Erfindung der Buchdruckerkunst, 1474, wurde sie gedruckt. Hauptsächlicher Verfasser und Redakteur der »Goldenen Bulle« war mit einiger Sicherheit Kaiser Karls hochgebildeter Kanzler und Notar Johann von Neumarkt (was Neumarkt in Schlesien bedeutete, also kein Oberpfälzer), ein früher Vertreter des Humanismus nördlich der Alpen, ein Verwaltungsjurist von hohem Talent, der die böhmische Hofkanzlei organisierte und straffte, so daß sie bald ein Beispiel für andere Hofkanzleien wurde. Auf die von ihm benutzte deutsche Kanzleisprache griff noch Luther bei der Bibelübersetzung zurück. In Johanns hinterlassener Bibliothek (er starb nach seiner Entlassung aus dem Hofdienst als Bischof von Breslau 1380) fand sich ein Exemplar von Dantes »Divina Commedia«, vermutlich das erste, das über die Alpen kam. Er hatte es wohl 1354/55 erworben, als er den König auf dem Italienzug begleitet hatte. Neben Johann waren noch andere Redaktoren tätig, das letzte Wort hatte selbstredend der Kaiser.

Das Gesetz wurde am 25. Dezember 1356 – einem der höchsten kirchlichen Feste und dem Krönungstag Karls des Großen – mit großem Gepräge auf dem Reichstag von Metz verkündet, nachdem schon vorher eine vorbereitende Fassung auf einem Reichstag zu Nürnberg am 10. Januar vorgelegt worden war.

Die »Goldene Bulle« enthielt zwei Teile mit insgesamt einunddreißig Kapiteln. Der zweite, zwar auch wichtige, aber nicht so weittragende Teil befaßte sich mit dem Unwesen des Faustrechts, das, wie nach der oben geschilderten Rechtsunsicherheit nicht verwunderlich, erschreckend um sich gegriffen hatte. Das Faustrecht wurde verboten, Privatfehden durften nur – was für ein Fortschritt (?!) – ausgefochten werden, wenn sie mindestens drei Tage vorher angekündigt worden waren. Vereinigungen von Privatpersonen, auch von Städten, Ständen und dergleichen wurden untersagt, sofern sie die öffentliche Ordnung störten. Wie wenig wirksam dieser Teil des Gesetzes war, sollten die Ereignisse der letzten Regierungsjahre Karls zwanzig Jahre später zeigen.

Der wichtige erste Teil regelte die Königswahl und die Vorrechte der Kurfürsten. Gegen Einwände mancher Fürsten, namentlich von habsburgischer und wittelsbachischer Seite, wurde die Zahl der Kurfürsten entsprechend dem Herkommen auf sieben festgeschrieben und die Kurwürden ein für allemal fixiert. Danach gab es die drei geistlichen Kurfürsten, die Erzbischöfe von Mainz, Köln und Trier, und die vier weltlichen: den König von Böhmen, den Pfalzgrafen bei Rhein, den Herzog von Sachsen (wobei, um einen langandauernden Streit zwischen den sächsischen Linien zu beenden, die Linie Sachsen-Wittenberg die Kur bekam) und den Markgrafen von Brandenburg. Es wurde auch das Verfahren bei der Wahl geregelt. Danach hatte binnen dreier Monate nach dem Tod des Königs (oder, was zweimal der Fall sein sollte, nach sonstiger Erledigung des Thrones) der Kurfürst von Mainz, der überhaupt den Vorsitz bei der Wahl zu führen und die Stimmen abzuzählen hatte, die Wahlversammlung nach Frankfurt einzuberufen. Der Mainzer gab seine möglicherweise wahlentscheidende Stimme als letzter ab. Der mit Mehrheit gewählte Kandidat galt ausdrücklich und seltsamerweise als einstimmig gewählt.

Den Kurfürsten wurden in weiteren Kapiteln der »Goldenen Bulle« der Vorrang vor allen anderen Reichsfürsten eingeräumt, ihre Person galt als geheiligt wie die des Königs und Kaisers, ihre Gerichte bekamen das »ius de non evocando«, d. h., gegen deren Urteile gab es (mit wenigen Ausnahmen) keine Berufung an den König.

Die Kurwürde, die unteilbar war, war an den wirklichen Besitz des Kurlandes gebunden und durfte (was natürlich nur die weltlichen Kurfürsten betraf) nur nach dem Erstgeburtsrecht vererbt werden. Während der Thronvakanz verwalteten der Kurfürst von der Pfalz und der Herzog von Sachsen als »Provisores imperii« das Reich, der Pfälzer die Rheinlande und den Süden, der Sachse das übrige. Einmal im Jahr, vier Wochen nach Ostern, sollten die Kurfürsten und der König zusammenkommen, um über Reichsangelegenheiten zu beraten, ein Punkt, der bald vernachlässigt wurde. Ausdrücklich festgelegt war, daß ein Kurfürst sich selbst wählen durfte.

Dieses Reichsgrundgesetz galt bis zum Ende des alten Reiches 1804, die Zahl der Kurfürsten wurde erst im 17. Jahrhundert und im 18. Jahrhundert dann förmlich inflationär erhöht.

Die »Goldene Bulle« trug zwar nicht dazu bei, die territoriale Zersplitterung des Reiches aufzuhalten, in gewissem Sinn wirkte sie sogar gegenteilig, indem sie die Positionen der Kurfürsten stärkte. Insgesamt war sie jedoch zweifellos für die überfällig staatsrechtliche Konsolidierung des Königswahlrechts segensreich.

Bemerkenswert ist, daß zwar bei der feierlichen Verkündung des Gesetzes in Metz ein Legat Papst Innozenz' VI. anwesend war, daß aber im Königswahlgesetz eine päpstliche Beteiligung, auch nur eine päpstliche Sanktion oder dergleichen nicht vorgesehen war. Die »Goldene Bulle« ging sozusagen an allem vorbei, was die päpstliche Bulle »Unam Sanctam« noch 1302 frech als göttliches Gesetz hinzustellen sich unterfangen hatte. D.h. juristisch sanktionierter, direkter Einfluß des Papstes auf die deutsche Königswahl war in Zukunft ausgeschlossen. Vor allem war das bisher von den Päpsten beanspruchte »Reichsvicariat« in der Zeit zwischen dem Tod des Königs und der Wahl eines neuen abgeschafft. Papst Innozenz VI. wagte nicht einmal den leisesten Protest. (Man male sich aus, wie ein Alexander III. in der gleichen Situation getobt hätte!) Mindestens seit diesem Zeitpunkt also, 1356, verdient Kaiser Karl IV. den Schimpfnamen »Pfaffenkönig« nicht mehr.

Drittes Kapitel

Das dritte Kapitel zeigt das Fälschen von Urkunden als mittelalterliche Lieblingsbeschäftigung – Rudolf IV. versteht es, das Tiroler-Erbe zu behaupten – Kaiser Karl IV. wirft begehrliche Blicke – ein atemberaubendes Erbreich rückt in greifbare Nähe – Otto der Faule jagt Geld durch die Gurgel – der Schwäbische Städtebund überschattet die letzten Lebensmonate des Kaisers.

Das Haus Wittelsbach konnte mit der »Goldenen Bulle« zufrieden sein: ihm fielen zwei Kurstimmen zu, die von der Pfalz (hier regierte seit 1353 Kurfürst Ruprecht I.) und die von Brandenburg, wo seit der Teilung nach Kaiser Ludwigs Tod dessen jüngster überlebender Sohn Otto (nebenbei: herzlich schlecht) herrschte.

Nicht zufrieden war Habsburg. Es fühlte sich, über eins der beträchtlichen zusammenhängenden Territorien des Reiches gebietend, um eine Kurstimme und die damit verbundenen Vorrechte geprellt. Dem Namen nach herrschte 1356 der gelähmte, gebrechliche Herzog Albrecht II., der einzige überlebende Sohn König Albrechts und der einzige, der eine beständige männliche Nachkommenschaft hinterließ, in Wirklichkeit war aber dessen ältester Sohn, der schlaue und tatkräftige Herzog Rudolf IV., federführend. Rudolf war noch jung, neunzehn Jahre alt, als dann Albrecht II. starb und er, auch als Vormund für seine drei jüngeren Brüder Friedrich III., Albrecht III. und Leopold III., auch

nominell die Regierung übernahm. Seit 1353 (er war damals vierzehn) war er mit einer Tochter Karls IV. verheiratet. Die Ehe blieb kinderlos und ohne Folgen für die Glättung der Rivalität zwischen Habsburg und Luxemburg.
Spätestens 1359, vielleicht sogar schon früher, schritt Rudolf IV., der – weil er 1365 die Universität Wien stiftete – »der Stifter« genannt wird, zu einer merkwürdigen, dreisten politischen Tat oder besser Untat, die in jener Zeit nicht ungewöhnlich und offenbar keineswegs ehrenrührig war. Er fälschte eine Urkunde.
Fälschungen und Verfälschungen von Urkunden waren, ist man fast geneigt zu sagen, eine mittelalterliche Lieblingsbeschäftigung. Man vermutet, daß etwa fünfzig Prozent der überlieferten Urkunden des Mittelalters gefälscht sind. Es gab Klöster, die lebten förmlich davon, Fälschungen herzustellen. Das Kloster St. Maximin in Trier, das Kloster Reichenau gehörten dazu, und besonders tat sich hervor das altehrwürdige Montecassino. Karlheinz Deschner in seiner nicht genug zu lobenden »Kriminalgeschichte des Christentums« (Band 4, Seite 391 f.) gibt einen erschreckenden Überblick über das Ausmaß der Fälschungen vor allem im kirchlichen Bereich und zitiert den großen Mediävisten Horst Fuhrmann, der sagt: »In keinem Zeitalter der europäischen Geschichte dürften Fälschungen eine größere Rolle gespielt haben.« Es wurden ganze Konzilsakten, Papstbriefe, Echtheitszertifikate für Reliquien, Übertragungen von Privilegien, kurzum alles und jedes gefälscht, wenn es zweckdienlich war. Die bekannteste unter den Fälschungen ist die »Konstantini-

sche Schenkung« aus der Zeit zwischen 750 und 850, in der der Papst – welcher immer es war, trotz großen Forscherschweißvergießens ist bis heute letzte Aufklärung nicht gelungen – die freche Lüge in die Welt setzte, Kaiser Konstantin I. habe Rom und Italien Papst Sylvester I. geschenkt. (Obwohl spätestens Cardinal Nikolaus Cusanus, Bischof von Brixen, 1433 die Fälschung nachgewiesen hat, hielt die Kirche im Grunde genommen bis zu den Lateranverträgen von 1929 an den darin zusammengelogenen Prinzipien fest.) Die »Konstantinische Schenkung« war insofern äußerst geschickt gemacht, weil sie sich als Copie der angeblich verlorengegangenen ursprünglichen Urkunde ausgab, was natürlich die Nachprüfung erschwerte.

Es gab plumpe und minder plumpe Fälschungen, die schlaueren Fälscher (so Herzog Rudolf IV.) fälschten nicht ganz, sondern stellten echte und halbechte Fakten nebeneinander, verwoben Lüge und Wahrheit zu einem undurchschaubaren Geflecht. Klar ist, daß fast alle Fälschungen politische Wirkungen zeitigten, eine Überprüfung aufgrund der mangelnden, wenn man so sagen will detektivischen Mittel schwierig. Die »Handschrift« des fälschenden Mönches und des Mönches, der eine echte Urkunde niederschrieb, war die gleiche – und war eine Fälschung lang genug im Raum, wurde sie durch die normative Kraft des Faktischen sozusagen echt.

Eine der geschicktesten Fälschungen war das (erst seit dem 19. Jahrhundert sogenannte) »Privilegium maius«, eine umfangreiche Urkunde, die Herzog Rudolf IV. in seiner Kanzlei anfertigen ließ. Wie oben erwähnt, gab es das echte »Privilegium minus«, ein Diplom vom 17. September 1156, in dem Kaiser Friedrich Barbarossa Österreich zum Herzogtum erhoben und mit Vorrechten ausgestattet hatte. Diese Urkunde war 1358/59 in Wien noch vorhanden. Rudolf ließ sie bis auf das (echte) Siegel vernichten und ein neues, auf eben den 17. September 1156 zurückdatiertes Diplom fälschen, auf das das echte Siegel aufgesetzt wurde. Auch diese Fälschung war aus Lügen und Wahrheit gemischt, aber insgesamt war das, was Rudolf hier – um die Scharte der Österreich verweigerten Kurwürde auszuwetzen – an Vorrechten der Herzogtümer Österreich, Steiermark und des (tatsächlich allerdings existierenden) Pfalzherzogtums Kärnten hineinschreiben ließ, horrend. Er fälschte Ergänzungen des »Privilegium minus« durch König Heinrich (VII.), durch Friedrich II., durch Rudolf I., er erfrechte sich, eine Urkunde Heinrichs IV. hundert Jahre vor dem »Privilegium maius« zu erfinden, und ließ sogar einen für Österreich günstigen Briefwechsel Julius Caesars mit Kaiser Nero einfügen. Die wichtigsten angemaßten Vorrechte waren die Befreiung der habsburgischen Herzogtümer vom Reichs- und Lehensdienst, die Gerichtsfreiheit des Herzogs (also königgleiche Stellung wie die Kurfürsten), Unteilbarkeit der Herzogtümer und deren Vererbung auch in weiblicher Linie.

Als Rudolf 1360 die fertige Fälschung dem Kaiser zur Bestätigung vorlegte, zeigte dieser die Sache dem gerade am Prager Hof weilenden Dichter Petrarca, der namentlich über den zudem völlig anachronistischen Briefwechsel zwischen Caesar und Nero laut auflachte,

worauf Kaiser Karl die Bestätigung der Echtheit verweigerte.
Doch auch hier kam es wie erwähnt. Die Habsburger handelten so, als sei die Urkunde, als seien die Privilegien echt. Vielleicht glaubten die Nachfolger Rudolfs schon selbst an die Echtheit, Zweifel an der Unechtheit kamen nie auf, endlich bestätigte knapp hundert Jahre später Kaiser Friedrich III. die Echtheit – freilich, er war selbst ein Habsburger. Und noch 1740, nach dem Tod Kaiser Karls VI., wurde der Inhalt des »Privilegium maius« virulent – was in jenem fernen Band, der mir zu schreiben vielleicht vergönnt ist, darzustellen sein wird.

*

Wenige Jahre danach gelang Herzog Rudolf IV. ein weiterer, dauernder Erfolg für sein Haus. 1361 starb der älteste Sohn Kaiser Ludwigs, Herzog Ludwig V., der einmal in Brandenburg regiert und dann als Gemahl Margarethe Maultaschs über Tirol geherrscht hatte. Er hinterließ einen Sohn, Herzog Meinhard, als Graf von Tirol Meinhard III., noch unmündig, für den seine Mutter die Vormundschaft und Regentschaft führte. Meinhard starb schon 1363, neunzehnjährig. Er war, sozusagen noch folgenlos, mit einer Schwester Herzog Rudolfs verheiratet (auch einer Margarethe), und vielleicht hatte Rudolf durch diese Verbindung vom schlechten Gesundheitszustand des jungen Landesfürsten erfahren. Jedenfalls finden wir ihn noch vor dem Tod Meinhards im Winter 1362/63 auf dem damals schwierigen, im Winter für ungangbar gehaltenen (jedenfalls für höhere Herrschaften, für Hirten und Jäger wohl nicht) Weg über die Alpen nach Tirol. Im Januar starb Meinhard; habsburgerfreundliche Kreise begrüßten die Anwesenheit Rudolfs, dem Margarethe Maultasch – wozu sie ohne Zweifel nicht berechtigt war – die Grafschaft Tirol übertrug. Aber Rudolf verstand es, dieses »Erbe« zu behaupten. Ein eher zaghafter Versuch des nächsten wittelsbachischen Verwandten, des Herzogs Stephan II. von Baiern, blieb am Widerstand der Städte Hall und Innsbruck stecken. Im Frieden von Schärding von 1369 mußte dann Stephan endgültig auf Tirol verzichten, Kaiser Karl, den das von seinen Erblanden weiter entfernte Tirol weniger interessierte, sanktionierte die Verfügung Margarethes, die sich schon 1363 nach Wien zurückgezogen hatte und dort 1369 starb. Tirol blieb somit fürderhin bei Habsburg und Österreich – nicht selten ungern sich der Vorgänge von 1363 erinnernd.

*

Sowenig Kaiser Karl IV. imperial-römischen, romantischen Plänen nachhing, so gezielt versuchte er die Weichen für die Festigung und Erweiterung seiner luxemburgischen Hausmacht zu stellen, auch und vor allem sogar über die Grenze des Reiches hinaus, und zwar nach Osten. Dieser politischen Ausrichtung verdankte wohl Habsburg, daß der Kaiser ihrem (ursprünglich illegitimen) Erwerb Tirols zustimmte; doch auch andere Gedanken bewegten den Kaiser in diesem Zusammenhang.

1364 wurde ein Erbverbrüderungsvertrag zwischen Habsburg und Luxemburg geschlossen, d. h., man vereinbarte gegenseitige Beerbung der gesamten Ländereien des jeweils anderen im Fall des Aussterbens der männlichen Linie. Die Chancen, daß der Fall bald, und zwar zugunsten Luxemburgs, eintreten könnte, standen nicht schlecht. Von den vier Habsburger-Brüdern, den Söhnen Albrechts II., war einer, Friedrich III., inzwischen kaum erwachsen, erbenlos gestorben, der älteste Herzog Rudolf IV. war seit sieben Jahren verheiratet, und es zeigten sich keinerlei Nachkommen aus dieser Ehe. Demgegenüber hatte Kaiser Karl einen hoffnungsvollen Sprößling aus dritter Ehe, Wenzel, seit einem Jahr nominell Mitkönig von Böhmen, und eben hatte der Kaiser zum vierten Mal geheiratet, die Prinzessin Elisabeth von Pommern, und schon war sie schwanger. Die Aussicht, daß dereinst Österreich, die Steiermark, Kärnten und Krain luxemburgisch-böhmisch werden könnten, lagen nicht weit außerhalb des Denkbaren: Böhmen bis zur Adria. Shakespeares »Böhmen am Meer« in »Was ihr wollt« wäre fast Wirklichkeit geworden. Es kam indessen anders – wovon noch die Rede sein muß.

Kaiser Karl hatte, wie gesagt, noch anderes im Sinn. Schon seine přzemyslidischen Vorgänger hatten begehrliche Blicke auf die Kronen von Polen und Ungarn gerichtet. Und jetzt war die Konstellation so, daß sowohl in Polen als auch in Ungarn Könige regierten, die keine Söhne hatten: in Polen der letzte aus dem Piastenstamm, Kasimir III., in Ungarn der letzte aus dem ungarischen Zweig des Hauses Anjou, Ludwig (Lajos).

Ein weiteres Objekt der Begierde der Přzemysliden und der ihnen nachfolgenden Luxemburger war Schlesien. Dessen komplizierte, äußerst verwickelte Geschichte darzustellen führt hier zu weit. Nur soviel und vereinfacht: Schlesien war nach brutaler Christianisierung, gelegentlicher heidnischer Reaktion und endlicher Konsolidierung Teil des großpolnischen Fürstentums geworden (im 11. Jahrhundert). Nach dem Tod des (gesamt-)polnischen Fürsten Boleslaw III. 1138 (die polnischen Fürsten führten damals noch nicht den Königstitel) teilten seine Söhne das Reich, und der älteste, Wladyslaw, bekam Schlesien. So wie der Westen des Deutschen Reiches eine unübersehbare Tendenz noch weiter nach Westen zeigte, so zog es auch Schlesien westwärts. Die schlesischen Herzöge, die sich bald in zwei Linien (Ober- und Niederschlesien) aufspalteten, später in über ein Dutzend weiterer kleiner und kleinster Herzogtümer, heirateten deutsche Prinzessinnen und Gräfinnen (eine von ihnen, Hedwig-Jadwiga von Andechs, wurde sogar die schlesische Landesheilige) und verschwägerten sich so mit deutschen Fürstenhäusern. Deutsche Siedler wurden ins Land gerufen, über hundert Städte und über tausendzweihundert Dörfer mit deutscher Bevölkerung gegründet, das Ius Teutonicum ersetzte das polnische Recht.
Zum Deutschen Reich gehörte Schlesien wohlgemerkt nicht. Es gehörte, ab 1202, aber auch nicht mehr zum (inzwischen) Königreich Polen, es war selbständig, allerdings durch die erwähnte Erbteilung geschwächt und von wenig politischer Kraft. Auch der Mongoleneinfall, dem Herzog Heinrich II. von Liegnitz

1241 zum Opfer fiel, schwächte die Position Schlesiens.

Diese Schwäche wollten die polnischen Könige ausnützen, um das Land unter ihre Oberhoheit zurückzugewinnen, doch die schlesischen Herzöge waren schon zu sehr nach Westen hin orientiert, um das zu wollen. Sie unterstellten sich noch einmal und immer schneller der stark gewordenen böhmischen Oberhoheit: und zwar der böhmischen Krone, *nicht* der deutschen. Das fing 1327 an und endete 1353, als durch die Ehe König Karls IV. mit der Erbtochter des Herzogs von Schweidnitz und Jauer diese beiden schlesischen Teilherzogtümer direkt an das luxemburgische Haus fielen. 1348 und nochmals 1355 inkorporierte Kaiser Karl IV. Schlesien förmlich der böhmischen Krone und verfügte somit etwas wie eine mittelbare Reichszugehörigkeit Schlesiens. Mit dem König von Polen wurde schon 1335/1339 im Vertrag von Trentschin ein Ausgleich erzielt. Der König von Böhmen ließ den Polen gegenüber Ungarn freie Hand, dafür anerkannte Polen den Übergang der schlesischen Fürstentümer an Böhmen. Bis ins 18. Jahrhundert sollte Schlesien so ein Anhängsel der Wenzelskrone bleiben und teilte dessen politisches Geschick.

*

Noch im Jahr der Erbverbrüderung mit Habsburg gelang Kaiser Karl ein wichtiger Schritt nach Norden: durch den Erwerb der Niederlausitz. Im Jahr darauf (1365) reiste Karl nach Avignon, wo er mit dem neuen Papst, Urban V., zusammentraf und bei der Gelegenheit

(eine Höflichkeit nur noch) zum König von Burgund gekrönt wurde. Im gleichen Jahr starb Herzog Rudolf IV. von Österreich – die Chancen dafür, daß die Erbverbrüderung für Luxemburg Früchte tragen könnte, rückten wieder etwas näher. Kontraproduktiv alllerdings war die 1366 erfolgte Vermählung des achtzehnjährigen (nunmehr ältesten) Herzogs Albrecht III. von Österreich mit Elisabeth, der achtjährigen (!) Tochter des Kaisers. Die Ehe blieb kinderlos.
Demgegenüber vermehrte die neue Kaiserin das luxemburgische Haus um zwei Töchter und drei Söhne: Sigismund (1368), Johann (1370) und Karl (1372). Dieser Sigismund wurde – vier Jahre alt – 1372 mit der Erbtochter König Ludwigs von Ungarn vermählt, der inzwischen (1370) nach dem Tod König Kasimirs III. auch König von Polen geworden war. Ein atemberaubendes Erbreich rückte in greifbare Nähe …

*

1368/69 unternahm Kaiser Karl einen zweiten Italienzug, eher eine Italienreise, besuchte auch Rom, wohin Papst Urban V. (ein persönlich untadeliger Mann, tatsächlich, wenn auch vergeblich bestrebt, die verrottete Kirche zu reformieren) zurückgekehrt war, allerdings nur für kurze Zeit. Der Romaufenthalt brachte außer einer mehr beiläufigen Besprechung mit dem Papst nichts weiter ein als die Krönung von Karls vierter Frau zur Kaiserin.

*

In der Mark Brandenburg regierte der jüngste Sohn Kaiser Ludwigs, Otto der Faule (da dem Namen nach auch Herzog von Baiern: Otto V.), seit 1356 nicht nur *de facto*, sondern auch *de jure* unbestritten Kurfürst. Er hatte 1366 Katharina, eine Tochter Kaiser Karls aus dessen erster, französischer Ehe, geheiratet, die frische Witwe Herzog Rudolfs IV. von Österreich, und sich im Heiratsvertrag verpflichtet, daß, falls die Ehe kinderlos bleiben sollte, das Haus Luxemburg die Mark Brandenburg erbe. Die Ehe blieb kinderlos, aber vertragsbrüchig setzte Otto seinen Neffen, den Herzog Friedrich von Baiern zu Landshut, zum Erben ein, was Kaiser Karl zu einer derartigen militärischen Drohgebärde veranlaßte, daß Otto klein beigab und zusammen mit seinem Neffen Friedrich am 18. August 1373 im Heerlager zu Fürstenwalde (östlich von Berlin) einen Vertrag schloß, wonach Otto und Friedrich gegen Zahlung der sehr hohen Summe von fünfhunderttausend Gulden (nach heutigem Wert wohl einige Milliarden DM) auf die Mark Brandenburg zugunsten der Söhne des Kaisers verzichteten, wobei – entgegen der Bestimmung der »Goldenen Bulle« – Otto die Kurstimme auf Lebenszeit behalten durfte. (Er starb 1379.) Von den fünfhunderttausend Gulden bezahlte der Kaiser nur vierhunderttausend, den Rest blieb er schuldig, verpfändete dafür die Oberpfalz an das Haus Wittelsbach zurück. Das Pfand wurde nie eingelöst, daher blieb die Oberpfalz wittelsbachisch. (Juxhalber könnte man durchdenken, was geschähe, wenn heute, 2001, die Tschechische Republik als Rechtsnachfolgerin des Königreiches Böhmen [?] die Schuld begleichen und die

Eingliederung des Regierungsbezirks Oberpfalz verlangen würde ...)
Daß Kaiser Karl auf die bodenschätzereiche Oberpfalz verzichtete und große finanzielle Opfer brachte, um »des Heiligen Römischen Reiches Streusandbüchse«, d.h. die Mark Brandenburg, zu erwerben, hing vermutlich damit zusammen, daß er inzwischen seinen Ländererwerbstrieb nach Osten verlagert hatte und daß ihm der sichere künftige Anfall einer zweiten Kurstimme für sein Haus wichtig genug war.
Zu Kurfürst Otto dem Faulen wieder ein erfrischender Bericht aus Johann Hübners »Kurtze Fragen aus der Politischen Historie« (Tom. VI, p. 623): »Hierauf (nämlich nach dem Verkauf der Mark Brandenburg) hieng sich Churfürst Otto an eines Möllers Tochter, oder eines Möllers Frau, Nahmens Margareta, und jagte mit derselben das Geld durch die Gurgel; ...« Im Trinken scheint Otto also nicht der Faule gewesen zu sein.

*

Selbstverständlich war auch (und gerade) Kaiser Karl IV. am Erhalt der Königs- und Kaiserwürde für seine Dynastie interessiert. Als präsumtiver Nachfolger galt natürlich der älteste Sohn, Wenzel. 1361 geboren, war Wenzel schon seit seinem dritten Lebensjahr dem Namen nach König von Böhmen, später auch Markgraf von Brandenburg, Herzog von Schlesien usw. Eine sorgfältige Erziehung sollte günstige Voraussetzungen für eine würdige Nachfolge nach seinem bedeutenden Vater schaffen. Seit 1372 begleitete Wenzel den Vater öfters auf dessen Reisen, urkundete auch mit ihm zusammen. Als Wenzel fünfzehn Jahre alt und nach damaliger Ansicht *majorenn* geworden war, sollte er – was seit der Stauferzeit nicht mehr praktiziert worden war – zu Lebzeiten des Vaters zum (Mit-)König und damit automatisch ohne die Notwendigkeit einer weiteren Wahl zum Nachfolger gewählt werden. Die Kurfürsten zierten sich – aus naheliegenden Gründen. Sie wollten bestochen werden. Hatte schon der »Kauf« der Mark Brandenburg viel Geld verschlungen, wurden die finanziellen Belastungen durch die nun anstehende Bestechung der Kurfürsten noch größer. Kaiser Karl konnte die notwendigen Summen (die genaue Größe ist unbekannt, sie dürfte in die Hunderttausende von Gulden gegangen sein) nur durch die Besteuerung derer aufbringen, bei denen noch etwas zu holen war: der Städte, und hier namentlich der sehr reichen schwäbischen Städte.

Die Städte zahlten murrend und zögernd, und so wurde tatsächlich am 10. Juni 1376 der junge Wenzel in Frankfurt zum Deutschen König gewählt, am 6. Juli in Aachen gekrönt. Zwei Tage zuvor aber schlossen sich vierzehn schwäbische Städte, darunter Augsburg, Reutlingen, Ulm und Heilbronn zum »Schwäbischen Städtebund« zusammen, um weitere drückende Maßnahmen seitens des Königs abzuwehren.

Kaiser Karl IV. war, wie schon erwähnt, kein Freund der Städte im Gegensatz zu seinem Vorgänger Ludwig dem Baiern. Noch Anfang des Jahrhunderts hatte sich dieser Kaiser bewußt auf die meist königstreuen Städte und Städtebünde gestützt; mit der Zeit aber entwickelten sich diese Bünde (der Ellinger Bund von 1331, die Schwäbische Einung von 1349) zu antiköniglichen Trutzgemeinschaften. Im schwäbischen Raum kam dazu, daß gerade hier mit dem faktischen Ende des Herzogtums Schwaben die Grafen von Württemberg Stück für Stück an Territorien an sich brachten und zusehends in Gegensatz zu den Städten gerieten. Dazu muß man bedenken, daß durch die Folgen der Pest mit dem Bevölkerungsschwund von dreißig Prozent, mit dem darauffolgenden Arbeitskräftemangel, dem Preisanstieg und der Geldentwertung das wirtschaftliche Gefüge durcheinandergeriet. Die Städte, die bessere Lebensbedingungen boten, zogen Bevölkerung an (Ulm etwa verdoppelte von 1350 bis 1400 seine Bevölkerung), das bedeutete Einkommenseinbußen für die Grafen und Barone. Die Gegnerschaft zwischen Adel und Städten wuchs. Kaiser Karl erklärte, unter Berufung auf die »Goldene Bulle«, den Schwäbischen Bund für rechtswidrig und bot den Grafen von Württemberg zu seiner Bekämpfung auf. Doch das Heer des Städtebundes unter Führung von Ulm schlug den Grafen bei Reutlingen (21. Mai 1377), die Belagerung des stark befestigten Ulm durch ein kaiserliches Heer (im gleichen Jahr) blieb erfolglos. Der klare Sieg des Städtebundes überschattete die letzten Lebensmonate des alten Kaisers, dem die finanziellen Mittel fehlten, um den Krieg gegen die Städte weiterzuführen.

Am 29. November 1378 starb Karl im Alter von zweiundsechzig Jahren in Prag und wurde dort im Veitsdom begraben. Trotz allem war er eine der großen Königsgestalten des deutschen Mittelalters.

Viertes Kapitel

Im vierten Kapitel wird klar, daß König Wenzel nicht wirklich faul, sondern überfordert war – eine Stallung ermöglicht faktische Anerkennung – das Possenspiel des Großen Schisma beginnt – wobei Urban VI. vor Freude oder vor Schreck den Verstand verliert und Clemens mit einer Klammer umschleudert wird.

Aus dem Epitheton »der Faule«, das die Historiographie König Wenzel bald verpaßte, ist ersichtlich, daß man ihm ein ungutes Andenken bewahrte. Zum Teil ist die abschätzige Bewertung seiner Person und seiner Politik berechtigt, zum Teil deswegen nicht, weil er erstens ein schweres Erbe antrat, ein durch den Städtekrieg zerrüttetes Reich vorfand, eine nicht zuletzt durch seine eigene Königswahl, d.h. der dazu notwendigen Bestechungen, desolate Finanzlage, die Tatsache, daß zeit seines Lebens die Überfigur seines Vaters als unerreichbares Vorbild Schatten auf ihn warf, und nicht zuletzt, daß er blutjung war, keine achtzehn Jahre alt, als er die Regierung antrat. Daß er tyrannische, grausame und launische Charakterzüge aufwies, dürfte historischen Tatsachen entsprechen, auch daß er in späteren Jahren der Trunksucht verfiel. Bei seinem Regierungsantritt noch nicht, wohl aber bald danach kam hinzu, daß ihm in seinem eigenen, weit mehr als er begabten Bruder Sigismund ein Konkurrent, ja sogar ein gefährlicher Feind erwuchs. Und ganz zuletzt darf nicht vergessen werden, daß die Weltläufe überhaupt turbulent wurden, eine Zeitenwende ankündigten: das »Große

Schisma« des Papsttums stürzte Europa in Wirren, in England trat der erste Reformator auf, John Wyclif (1330–1384), der mit philosophischen und logischen Argumenten die Dogmen und die Rechtmäßigkeit der Papstkirche zerpflückte, Papst, Curie und Amtskirche nicht nur für verrottet, sondern für un-, ja antichristlich erklärte. Wyclifs Lehre, die auch die Rückkehr zur apostolischen Kirche der Armut forderte, wirkte wie ein Donnerknall, und dessen Echo war auch am Kontinent, und namentlich in Böhmen zu hören, wo sich bald ein Johannes Hus auf die Schriften Wyclifs berufen sollte.

Das alles überforderte wohl das eher schlichte Gemüt des jungen König Wenzel.

*

Kaiser Karl IV. hatte testamentarisch die Aufteilung der luxemburgischen Länder verfügt. Abgesehen von dem Anteil (Luxemburg, Limburg, Lothringen, also den westlichen Besitzungen), den ein kinderloser jüngerer Bruder des Kaisers, Herzog Wenzel, hielt, übrigens zeitweilig Reichs-Vicar für Karl, bekam König Wenzel den Hauptanteil, nämlich Böhmen, Sigismund, damals zehn Jahre alt und mit der ungarischen Erbtochter verlobt, präsumtiver Erbe der Stephanskrone, bekam die Mark Brandenburg samt der Kurwürde, die durch den Tod Ottos V. von Wittelsbach an die Mark zurückgefallen war, der jüngste Sohn Johann (acht Jahre alt) erhielt die dem luxemburgischen Haus direkt zustehenden schlesischen Ländereien mit dem Titel eines Herzogs von Görlitz, und es gab noch die drei Söhne jenes für kurze Zeit ungeliebter Gemahl der Margarethe Maultasch Graf von Tirol gewesenen, 1375 verstorbenen Prinzen Johann Heinrich, Jodocus, Johann Sobieslaw und Prokop. Johann Sobieslaw machte keine Schwierigkeiten, er war Geistlicher, wurde später Patriarch von Aquileia; Jodocus und Prokop wurden gemeinsam Markgrafen von Mähren unter der Oberhoheit allerdings des Königs.

*

Das dringendste Problem, das König Wenzel erbte, war der Schwäbische Städtekrieg. 1381 hatte sich der Schwäbische Städtebund (der da schon etwa vierzig Mitglieder zählte) mit dem Rheinischen Städtebund zusammengetan und bildete somit eine mit militärischen Mitteln nicht mehr zu unterdrückende Machtkonzentration. In der »Heidelberger Stallung« vom 26. Juli 1384, einem Landfriedensvertrag, der von König Wenzel auch bestätigt wurde, schlossen die im »Nürnberger Herrenbund« vereinigten Fürsten (dem der König zur Vorsicht nicht angehörte) und die beiden Städtebünde einen Friedensvertrag auf vier Jahre ab. Mit dieser »Stallung« und der königlichen Bestätigung erlangten die Städtebünde (entgegen der »Goldenen Bulle«) eine faktische Anerkennung ihrer Berechtigung. Beide Teile hofften wohl, in der Zeit dieses vierjährigen Waffenstillstandes sich so weit zu erholen, daß sie dann den anderen vernichten konnten. Leider hatte der kurze Friede auf städtischer Seite die verhängnisvolle Auswirkung, daß Rivalitäten, ja Feindseligkeiten zwischen den Städten giftig aufblühten, was letzten Endes zum Untergang der Städtebünde führen sollte.

*

Noch kurz vor dem Tod Kaiser Karls IV. hatte jenes unwürdige Possenspiel begonnen, das »Großes Schisma« genannt wird. Nachfolger des relativ untadeligen Urban V. war 1370 ein Neffe Clemens' VI. geworden, wieder ein Franzose, Pierre Roger de Beaufort, der den Namen Gregor XI. annahm. Durch die obenerwähnten Lehren des John Wyclif aufgeschreckt, verstärkte der Papst den Druck der Inquisition so heftig, daß die Gefängnisse die Scheiterhaufenkandidaten zeitweilig nicht mehr aufnehmen konnten. 1377 versuchte Gregor XI. die Papstresidenz endlich wieder nach Rom zu verlegen, doch Rom war ein derartiger Hexenkessel, daß sich der Papst in das stark befestigte Anagni zurückzog. Dort starb er zorn- und sorgenzerfurcht, noch keine fünfzig Jahre alt (27. März 1378).

Was daraufhin passierte, ist schwer in aller Kürze zu beschreiben, soll jedoch gesagt werden, um zu zeigen, in welch abscheulicher Verfassung die Kirche war.

Sechs Cardinäle hatte Gregor XI. in Avignon zurückgelassen, die restlichen sechzehn versammelten sich (als erstes Konklave in Rom seit fünfundsiebzig Jahren) im Vatican, denn der eigentliche Papstpalast, der Lateran, war 1360 abgebrannt und unbewohnbar. Der römische Pöbel belagerte den Palast und schrie in Sprechchören, daß ein Römer, wenigstens ein Italiener zum Papst gewählt werden solle. Die Stadtpräfekten erklärten daraufhin den verschreckten Kirchenfürsten, daß sie für die Sicherheit des Konklaves nicht mehr garantieren könnten, wenn nicht sofort ein neuer Papst gewählt werde, und zwar ein Italiener.

Die Cardinäle wählten dann ganz schnell (mit einer Gegenstimme) keinen ihrer Kollegen, sondern den Erzbischof von Bari, Bartolomeo Prignano, zum Papst. Dieser Prignano, der dann von den Cardinälen den Namen Urban VI. verpaßt bekam, ist der erste (und bisher allerdings letzte) Papst, der, vorher ganz normal, sogar als Gelehrter des Kirchenrechts angesehen, auf die ihn völlig überraschende Nachricht von der Wahl buchstäblich den Verstand verlor, vor Freude oder vor Schreck oder vor beidem. Er wurde wahnsinnig, äußerte paranoide Ansichten, schleuderte unsinnige Dekrete in die Welt, wurde sogar gemeingefährlich, exkommunizierte und rekonziliasierte sprunghaft Könige und Fürsten, sein einziges politisches Ziel war, einem nichtsnutzigen Neffen das Königreich Neapel zu verschaffen – ein nichts anderer als aberwitziger Plan. Er ließ Cardinäle einkerkern und foltern, fünf Cardinäle verschwanden spurlos. Dennoch fehlte es ihm nicht an Anhang – freilich, denn es gab in Rom genug dunkle Gestalten, die bei geeigneter Beeinflussung vom Wahnsinn (und von der dadurch bedingten Geldverschwendung) profitierten. Urban VI. hielt sich neun Jahre auf dem Thron Petri, dann wurde er endlich vergiftet (1389).

Als schon kurz nach der Wahl die geistige Zerrüttung des neuen Papstes klar war, versammelten sich diejenigen der sechzehn Cardinäle, die nicht zur Vorsicht nach

Avignon geflohen waren, erst in Anagni, dann in Fondi (im Königreich Neapel) und erklärten am 2. August 1378 den Papst für regierungsunfähig und abgesetzt, die Wahl vom 8. April als »nicht frei, sondern aus Furcht erfolgt« für ungültig und wählten am 20. September den Cardinal Robert von Genf (einen Sohn des Grafen von Savoyen) zum Papst, der den Namen Clemens VII. annahm. (Das päpstliche Jahrbuch zählt – auch heute noch – den geisteskranken und ohne Zweifel nicht-kanonisch gewählten Urban VI. als rechtmäßig und umschleudert den Clemens mit einer Klammer: Clemens [VII.].)
Einige Zeit residierte Clemens (VII.) in Neapel, später zog er sich nach Avignon zurück. So gab es also zwei Päpste, die sich unverzüglich gegenseitig exkommunizierten, ihre jeweiligen Cardinäle kreierten, ihre eigene Politik verfolgten und so fort.
Diese schismatische Papstwahl spaltete die Christenheit. Die Könige von Frankreich, Neapel, Schottland u.a. hielten zu Clemens; England, die oberitalienischen Staaten und Deutschland (mit Ausnahme der österreichischen Herzöge, die »clementinisch« waren) unterstützten Urban. Kaiser Karl IV. anerkannte kurz vor seinem Tod Urban, und so dann auch König Wenzel, obwohl er gleichzeitig Geheimverhandlungen mit Clemens führte.
Man fragt sich vielleicht, warum dieses Possenspiel eine Gefahr für die Weltpolitik darstellte. Das Papsttum hatte sicher um diese Zeit jeden moralischen Kredit und jede politische Autorität verspielt, doch die Gefahr war, daß die immer kriegsbereiten, ja kriegslüsternen Für-

sten diesen Streit um die an sich völlig gleichgültige Frage, wer der rechtmäßige Papst war, zum Anlaß nahmen, um – mit ganz anderen wahren Hintergründen –, sozusagen rechtlich abgesichert, übereinander herzufallen.

Die Geheimverhandlungen Wenzels mit Papst Clemens und auch die Verhandlungen mit Papst Urban betrafen unter anderem (1380) die Kaiserkrönung. Unter den turbulenten Verhältnissen waren sie aussichtslos. König Wenzel sollte die Kaiserkrone nie erlangen – nicht zuletzt, weil sein Bruder Sigismund die Sache hintertrieb.

Sigismund hatte 1385 seine Verlobte, die Erbin und seit dem Tod ihres Vaters Ludwig I. »König« (also nicht »nur« Königin) von Ungarn, geheiratet, wurde Mit-König von Ungarn und nach ihrem Tod 1395 alleiniger König. König von Polen wurde er, wie von seinem Vater einfädelnd erhofft, nicht, denn Ludwig I. hatte seine andere Königskrone der jüngeren Tochter Hedwig vermacht, die den noch halbheidnischen Litauerfürsten Jagiello heiratete und mit ihm, der den christlichen Namen Wladislaw II. annahm, eine neue polnische Dynastie gründete.

Fünftes Kapitel

Im fünften Kapitel will Herzog Leopold den dumpfen Eidgenossen zeigen, wo der Bartel den Most holt – in der Schlacht von Sempach werden die Ritter zu hilflosen Krebsen auf dem Trockenen – ein leichter Dämmerschein der Menschlichkeit steht am Ende des ausgehenden finsteren Mittelalters.

In der Schweiz ereignete sich genau das, was oben als gefährliche Folge der gespaltenen Papstwahl skizziert wurde. Die Herzöge Leopold III. und Albrecht III. von Österreich, dem Namen und ihrem Verständnis nach immer noch Herren in der Schweiz, waren Anhänger Papst Clemens', die Eidgenossenschaft, von der einige größere Städte, Zürich, Basel, Bern u. a., sich dem »Schwäbischen Städtebund« angeschlossen hatten, waren wie dieser ganze Bund römisch-urbanisch gesinnt. Unter dem Vorwand, die Eidgenossen zum alleinseligmachenden Clemens zu bekehren, marschierte Herzog Leopold in der Schweiz ein.

Der wahre Grund war natürlich ein anderer. Luzern war, nachdem es zum Zorn Habsburgs von König Wenzel den »Blutbann« (= die hohe Gerichtsbarkeit) verliehen bekommen hatte, zur Eidgenossenschaft gestoßen und strebte die Loslösung von habsburgischer Vorherrschaft an. Ohne große Vorankündigung oder Kriegserklärung überfielen die Luzerner die habsburgische Festung Rothenburg und schleiften sie, nahmen dann das Entlebuch ins Bürgerrecht auf. Überhaupt nahmen die Eidgenossen viele österreichische »Ausbürger«, also

politische Flüchtlinge auf. Zahlreiche Schweizer Herren und Barone verloren ihre Territorien, Burgen, ihr Einkommen und wurden dadurch natürlich ins österreichische Lager gedrängt.
1386 entschloß sich Habsburg, die Schwäche des luxemburgischen Hauses ausnützend, zu handeln. Herzog Leopold sammelte ein Heer, das einesteils aus österreichischen und schweizerischen Rittern, Herren und Baronen, andernteils aus deutschen und italienischen Söldnern bestand. In glänzend geputzten Rüstungen, ritterlich und stolz, zog das Heer aus Brugg an der Aare, in der Nähe der Habsburg, der Stammburg, wo das Heer sich gruppiert hatte, von Norden her gen Luzern, um den dumpfen Bauern zu zeigen, wo der Bartel den Most holt. In aristokratischer Überheblichkeit verzichtete Herzog Leopold nicht nur auf jede taktische Planung und auf jede Aufklärung, sondern auch auf jede Logistik. Es war Juli und heiß. Schon bald stöhnten die Ritter in ihren Rüstungen vor Hitze und Durst. Aber noch ritten sie, und die Pferde trugen die Hauptlast. (Übrigens war damals schon eine ritterliche Rüstung so ausgefeilt und überladen, daß der Ritter weder selbsttätig vom noch aufs Pferd steigen konnte. Er mußte gehoben werden, gelegentlich wurde, ungelogen, eine Art Kran eingesetzt.)
Herzog Leopold äußerte, daß irgendwelche strategischen Überlegungen den Bauernhorden gegenüber nicht angebracht seien. Man müsse nur überlegen, ob man die Kerle danach sieden oder braten solle. Ein einziger etwas besonnener Ritter, der Freiherr von Hasenburg, gab zu bedenken, daß die kämpferischen Eidgenossen,

auch wenn keine Ritter, nicht unterschätzt werden dürften. Der Herzog wischte den Einwand mit der Bemerkung weg: der Freiherr hieße wohl besser »von Hasenherz«.

Auf etwa Dreiviertel des Weges von Brugg nach Luzern, bei dem kleinen Ort Sempach, stießen die Ritter völlig unvermutet auf das aus tausendfünfhundert Luzernern, Urner, Schwyzer und Unterwaldner bestehende, leicht, aber gut gerüstete eidgenössische Heer. Herzog Leopold verfügte, daß abgesessen und das nach allen Regeln ritterlicher Kriegskunst unschlagbare Eisenkarree gebildet werde. So rückten die Ritter vor. Die Eidgenossen hielten sich aber nicht an die Regeln der ritterlichen Kriegskunst. Sie hatten eine für Ritterrüstungen verheerende Waffe entwickelt: die Hellebarde (Halm = Stiel; Barde, Barte = Beil), die für den Stoß eine Spitze wie eine Lanze hatte, für den Schlag ein Beil und für den Zug, d. h. das Zurechtdrehen des Gegners, einen Dorn auf der Rückseite des Beils. Schon von der Schlacht bei Morgarten berichtete der Mönch Johannes von Winterthur: »Es führten auch die Schwyzer in ihren Händen Mordwerkzeuge, Gesen, in ihrem Volksmund Helnabarten genannt, wahrhaft schreckliche, mit denen sie die bestgepanzerten Gegner wie mit einem Scheermesser spalteten und in Stücke hieben.«

Den Eidgenossen gelang es, das Karree an einer Stelle aufzubrechen, sie drangen hinein und warfen die Ritter, die sich in ihren schwerfälligen Rüstungen nicht einmal ohne weiters umdrehen konnten, zu Boden, wo sie dann die wie hilflose Krebse auf dem Trockenen liegenden Gegner mittels der Hellebarden aus den Panzerungen knackten und das weiche Innere abstachen. Sie machten keine Gefangenen. Die von Leopold angeheuerten Söldner liefen davon, alle Ritter, Barone, Herren kamen um, auch Herzog Leopold, insgesamt ihrer sechshundertsechsundsiebzig. Die Hilfstruppen liefen in einen Hinterhalt: die Eidgenossen ließen Felsbrokken von der Höhe herunterrollen. Weitere zweitausend habsburgische Söldner starben. Die Niederlage Habsburgs war vollkommen, aber nicht nur das, der Freiheitswille der Eidgenossen dröhnte durch ganz Europa und pfiff den Herrschenden unangenehm in den Ohren.

In der Zürcher Chronik aus dem 15. Jahrhundert, also aus wenig späterer Zeit, wird berichtet, daß »ein getrüwer Mann« so viel Ritterspeere niederdrückte, wie er greifen mochte und so die Bresche ins Karree vorbereitete. Das alte »Sempachlied« benennt diesen Mann als »Arnold Winkelried«. Es mag sein, daß zwar der Name nicht, wohl aber die Tat historisch ist. Dasselbe »Sempachlied« verspottet den Habsburgischen Löwen mit der Verszeile: »Dich frißt der tagen ainst ein switzer kuo« (»Eines Tages frißt dich noch eine Schweizer Kuh«).

Ein kleineres, für Habsburg jedoch nicht weniger schmerzliches Nachbeben ereignete sich 1388, als ein österreichisches Heer versuchte, wenigstens Glarus zu retten. Die bedrängten Glarner baten die Eidgenossen um Hilfe, aber nur einige Schwyzer kamen. Die übrigen waren offenbar noch mit dem Siegesfeiern nach Sempach beschäftigt. Die Österreicher rückten, von Weesen kommend (wo sie in der Mordnacht vom

21. auf 22. Februar 1388 alle dortigen Glarner umgebracht hatten) am 9. April gegen Glarus vor, gerieten allerdings bei Näfels in dem engen Tal in die Klemme. Die geländekundigen Glarner trieben die habsburgische Übermacht, die sich in der Enge nicht entfalten konnte, zum Tal hinaus, stürzten die bewährten Felsen von der Höhe, und als unter den schweren Panzern der Fliehenden die Brücke über die Maag brach, ertranken diejenigen österreichischen Söldner und Ritter, die nicht vorher von den Glarnern erschlagen worden waren, angeblich insgesamt tausendfünfhundert.
Nun mußte sich Herzog Albrecht III., der nunmehr in Österreich allein regierte, dazu einfinden, mit der Eidgenossenschaft Frieden zu schließen, der zwar nur auf sieben Jahre berechnet war (1394 dann um zwanzig Jahre verlängert), aber *de facto* die Freiheiten der Eidgenossenschaft anerkannte.

*

Die Eidgenossen waren auch keine Engel. Die Siege über die Habsburger hatte die »Hirten- und Bauernkrieger« offenbar noch rauflustiger und übermütiger gemacht, und ihre überschüssige Kraft richtete sich nun nicht selten gegeneinander. Die Brutalität der »Reisläufer« nahm so stark zu, daß sich besonnenere Elemente der Eidgenossenschaft genötigt sahen, im sogenannten »Sempacherbrief« von 1393 »die zügellose Kriegslust der Eidgenossen in geordnete Bahnen zu lenken« (Sigmund Widmer). Kirchen und Frauen sollten bei gewalttätigen Auseinandersetzungen verschont werden, gegenseitiges Rauben und Plündern unterbleiben, kein Gemeinwesen der Eidgenossenschaft solle »moutwileklick« einen Streit vom Zaun brechen, auf daß »wir alle fürbas als fridelich und guetlich miteinander lebent«.

Im Großen und Ganzen gelang es diesem »Volk der Hirten« (Schiller, »Wilhelm Tell« II/1) von nun an, seine Freiheit zu bewahren, und so endet dieses hier beschriebene Jahrhundert des ausgehenden »finsteren Mittelalters«, und dieser Band der Erzählung mit einem leichten Dämmerschein der Menschlichkeit und der Hoffnung.

Nachwort

Ich nenne diese Darstellung der deutschen Geschichte einen »Versuch«, weil ich keine historischen Theorien und Deutungen aufstellen und hinstellen will, deren gibt es in ansehnlichen, teils langweiligen, teils großartigen Einzeluntersuchungen genug, sondern weil ich versuchen will, den aufregenden, spannenden Gang der deutschen Vergangenheit in möglichst chronologischer, übersichtlicher und auch synoptischer Weise erzählend darzustellen.

Der erste Band hat zu meiner Freude viele Leser gefunden, und oft hat mich die Aufmunterung weiterzuerzählen erreicht. Daß unter diese Aufmunterungen ein Lob aus wirklich berufenem Munde gehört, nämlich von Prof. Friedrich Prinz, freut mich ganz besonders.

Ich habe in einem langen Schriftstellerleben viele Seiten mit dem gefüllt, was mir die Phantasie eingegeben hat, was ich erfunden habe. Gegen Ende dieses Lebens erfreut und erfrischt es mich, beim Erzählen auf das zurückzugreifen, was sich in mehr oder minder grauer Vergangenheit wirklich zugetragen hat – wobei mit zunehmender Arbeit daran der Begriff »wirklich« immer unwirklicher geworden ist. Auch insofern ist meine Arbeit ein Versuch, ein Versuch, zu ergründen, was möglicherweise die historische Wahrheit ist. Daß dieser Versuch letzten Endes und mit letzter Sicherheit nie gelingen kann, ist mir klar. Mich tröstet, daß es auch größeren Historikern vom Fach nicht gelingt.

Girlan, am 685. Jahrestag
der Schlacht bei Morgarten

Anmerkung zu den Stammtafeln

Quellen: Stammtafeln zur Geschichte der europäischen Staaten v. Isenburg/Freytag-Lonighoven
Band I/III Marburg 1965
und
H. Grote, »Stammtafeln«, Leipzig 1877

HEINRICH = Großbuchstaben: Deutsche Könige und Römische Kaiser u. entspr.
Wenzel = unterstrichen: Könige von Böhmen u. entspr.

In den Stammtafeln hier sind nur die jeweiligen Familienmitglieder aufgenommen, die für das Verständnis der geneologisch-politischen Zusammenhänge von Bedeutung sind. Titel usw. sind, der Übersichtlichkeit halber, nur kursorisch aufgeführt, d.h. nur die wichtigsten, Ehepartner (meist) nur dann, wenn aus der betreffenden Ehe Nachkommen vorhanden sind. Fehlende Geburts- oder Todesdaten bedeuten, daß solche nicht bekannt oder ungewiß sind.
Wer genauere geneologische Auskünfte wünscht, sei auf obige Werke verwiesen. Das Werk von Isenburg/Freytag-Lonighoven ist von derartiger Genauigkeit, daß jede feinste Verästelung der Stammbäume, jede Tod- und Fehlgeburt jeder Kaiserin, Königin, Prinzessin registriert ist und also schon leicht vom Genealogischen ins Gynäkologische hinüberschillert.

Die Přzemysliden

unterstrichen: Könige von Böhmen

Borziwoy I. Herzog von Böhmen † ca. 894

⋮

Wratislaw II. † 1092
erster König v. Böhmen (ad personam, nicht erblich)
∞ (3. Ehe) Swatawa v. Polen
10 | Kinder

Wladislaw (Ladislaw) I. † 1125
1109 Herzog von Böhmen
∞ Gräfin Richza v. Berg-Schelkingen
4 | Kinder

Wladislaw II. † 1175
1140 Herzog und 1158 König v. Böhmen (ad personam)
dankt 1173 ab
∞ (2. Ehe) Jutta, Landgräfin v. Thüringen
8 | Kinder

Přzemysl Ottokar I. † 1230
1192 Herzog, 1198 (erblicher) König v. Böhmen
∞ (2. Ehe) Konstanze, Prinzessin v. Ungarn
10 | Kinder

Wenzel (Wenzeslaus, Vaclav) III. (nach anderer Zählung I.) † 1253
1230 König v. Böhmen
∞ Kunigunde, Tochter des dt. Königs PHILIPP
4 | Kinder

Wladislaw † 1247
Markgraf v. Mähren
∞ Gertrud, der letzte Babenbergerin
keine Kinder

Přzemysl Ottokar II. † 1278
1253 König von Böhmen
∞ (2. Ehe) Prinzessin Kunigunde v. Galizien
3 | Kinder

Agnes
* 1269 † 1296
∞ Herzog Rudolf II. v. Österreich

deren 2. Mann ←
Herzog Rudolf III. v. Österreich † 1307
wird 1306 König v. Böhmen

Wenzel IV. (II.)
* 1271 † 1305
1278 König v. Böhmen
1300 auch König v. Polen
∞ 1. Ehe Jutta v. Habsburg
Tochter d. dt. Königs RUDOLF I.
2. Ehe Elisabeth, Prinzessin und Erbin v. Polen
10 | Kinder

1. Ehe
Wenzel V. (III.)
* 1289 † 1306
1305 König

1. Ehe
Anna
* 1290 † 1313
∞ Heinrich Herzog v. Kärnten und Graf v. Tirol
1307–1310 König v. Böhmen

1. Ehe
Elisabeth
* 1292 † 1330
∞ Johann Graf v. Luxemburg
1310 König v. Böhmen

Die Babenberger

Luitpold † 984
Markgraf der Ostmark
∞ Gräfin Richiza v. Sualafeld
9 | Kinder

Heinrich I. † 1018
Markgraf v. Österreich

Ernst † 1015
Herzog v. Schwaben

Poppo † 1047
Erzbischof v. Trier

Leopold I. † 1043
Markgraf v. Österreich

Leopold II. † 1102
Markgraf v. Österreich
∞ Ida von Cham
1 Sohn | 7 Töchter

Leopold III. † 1136
Markgraf v. Österreich
∞ Agnes, Tochter König HEINRICHs IV.
12 | Kinder

Adalbert II. † 1137
Markgraf v. Österreich

Leopold IV. † 1141
Markgraf v. Österreich
1139 Herzog v. Baiern

Otto † 1158
Bischof v. Freising,
der Geschichtsschreiber

2. Ehe
Leopold V. † 1194
Herzog v. Österreich,
1177 und 1192, Steiermark
∞ Prinzessin Helene v. Ungarn
3 | Kinder

Friedrich I. † 1199
Herzog v. Österreich

Leopold VI. der Glorreiche † 1230
1195 Herzog v. Steiermark
1199 Herzog v. Österreich
∞ Theodora, Prinzessin v. Byzanz
7 | Kinder

Margarethe † 1267
∞ 1. HEINRICH VII.
v. Luxemburg, dt. König
2. Přzemysl Ottokar II.
König v. Böhmen

Leopold VII. † 1216
Herzog v. Österreich
u. Steiermark

Adalbert I. † 1053
Markgraf v. Österreich
∞ Frovila Orseolo, Tochter des Dogen von Venedig

Luitpold † 1059
Erzbischof v. Mainz

Ernst † 1075
Markgraf v. Österreich
∞ Adelheid v. Meißen
3 Kinder

Adalbert † ca. 1100 (?)
Graf v. Windberg

Nachkommen sind die
Grafen von Windberg
† 1242

Heinrich II. »Jasomirgott« † 1177
Markgraf und 1156 Herzog v. Österreich
∞ 1. Gertrud, Tochter Kaiser LOTHARs II.
2. Theodora, Prinzessin von Byzanz
4 Kinder

Konrad † 1168
1148 Bischof v. Passau,
1164 Erzbischof
v. Salzburg

2. Ehe
Heinrich III. † 1223
Herzog v. Österreich zu Mödling

Heinrich IV.
letzter Herzog zu Mödling

Heinrich V. † 1228
Herzog v. Österreich u. Steiermark
∞ Agnes v. Thüringen

Friedrich II. der Streitbare † 1246
Herzog v. Österreich u. Steiermark
∞ 1. Sophie, Prinzessin v. Byzanz
2. Agnes v. Meran
keine Kinder

Gertrud † 1299
die letzte Babenbergerin
∞ 1. Markgraf Wladislav v. Mähren
2. Markgraf Hermann V. v. Baden
3. Fürst Roman v. Galizien

Die Habsburger

Guntram der Reiche
lebte 952/972
Graf

⋮

Werner II. † 1167
Landgraf im Sundgau
Graf von Habsburg

⋮

Albrecht der Weise † 1239
∞ Hedwig, Erbin v. Kyburg

RUDOLF I. * 1218 † 1291
1239 Graf v. Habsburg, 1273 dt. König
∞ 1. Gertrud v. Hohenberg
2. Agnes Isabella v. Burgund
10 Kinder / alle aus 1. Ehe

ALBRECHT I. * 1248 † 1308 1282 Herzog v. Österreich 1298 dt. König ∞ Elisabeth von Tirol 21 Kinder	Mathilde † 1304 ∞ Herzog Ludwig II. v. Baiern	Hedwig † 1303 ∞ Markgraf Otto VI. v. Branden- burg	Agnes † 1322 ∞ Herzog Albrecht II. v. Sachsen	Katharina † 1282 ∞ Herzog Otto III. v. Baiern	Jutta † 1297 ∞ König Wenzel II. v. Böhmen	Clementia † 1293 ∞ König Karl I. v. Ungarn	Rudolf II. * 1271 † 1290 1282 Herzog v. Österreich ∞ Prinzessin Agnes v. Böhmen

Kinder Albrechts I.:

Agnes * 1281 † 1364 ∞ König Andreas III. v. Ungarn	Rudolf III. † 1307 1298 Herzog v. Österreich 1306 König v. Böhmen ∞ (2. Ehe) Prinzessin Elisabeth v. Böhmen	FRIEDRICH III. * 1286 † 1330 Herzog v. Österreich (I.) 1314–1322 dt. König ∞ Elisabeth, Infantin von Aragonien	Leopold I. † 1326 Herzog v. Österreich	Albrecht II. * 1298 † 1358 Herzog v. Österreich ∞ Johanna v. Pfirt	Heinrich * 1299 † 1327 Herzog v. Österreich	Otto * 1301 † 1339 Herzog v. Österreich

Sohn Rudolfs II.:

Johann
* 1290 † 1313
»Porricida«
Mörder seines
Onkels, König
Albrechts

11 Kinder

Rudolf IV.
* 1339 † 1365
Herzog v. Österreich u. Steiermark
∞ Prinzessin Katharina v. Böhmen
keine Kinder

Margarethe
* 1346 † 1366
∞ 1. Graf Meinhard III. v. Tirol
2. Johann Heinrich, Markgraf v. Mähren

Friedrich III.
* 1347 † 1362
Herzog v. Österreich

Albrecht III.
* 1348 † 1395
Herzog v. Österreich
∞ 1. Elisabeth, Prinzessin v. Böhmen
2. Beatrix, Tochter des Burggrafen v. Nürnberg

Leopold III.
* 1351 † 1386
Herzog v. Österreich
1370 Herzog der Steiermark
∞ Viridis Visconti

Friedrich II.
* 1327 † 1344
Herzog v. Österreich

Leopold II.
* 1328 † 1344
Herzog v. Österreich

2. Ehe (Albrecht III.)

Albrecht IV.
* 1377 † 1404
Herzog v. Österreich
∞ Johanna v. Baiern

Margarete
* 1395 † 1447
∞ Herzog Heinrich IV. v. Baiern-Landshut

ALBRECHT II.
* 1397 † 1439
Herzog v. Österreich (V.)
1438 dt. König
∞ Elisabeth, Tochter Kaiser SIGISMUNDs, Erbin v. Böhmen u. Ungarn

Ladislaus »Postermus«
* 1440 † 1457
König v. Ungarn u. Böhmen

7 Kinder (Leopold III.)

Wilhelm
* 1370 † 1406
Herzog v. Österreich, in der Steiermark regierend

Leopold IV.
* 1371 † 1411
Herzog v. Österreich, in der Steiermark regierend

Ernst I.
* 1377 † 1424
Herzog v. Österreich, in der Steiermark regierend
∞ (2. Ehe) Zimburgis, Prinzessin v. Masowien

9 Kinder

FRIEDRICH III. (IV.)
* 1415 † 1493
Erzherzog v. Österreich (V.)
1440 dt. König
1452 Kaiser
∞ Eleonora, Infantin v. Portugal

Stammvater aller Habsburger und Habsburg-Lothringer bis heute

Friedrich IV.
* 1382 † 1439
»Friedl mit der leeren Tasche«
Herzog v. Österreich u. Tirol und Vorderösterreich
∞ (2. Ehe) Anna v. Braunschweig

5 Kinder

Sigismund
* 1427 † 1496
Erzherzog v. Österreich, regiert in Tirol und Vorderösterreich

Margarete
* 1370 † ?
∞ Herzog Johann v. Luxemburg

Die Welfen

- Welf IV. † 1101
  1070 Herzog v. Baiern
  - Welf V. † 1120
    1101 Herzog v. Baiern
  - Heinrich der Schwarze † 1126
    1120 Herzog v. Baiern
    ∞ Wulfhild v. Sachsen (Erbin)
    7 Kinder
    - Heinrich der Stolze † 1139
      1126 Herzog v. Baiern
      1136 Herzog v. Sachsen
      1138 geächtet
      ∞ Gertrud, Tochter König LOTHARs II. (v. Supplinberg)
      - Heinrich der Löwe
        * 1129 † 1195
        1142 Herzog v. Sachsen
        1154 Herzog v. Baiern
        1180 geächtet
        ∞ (2. Ehe) Mathilde, Prinzessin v. England
        6 Kinder 2. Ehe
        - Heinrich I. † 1227
          1195 Pfalzgraf bei Rhein
          ∞ Agnes, Pfalzgräfin und Erbin bei Rhein
          3 Kinder
          - Heinrich II. † 1214
            Pfalzgraf bei Rhein
          - Agnes † 1267
            ∞ Herzog Otto II. v. Baiern, erbt die Pfalz
        - OTTO IV. † 1218
          1198 dt. König
        - Wilhelm
          * 1184 † 1213
          ∞ Prinzessin Helene v. Dänemark
          - Otto I. das Kind
            * 1204 † 1252
            erster Herzog von Braunschweig,

            Stammvater aller späteren Welfen bis heute
    - Judith † nach 1130
      ∞ Herzog Friedrich II. v. Schwaben
      - Kaiser FRIEDRICH I. »Barbarossa«

Die Hohenstaufen

HEINRICH IV. † 1106
Kaiser
5 Kinder, das zweitjüngste ——> Agnes † 1143
∞ 1089 Friedrich I. v. Staufen † 1105,
seit 1079 Herzog v. Schwaben
3 | Kinder

Friedrich II. † 1147
1105 Herzog v. Schwaben
∞ Judith, Tochter Herzog
Heinrichs d. Schwarzen von
Baiern (Welfe)
4 | Kinder

KONRAD III.
* 1093 † 1152
1127 Gegen-König
1134 dt. König
2 | Kinder
∞ | Gertrud von Sulzbach

FRIEDRICH I.
* 1122 † 1190
1147 Herzog v. Schwaben (III.)
1152 dt. König
1155 Kaiser
∞ (2. Ehe) Beatrix v. Burgund
7 | Kinder

Konrad † 1195
1156 Pfalzgraf
bei Rhein

Friedrich IV. † 1167
1152 Herzog v. Schwaben

HEINRICH VI.
* 1165 † 1197
1169 dt. König
1191 Kaiser
∞ Konstanze, Prinzessin
und Erbin v. Sizilien

Otto II.
* 1167 † 1200
Pfalzgraf v.Burgund

PHILIPP
* 1176 (?) † 1208
1191 Bischof v. Würzburg
bis 1195
1195 Herzog v. Spoleto
1196 Herzog v. Schwaben
1198 dt. König
∞ Irene, Prinzessin v. Byzanz
4 | Töchter

FRIEDRICH II.
* 1194 † 1250
1197 König v. Sizilien
1212 dt. König
1220 Kaiser
∞ 1. Konstanze von Aragon
2. Yolante von Jerusalem
3. Isabella-Elisabeth von England
3 ehel.; | mindestens 10 unehel. Kinder

Beatrix † 1212
∞ OTTO IV.
v. Braunschweig
† 1218
1198 dt. König
1209 Kaiser

Elisabeth † 1235
∞ Fernando III.,
König von
Kastilien † 1252
6 | Kinder

1. | Ehe
HEINRICH (VII.)
† 1248
1220 dt. (Gegen-)
König

2. | Ehe
KONRAD IV.
* 1228 † 1254
1237 dt. König
∞ Elisabeth v. Baiern

Konrad (Conradino)
* 1252 † 1268
Herzog v. Schwaben

unehelich
»Re« Enzio
(Heinrich)
* 1220 † 1272
König auf
Sardinien

ALFONS X.
* 1220 † 1284
1252 König
v. Kastilien
1257 dt. König

Die Wittelsbacher

Otto IV. † 1156
Pfalzgraf in Baiern
∞ Eilika v. Lengenfeld
6 | Kinder

Otto V. † 1183
Pfalzgraf in Baiern
1181 Herzog v. Baiern (I.)
∞ Agnes v. Loon
8 | Kinder

Ludwig I.
* 1174 † 1231
1183 Herzog v. Baiern
∞ Ludmilla v. Böhmen

Otto II.
* 1206 † 1253
1231 Herzog v. Baiern
∞ Agnes, Erbin der Pfalzgrafschaft bei Rhein
5 | Kinder

Elisabeth
* 1227 † 1273
∞ 1. KONRAD IV., dt. König
2. Graf Meinhard IV. v. Tirol

Ludwig II.
* 1229 † 1294
1253 Herzog v. (Ober-) Baiern
∞ 1. Maria v. Brabant
2. Anna v. Schlesien-Glogau
3. Mathilde v. Habsburg, Tochter König RUDOLFs I.
7 | Kinder

1. | Ehe
Ludwig III.
* 1267 † 1290
Herzog v. (Ober-) Baiern

3. | Ehe
Rudolf I., der Stammler
* 1274 † 1319
1294 (Herzog v. Ober-Baiern)
Pfalzgraf bei Rhein
∞ Mathilde v. Nassau, Tochter König ADOLFs

3. | Ehe
LUDWIG IV.
* 1282 † 1347
1294 Herzog v. (Ober-)Baiern (IV.)
1340 Herzog v. (ganz) Baiern
1314 dt. König
1328 Kaiser
∞ 1. Beatrix v. Glogau
2. Margarethe v. Holland, Erbin

Otto VI. † 1198
Pfalzgraf in Baiern
∞ Benedikta v. Moosburg
5 | Kinder

Otto VII. † 1209
Pfalzgraf in Baiern
Mörder König Philipps

Heinrich I.
* 1235 † 1290
1253 Herzog v. (Nieder-) Baiern
∞ Prinzessin Elisabeth v. Ungarn

16 Kinder

- Otto III.
  * 1261 † 1313
  1290 Herzog v. (Nieder-) Baiern
  1305 – 1308 König v. Ungarn
  ∞ Katharina v. Habsburg, Tochter König RUDOLFs I.
  4 Kinder
  - Heinrich III.
    * 1312 † 1333
    1313 Herzog v. (Nieder-) Baiern
- Heinrich II.
  * 1262 † 1280
- Ludwig III.
  * 1269 † 1296
  1290 Herzog v. (Nieder-) Baiern
- Stephan I.
  * 1271 † 1310
  1290 Herzog v. (Nieder-) Baiern
  ∞ Jutta v. Schlesien-Schweidnitz
  5 Kinder
  - Heinrich IV.
    * 1305 † 1339
    1310 Herzog v. (Nieder-) Baiern
    ∞ Margarethe v. Luxemburg, Tochter König Johanns v. Böhmen
  - Otto IV.
    * 1307 † 1334
    1310 Herzog v. (Nieder-) Baiern

Margarete
* 1313 † 1341
∞ Herzog
Heinrich II.
v. Nieder-Baiern

1. Ehe
Margarete
* 1335 † 1349
∞ König Ludwig I.
v. Ungarn u.
Polen

1. Ehe
Katharina
* 1342 † 1395
∞ 1. Herzog
Rudolf IV.
v. Österreich
2. Markgraf
Otto V. v.
Brandenburg

3. Ehe
Elisabeth
* 1358 † 1373
∞ Herzog
Albrecht III.
v. Österreich

WENZEL
* 1361 † 1419
1373 König
v. Böhmen
1376 dt. König,
abgesetzt
1400
∞ 1. Johanna
v. Baiern
2. Sophie
v. Baiern
keine Kinder

4. Ehe
Anna
* 1366 † 139
∞ König Richa
II. v. Englan

Die Luxemburger

Heinrich I. † 1196
Graf v. Luxemburg

Heinrich III. † 1288
Graf v. Luxemburg
∞ Beatrix Gräfin v. Beaumont-Avesnes

- HEINRICH VII.
  * ca. 1274 † 1313
  Graf v. Luxemburg (IV.)
  1308 dt. König
  1312 Kaiser
  ∞ Margarete v. Brabent
- Balduin
  * 1285 † 1354
  1307 Erzbischof und
  Kurfürst v. Trier

Kinder von HEINRICH VII.:

- Johann d. Blinde
  * 1296 † 1346
  Graf v. Luxemburg
  1310 König v. Böhmen
  ∞ 1. Elisabeth, Prinzessin und Erbin v. Böhmen
  2. Beatrix v. Bourbon
  7 Kinder aus 1. Ehe, ein Sohn aus 2. Ehe
- Maria
  * 1304 † 1324
  ∞ König Karl IV. v. Frankreich
- Beatrix
  * 1305 † 1319
  ∞ König Karl II. Robert v. Ungarn

Kinder von Johann d. Blinde:

- Jutta Bona
  * 1315 † 1349
  König Johann II. v. Frankreich
- (Wenzel) KARL IV.
  * 1316 † 1378
  1346 König v. Böhmen
  1347 dt. König
  1356 Kaiser
  ∞ 1. Blanche v. Valois
  2. Anna v. d. Pfalz
  3. Anna v. Schlesien-Schweidnitz
  4. Elisabeth v. Pommern
  10 Kinder
- Anna
  * 1319 † 1338
  ∞ Herzog Otto v. Österreich
- Johann Heinrich
  * 1322 † 1375
  1335–1341 Graf v. Tirol
  1355 Markgraf v. Mähren
  ∞ 1. Margarete »Maultasch« Gräfin u. Erbin v. Tirol
  2. Margarete v. Schlesien-Troppen
  3. Margarete v. Österreich
  5 Kinder (alle 2. Ehe)
- 2. Ehe: Wenzel
  * 1337 † 1383
  Herzog v. Luxemburg

Kinder von KARL IV.:

- SIGISMUND
  * 1368 † 1437
  1378–1395 Kurfürst v. Brandenburg
  1387 König v. Ungarn
  1411 dt. König
  1419 König v. Böhmen
  1433 Kaiser
  ∞ 1. Maria, Prinzessin u. Erbin v. Ungarn
  2. Barbara v. Cilly
  - Elisabeth
    * 1409 † 1442
    Erbin v. Böhmen u. Ungarn
    ∞ ALBRECHT II., dt. König
- Johann
  * 1370 † 1396
  1377 Herzog v. Schlesien zu Görlitz
- Margarete
  * 1373 † 1410
  ∞ Johann III., Burggraf v. Nürnberg

Kinder von Johann Heinrich:

- JODOCUS (Jobst)
  * 1351 † 1411
- Johann Sobieslaw
  † 1394
- Prokopius
  † 1405

Personenregister

Sachregister